独立学院教育教学改革研究

刁孝华 主编

DULI XUEYUAN
JIAOYU JIAOXUE GAIGE
YANJIU

西南财经大学出版社
Southwestern University of Finance & Economics Press

图书在版编目(CIP)数据

独立学院教育教学改革研究/刁孝华主编. —成都:西南财经大学出版社,2012.9

ISBN 978 - 7 - 5504 - 0836 - 4

Ⅰ.①独… Ⅱ.①刁… Ⅲ.①高等学校—教育改革—研究—中国 Ⅳ.①G649.21

中国版本图书馆 CIP 数据核字(2012)第 208576 号

独立学院教育教学改革研究

刁孝华 主编

责任编辑:张明星

助理编辑:冯 梅 李维洁

封面设计:穆志坚

责任印制:封俊川

出版发行	西南财经大学出版社(四川省成都市光华村街55号)
网 址	http://www.bookcj.com
电子邮件	bookcj@foxmail.com
邮政编码	610074
电 话	028 - 87353785 87352368
照 排	四川胜翔数码印务设计有限公司
印 刷	郫县犀浦印刷厂
成品尺寸	185mm×260mm
印 张	21
字 数	405 千字
版 次	2012 年 9 月第 1 版
印 次	2012 年 9 月第 1 次印刷
书 号	ISBN 978 - 7 - 5504 - 0836 - 4
定 价	45.00 元

序言

质量是高等教育的生命线，关注高等教育的质量已成为高等学校永恒的主题。长期以来，学院一直坚持本科教育教学改革的研究与实践，旨在提高教育教学质量。近年来，面对国家经济发展对人才的重大需求，学院结合实际，树立有特色的应用人才培养质量观，以品牌、特色专业为载体，以专业实验室为依托，以实验教学示范中心为保障，以学科竞赛为平台，加强校企合作，大力培养应用型人才。

本论文集收编的文章，围绕"不断完善独立学院教育教学管理体系，稳步提升教育教学质量"这个主题，所选题目联系学院教学与管理实际，是学院建院十年以来的积淀与分享。论文集中有学院教师教改项目中的研究成果，也有教学与管理中予以实践且值得推广的经验。书中论题具有多样性，既有对人才培养模式和教学模式的构建与创新，关于专业建设、专业设置、教材建设、教改项目管理的思考，也有通识课程、主干课程、双语课程的建设和教学团队、内容、方法、手段的改革等，还有实验和实践教学的改革和创新，教学质量监控与保障体系的建立与完善，关于学生工作和党建工作的思考等。这些成果反映了学院教师与教育管理工作者在教育教学改革中的思考与探索，对推动学院教育教学改革产生了积极的作用。

本论文集实践性强，论文或是对教育教学改革实践中产生的问题进行的思考，或是经调查研究实践后，针对解决这些问题时采用的一些对策的分析研究和经验总结，有积极的理论和实践指导意义，值得一读。本论文集的出版，记载了学院探索教学改革的历程，希望在总结学院近年来的教学改革成果、探索今后教学改革方向的基础上，可以将这些成果在学院推广，并和兄弟院校交流。同时，也衷心希望论文集的出版能促进学院今后教学改革的进一步深化和提高，期待涌现出更多更好的教育教学改革研究成果。

刁孝华

2012 年 5 月

目录

课程改革篇

教学方法改革篇

教学管理篇

学生管理篇

专业改革篇

重庆市独立学院专业设置
与区域产业结构协调性研究[①]

重庆工商大学融智学院教务处　　房朝君

摘　要： 重庆市直辖以来，产业结构逐步优化。"314"总体部署建设重庆为"内陆开放高地"的提出，为重庆市产业结构的调整构建了总体目标和发展规划。本文以此为背景，研究重庆市 7 所独立学院的专业设置能否满足产业结构调整引起的大量人才需求，进而提出这 7 所独立学院专业设置调整的方向。

关键词： 独立学院　专业设置　区域产业结构

我国的独立学院始于 1999 年，是由普通高等学校按照新机制、新模式与社会力量合作举办的相对独立的二级学院。作为独立学院，这种在国家扩大高等教育规模的背景下产生的、全新的、按照民办性质运行的院校，其培养的学生面临着公办高等院校的激烈竞争，部分专业的就业形势比较严峻。因此，立足于全国经济发展的需求尤其是区域经济发展的需求，适时调整专业设置，尤为重要。

一、重庆市独立学院专业设置分析

在重庆，目前共有 7 所独立院校，分别是西南大学育才学院、四川外语学院重庆南方翻译学院、重庆师范大学涉外商贸学院、重庆工商大学融智学院、重庆工商大学派斯学院、重庆邮电大学移通学院和重庆大学城市科技学院。

---

① 本文是重庆市教育科学"十一五"规划 2008 年度重点课题"重庆市独立学院专业设置与区域产业结构调整的适应性研究"（项目批准号：08 - GJ - 123）阶段性研究成果。

重庆市独立学院专业设置科类如表 1 所示。

表 1　　　　　　　　　重庆市独立学院专业设置科类表

序号	学校名称	招生科类	比例（％）	专业设置科类	个数(个)	比例(％)
1	西南大学育才学院	文科	53.2	文科	50	77
		理科	31.9	理工科	15	23
		文理兼收	14.9	合计	65	100
2	四川外语学院重庆南方翻译学院	文科	0	文科	35	100
		理科	0	理工科	0	0
		文理兼收	100	合计	35	100
3	重庆师范大学涉外商贸学院	文科	48.9	文科	40	89
		理科	39.4	理工科	5	11
		文理兼收	11.7	合计	45	100
4	重庆工商大学融智学院	文科	0	文科	16	100
		理科	0	理工科	0	0
		文理兼收	100	合计	16	100
5	重庆工商大学派斯学院	文科	4.8	文科	30	83
		理科	9.5	理工科	6	17
		文理兼收	85.7	合计	36	100
6	重庆邮电大学移通学院	文科	15	文科	5	25
		理科	80	理工科	15	75
		文理兼收	5	合计	20	100
7	重庆大学城市科技学院	文科	0	文科	16	52
		理科	37.9	理工科	15	48
		文理兼收	62.1	合计	31	100

我们通过表 1 来看重庆市独立学院的专业设置结构和人才培养方向，发现目前存在以下这些方面的问题：

（1）文科类专业设置比重过高

我们通过表 1 可以看到，在这 7 所独立学院中，有 6 所学院文科专业的比重高于 50％，其中 5 所高于 75％。我们将数据进行简单加总计算得知，目前重庆市独立学院累计开设 248 个专业方向，其中文科类专业（包括方向）共有 192 个，占到全部专业的比重为 77.4％，而理科专业仅为 22.6％。

对比表 1 的左边数据，我们可以看到各学院在招生录取上，由于文理兼收的比重比较大，将近一半的学生是针对理科招生，与 22.6％ 的理科专业设置相比较可以得知，有将近 30％ 的学生是理科录取后转为文科专业学习。

（2）专业方向趋同严重

以下再对文理科这两大类的专业设置方向进行进一步分析。

西南大学育才学院文科类专业主要涉及文学、新闻、法律、影视艺术、经济贸易、管理、外语、美术、音乐这些大类，另外设有园林专业；理工科专业主要有计算机科学与技术、电子信息工程、数学与应用数学、汽车服务工程、机械设计制造及自动化这些本科专业对应的一些专科专业。

四川外语学院重庆南方翻译学院开设的全部为文科类专业，主要涉及语言、管理、艺术、商务这些大类。

重庆师范大学涉外商贸学院文科类专业主要涉及外语、经济贸易、文学、新闻、艺术、管理这些大类，理科专业均为计算机相关专业。

重庆工商大学融智学院开设的全部为文科类专业，主要涉及金融、贸易和管理几大类。

重庆工商大学派斯学院文科类专业主要涉及管理、文学、新闻、外语几大类，理科专业均为计算机相关专业。

重庆邮电大学移通学院文科类专业较少，除四个管理类的本科专业和一个英语专业，其他均为工科专业，分别是通信工程、计算机科学与技术、电子信息工程、电气工程及其自动化、电子信息科学与技术、网络工程、软件工程、自动化、电气工程与自动化等本科专业和一些相对应的专科专业。

重庆大学城市科技学院目前下设土木建筑学院、电气信息学院、经济管理学院、人文学院四个学院，现设建筑学、电气工程及其自动化、会计学、艺术设计等19个本科专业以及工程造价等12个专科专业。其中理工科专业主要开设于土木建筑学院和电气信息学院。

通过上述资料，我们可以看到，目前重庆市7所独立学院开设的专业主要涉及文学、新闻、艺术、语言、管理、经济这些文科大类，而开设理工科专业的5所独立学院均开设有计算机相关专业，其中2所的理工科专业仅有计算机类专业和方向。

二、重庆市区域产业现状及趋势

直辖后，重庆市加快了产业结构调整的步伐，尤其在进入21世纪以后，产业结构调整的优化趋势更加明显。本文选取了近5年的相关数据（如表2所示2004—2008年重庆市地区生产总值及构成），就重庆市产业结构调整的现状进行分析。

1. 产业结构不断优化，第二产业中工业的发展尤为迅速

从表 2 的相关数据我们可以看出，重庆市第一产业所占的比重不断下降，从 2004 年 16.2% 下降为 2008 年的 11.3%，下降了近 5 个百分点；第二产业所占的比重由 2004 年的 44.3% 上升为 2008 年的 47.7%，上升了 3.4 个百分点；第三产业所占的比重由 2004 年 39.5% 上升为 2008 年的 41.0%，仅上升了 0.5 个百分点。伴随着第二、三产业的不断发展，重庆市产业结构不断优化。

2004—2008 年间重庆市工业生产总值增长速度尤为惊人，从 927.51 亿元增长为 2 036.40 亿元。如果不考虑价格的变化，在短短的几年间，重庆市工业生产总值增长了近 1.2 倍。

这个数据真实地反映出重庆市工业发展的规模和水平。截止到目前，重庆市基本形成了以汽车摩托车工业、石油天然气化工业、材料工业等为主的支柱产业体系。

表2　　　　　　　2004—2008 年重庆市地区生产总值及构成　　　　　单位：亿元

年份		2004 年	2005 年	2006 年	2007 年	2008 年
地区生产总值		2 665.39	3 070.49	3 491.57	4 122.51	5 096.66
第一产业		431.32	463.4	425.81	482.39	575.40
第二产业		1 181.24	1 259.12	1 500.97	1 892.10	2 433.27
工业		927.51	1 023.35	1 234.12	1 572.26	2 036.40
建筑业		253.73	235.77	266.85	319.84	396.87
第三产业		1 052.83	1 347.97	1 564.79	1 748.02	2 087.99
构成（地区生产总值=100）	第一产业	16.2	15.1	12.2	11.7	11.3
	第二产业	44.3	41.0	43.0	45.9	47.7
	工业	34.8	33.3	35.3	38.1	40.0
	建筑业	9.5	7.7	7.7	7.8	7.7
	第三产业	39.5	43.9	44.8	42.4	41.0
指数（上年=100）	地区生产总值	112.2	111.5	112.2	115.6	—
	第一产业	104.7	104.5	94.5	109.5	—
	第二产业	116.2	112.9	116.9	120.6	—
	第三产业	110.4	112.3	114	112.4	—

资料来源：2004—2007 年数据来自于《中国统计年鉴》；2008 年数据由重庆市公布的相关数据整理。

2. 第三产业发展不稳定且相对滞后，多以传统产业为主

重庆市第三产业仅在 2005 年和 2006 年所占的比重略高于第二产业，其他年份均低于第二产业。以 2007 年的数据为例，同为直辖市的北京和上海第三产业所占的比重分别是 72.1% 和 52.6%，而重庆 2007 年第三产业仅占到 42.4%，远低于其

他直辖市，发展相对滞后。

第三产业内部传统产业所占比重偏大、新兴产业所占比重偏小，现代服务业发展缓慢。2007 年，重庆市第三产业生产总值为 1 748.02 亿元，其中交通运输、仓储和邮政业为 265.74 亿元，批发和零售业为 366.19 亿元，住宿和餐饮业为91.85 亿元，金融业为 122.54 亿元，房地产业为 196.06 亿元，其他行业为 705.64亿元。从总体上来看，第三产业中的批发零售贸易、餐饮业交通运输、仓储及邮电通信业、金融保险和房地产业等传统产业的增加值占第三产业的比重依然较大，仍是第三产业的主体，新兴产业如旅游、信息咨询、广告业等所占比重相对较小，这将会影响第三产业本身整体素质的提高。

3. 优势产业多为工业，尤其是重工业

重庆长期形成的以重工业为核心的重型结构十分突出，重工业过重、轻工业过轻，较发达的重工业和欠发达的轻工业并存，重轻不协调。

2004 年以来，重庆工业中总产值和销售收入比重较大的行业主要有：煤炭开采和洗选业、农副食品加工业、化学原料及化学制品制造业、医药制造业、非金属矿物制品业、黑色金属冶炼及压延加工业、有色金属冶炼及压延加工业、通用设备制造业、专用设备制造业、交通运输设备制造业、电力、热力的生产和供应业等。这些工业大多数是劳动资金密集型工业，技术进步发展严重不足，基本上仍然走的是粗放型经营的道路，致使重庆绝大多数工业行业产出增长减慢。

4. 逐步构建具有开放型经济特征的产业体系

"314" 总体部署的提出和 "内陆开放高地" 的建设，为重庆市产业体系优化带来了前所未有的机遇和挑战。同时，伴随着东南沿海部分产业逐步向内地转移，这些向内地延伸的产业链将进一步加强重庆与全球跨国公司、中国大经济区的产业合作，有助于吸引更多的内外部投资，争取用 5 年左右的时间，建成 5 个产值超过千亿的重点产业园，10 个产值超过百亿的特色产业园，形成汽车摩托车、石油天然气化工、装备制造、材料冶金、电子信息、综合能源、劳动密集型产业七大产业集群，大幅提升重庆产业的核心竞争力。加快产业结构优化调整的步伐，将是未来 5～10 年重庆发展的重点。

三、重庆市独立学院专业设置与产业发展协调性分析

1. 专业设置与产业发展所需存在较大的偏差

就重庆目前的产业发展来看，第一产业需进一步优化，未来将有更多的劳动

力从第一产业剥离出来，调整到第二、三产业中，第一产业发展所需人才基本满足，部分领域还存在饱和情况；第三产业由于多是传统产业，人才需求也得以满足；第二产业，尤其是工业，是重庆市目前发展的重要领域。

但是从 7 所独立学院所开设的专业来看，由于文科专业所占比重过高，且所开设专业基本上是满足第一产业和第三产业发展所需人才，针对第二产业发展尤其是工业发展提供的人才较少。上面列举的重庆市 2004 年以来工业中总产值和销售收入比重较大的行业，在这 7 所独立学院中均未开设相关专业。

2. 专业设置不能满足产业结构调整趋势

就重庆未来几年的产业发展来看，需要大量的人才满足七大产业集群发展，而从重庆市 7 所独立学院 2009 年的招生计划来看，2013 年的毕业生仅涉及了电子信息领域，而汽车摩托车、石油天然气化工、装备制造、材料冶金、综合能源等领域很少有相关专业开设。

第三产业优化发展过程中新兴产业将成为重点，而 7 所独立学院目前所开设的专业也多以传统热门产业为主，如金融、贸易、会计等专业。

从以上两点我们可以看到，重庆市独立学院目前开设的专业并没有立足于满足重庆市产业发展对人才的需要。并且各高校开设的所谓"热门"专业，设置盲目雷同、招生人数过多，导致毕业生供大于求、难就业的情况日益严重，高校培养与市场需求脱节。高校专业设置与产业结构调整之间的关系应是相互影响和互为推动的关系，其中产业结构调整对高校专业设置的影响和决定作用更为突出，适应产业需求的专业设置调整势在必行。

参考文献

[1] 刘社建. 就业结构与产业升级协调互动探讨 [J]. 社会科学，2005 (6).
[2] 朱建华. 对独立学院专业设置现状的观察与思考 [J]. 中南论坛，2008 (3).

基于校企合作的独立学院资产评估专业建设研究

重庆工商大学融智学院会计系　谢付杰

摘　要： 校企合作是高等教育产学研结合的主要形式，而企业参与合作的积极性不高制约了校企合作的推进，从而影响了应用型人才的培养。本文从独立学院的办学特色、校企合作办学存在的问题以及独立学院资产评估专业人才培养的特点入手，分析了目前校企合作的现状及存在的问题，提出了独立学院资产评估专业建设过程中校企合作可能采取的几种主要模式，在此基础上提出了实施独立学院资产评估专业校企合作的措施及建议。

关键词： 独立学院　资产评估　校企合作

独立学院是由普通本科高校（申请者）与社会力量（合作者，包括企业、事业单位、社会团体或个人和其他有合作能力的机构）合作举办的进行本科层次教育的高等教育机构。目前，独立学院作为一种新型的办学体制，以其灵活的机制和面向市场的专业设置为特色，在整个高等教育体系中发挥着重要的作用。

一、独立学院资产评估专业的特色定位

1. 资产评估专业的特色

目前，很多学校、学生对于资产评估专业的定位模糊，尤其是独立学院在开设资产评估专业时与"一本"、"二本"高校培养模式区分不明显，体现不出专业特色。该专业是服务于资产评估行业，突出企业价值评估，不动产价值评估的重点。本专业培养具有厚实的经济、管理、资产评估理论基础，掌握会计、财务管

理、金融投资等相关知识，熟悉资产评估方面的方针政策、法律法规，具备处理资产管理与评估领域各种问题的业务能力，能够在资产评估中介机构、金融机构、企事业等单位从事资产管理、资产评估实务及相关工作的专门人才。

2. 独立学院专业建设的特色

一方面，从独立学院的定位来看，独立学院属于高等教育大众化进程中的一种新兴的本科办学模式，是为了提升大众化的教育水平而设立的。因而，对于独立学院来说应定位在第三个层次，即教学型大学，相应的专业建设就应该以应用型的本科人才培养为主。另一方面，从生源情况看，独立学院招生多放在第三批次上，与"一本"、"二本"学生的分数有一定的差距，这样的学生学习基础相对较差一些，所以专业建设的着力点应更多地凸显其实用性和实操性。

3. 独立学院资产评估专业的特色建设

对于办学机制灵活性比较大的独立学院而言，专业的设置主要以市场需求为导向。因此，资产评估专业在课程体系、教学内容以及教学形式等方面可以与企业进行合作，采用理论与实践相结合的多种方式与企业进行合作，从长远角度展开校企共建资产评估专业的教学新模式。

二、独立学院校企合作的现状及存在的问题

1. 独立学院校企合作的现状

独立学院校企合作主要是指独立学院与产业单位之间的合作关系。一般来说，独立学院校企合作是多方面的，独立学院主要是向产业单位输送应用型人才，缓解产业单位临时性或季节性劳动力短缺的压力，提供员工培训或为专业技术人员继续教育服务，为企业承担应用性课题或技术攻关项目研究（开发）任务等；产业单位主要是为学校提供就业市场、全真实践教育环境、人才培养的咨询信息、教学设备或资助、兼职教师和实习指导教师、教师横向科研项目等。

通过调查发现，近十年来，我国独立学院不仅为地方经济和有关行业培养了大量的应用型人才，而且也联系了大量的企业，形成了良好的合作关系，进行了不同特色、不同层次、不同形式的校企合作。大多表现为企业向独立学院提供实习基地、独立学院为企业培训员工等。虽然大多数独立学院都聘请了企事业单位的人员，但其在人才培养方面发挥的作用有限，企业未能按照学校的意愿参与人才培养的过程。从合作的主动性看，大多是独立学院为培养应用型人才、培养学生的动手能力向企业界寻求合作，主动来找独立学院合作办学或技术合作的企业很少。企业缺乏参与校企合作的积极性与主动性，部分企业给予学校一些资助，

例如资助贫困学生而发的助学金等，但这种合作并不是真正意义上的校企合作。我们认为，产生这种状况的根本原因是没有建立起校企合作的"双赢机制"。

2. 独立学院校企合作存在的问题

"互利共赢"是校企合作的根基，然而，校企实质性合作尚未实现，多数独立学院步履维艰，问题突出表现在两个方面：

（1）企业合作意愿不强，独立学院难以找到合作企业

绝大多数企业不会主动、自愿地与独立学院建立合作关系，究其原因有以下两个方面：一是企业的主要活动是生产经营，其根本目的是追求高效率的经济效益，企业对校企合作中能获得多大的"赢利"心存疑虑；二是一些企业，尤其是中小私营企业，员工队伍稳定性较差，企业不愿在培训员工方面多花成本，独立学院提供的培训服务对企业的吸引力非常有限。

（2）独立学院和企业难以形成长久的合作关系

独立学院经过努力，可能与企业建立了合作关系，但这种合作往往难以持续，不少合作过一次的企业以合同到期就不再续约。其原因主要有：一是企业岗位已满，不能提供岗位，这使"订单"培养模式的合作失去了存在的客观条件；二是独立学院的部分学生怕吃苦、不好学，与企业的要求存在差距，让企业感到不满意；三是企业在接收学生实习方面的投入（包括支付实习学生报酬、不合格产品率提高、管理费用等）较大，造成企业额外成本增加。

三、独立学院资产评估专业校企合作共建模式的选择

根据独立学院的特点以及资产评估专业的特点，结合独立学院资产评估专业特色，资产评估专业的校企共建可以从下面几种模式切入：

1. "校企实体合作型"模式

在目前我国的教育机制下，校企合作办学的积极倡导者或者主要发起者是学校，而企业则处于比较被动的地位，归根到底是由于大部分企业在现阶段仍然是以利润最大化为其经营目的，而合作办学从中短期来看企业几乎无利可图，甚至还要付出一定的成本、费用以及部分的人力、物力，因此企业的积极性不高或者仅仅是在比较浅的层次上参与一定的校企合作。

针对这种情况，我们可以从合作办学的源头进行改善。对于大多数独立学院而言，都或多或少有几家比较稳定的合作企业，因此可以考虑通过让合作企业以提供实习场所、实验课教师、资产评估科研项目支持等形式和独立学院合作，进

行合作办学。同时，对于资产评估专业而言，由资产评估事务所提供实习场所、设备，并在一定程度上参与独立学院资产评估专业培养方案的修订，指派专业人员指导学校的专业教学。在这种模式中，参与学校的人才培养成为企业的一部分工作和企业分内的事情，企业有合作办学的动力，合作关系较为稳定。

该种校企合作模式，将为资产评估专业人才的培养打造真实的企业应用环境，通过与在校期间系统理论教育、项目实训、职业素质教育、职业技能证书培训等手段相结合，可以培养出能快速适应企业需求的资产评估类人才，缩短学生进入社会后的过渡期，将企业化的人力资源培养模式前移。

2. 与资产评估师事务所合作，实现"订单式"培养

一般而言，大学课程与企业实际需要存在严重的脱节，而对课程进行改革，存在着种种困难。但是对于独立学院这种体制灵活的高等学校而言，大部分实施学分制，学生有占总课程量30%左右的选修课程。在保证教学计划正常进行的前提下，学校邀请资产评估师事务所到校开班，由事务所根据自己的需要在资产评估专业开设指定的课程，并纳入正式教学体系之中，直接为事务所培养后备人才。

这种模式对事务所而言存在一定的吸引力。例如可以在每个年级划分一个班级，冠以会计师事务所的名称，并设立专项奖学金奖励优秀学生。入选该班的学生可在大三、大四参加该事务所的实习工作，并且在尊重学生个人意愿的前提下，接收该班的优秀学生到事务所就业。

3. 建立实训基地模式

这是目前很普遍的一种校企合作模式，是一种具有较强竞争力的可持续性发展战略。独立学院的资产评估专业可以根据自身发展的特色方向，与两三家资产评估事务所、会计师事务所、财务公司、咨询公司或者外包公司建立合作关系，学校的学生可以到公司参与资产评估相关知识的实习和实训，同时合作企业也可以利用高等院校的相关资源进行企业的内训。

四、基于校企合作的独立学院资产评估专业建设的措施建议

校企合作教育的主要目标有三个：一是通过实践使学生所学的理论知识得以巩固；二是通过实践使学生各方面的能力得到锻炼；三是通过实际的顶岗工作实践，使学生的专业和职业道德素质获得全面提升。"校企合作"的成功与否，取决于它的合作模式与运行机制。

1. 适当控制实习人数，减轻企业负担

独立学院的学生在校期间，没有任何的工作经验，在去合作企业实习时，不了解企业的运作、生产的各个环节，需要岗前培训。企业所提供的岗位可能比较有限，为了不影响企业的正常运作，减轻企业的负担，每个企业不宜安排过多学生进行实习，以5~10人为宜。这种原则使企业减负、使学生受惠。

2. 充分利用合作企业的资源，培养企业需要的人才

企业需要什么样的人才，学校就培养什么样的人才。实施这种模式，使企业成为"育人主体"的一部分，学校可以充分利用企业的专业资源、场所对资产评估专业的学生进行训练，这既解决了学校教育理论与实践相脱节的矛盾，又解决了学生的专业实习问题，还使学生能掌握过硬的专业技能。这种模式有利于校企双方共同参与、相互协作、相互配合、优势互补，提高了独立学院培养人才的质量。

3. 借助校企合作，培养"双师型"教师

对于资产评估专业而言，对教师的要求除了要有扎实的理论基础，还需要具备一定的实战经验，"双师型"教师的培养非常重要。对于独立学院资产评估专业的教师而言，学校可以政策和制度上赋予一定的灵活性，采取"引进来"和"走出去"的措施。从企业聘请高级管理人员和技术骨干走上大学讲台，兼职或邀请资产评估行业专家来校给师生开讲座或培训，有效地提高了教师的实践能力；同时再安排学校的骨干教师到企业参与相关工作，增强自身的实践能力，积累实战经验。

4. 建立校企合作的信息反馈网络

随着经济和社会的发展，校内教学要根据市场的变化、用人单位对人才需求的变化不断进行调整。必须建立一个由校内实习指导老师、学生、实习单位培训指导人员组成的信息反馈网络，进行信息的交互与反馈，根据市场人才需求的变化，调整教育教学内容，以提高校企合作教育的针对性、科学性和实效性。

5. 建立校企合作双方的激励机制

一方面要鼓励独立学院主动适应市场要求，广泛而深入地进行社会调研，更新高等教育理念，了解现代科学技术发展水平，推进资产评估专业建设与课程体系改革，拓展与企业合作的新形式与新领域。另一方面，要最大限度地激发企业参与校企合作的积极性。例如，降低或补偿企业进行校企合作的成本，使企业在校企合作中获得短期或长期的效益，企业接收学生实习，实质上是承担了四年制本科其中一年（或半年）的教学任务，在没有出台减免企业税收等相关鼓励和补偿政策的前提下，与之合作的独立学院可适当考虑划拨一定的教育经费，实习学生的实习报酬可以根据实习学生实际的工作质量及企业的经济状况按最低工资待

遇；激发企业参与人才培养的主动性，加强教师与企业技术人员的互动，在教学计划的制订、教学内容的确定及教学方式方法的改革等方面为企业提供充分的参与机会，使企业主动地参与独立学院人才培养的全过程。

对我国的大多数独立学院都有其突出的办学特色。因此设有资产评估专业的独立学院，在进行资产评估专业体系安排的时候要统筹规划，结合自身优势，突出主要特色。唯有这样才能提高独立学院资产评估人才的培养质量，增强服务经济社会发展的能力。

参考文献

[1] 丁彦，周清明. 独立学院校企合作教育模式初探 [J]. 当代教育论坛，2008（9）.

[2] 刘佳. 校企合作联动机制研究 [J]. 科技管理研究，2011（7）.

[3] 张强，仝丙昌. 校企合作的实践探索 [J]. 中国职业技术教育，2008（13）.

[4] 孙晓琳. 独立学院资产评估专业课程体系建设的探讨 [J]. 东北财经大学学报，2007（5）.

[5] 杨云龙，于海侠. 浅谈校企合作进行校外实训基地建设 [J]. 技术与教育，2010，24（2）.

独立学院应用型人才培养模式下的人才培养方案构建

重庆工商大学融智学院经济系　　滕学英

摘　要： 独立学院培养的是应用型人才，在构建人才培养方案时更应该明确培养目标，科学合理地设置课程体系和课程，强化实践教学环节，着力培养专业基础扎实、实践能力强、综合素质高的应用型人才。

关键词： 应用型　人才培养模式　人才培养方案

独立学院作为高等教育的一种新类型，其定位依然是普通本科院校。而与大多数公立院校采用的通用型人才培养模式不同，独立学院根据经济社会的需要、自身的特点，更多采用的是应用型人才培养模式。因人才培养模式不同，独立学院的人才培养方案就不能简单地克隆母体院校，而应该根据应用型人才培养模式下人才培养的目标，结合自身发展的特点，构建有特色的独立学院人才培养方案。

一、应用型人才培养模式与人才培养方案

（一）应用型人才培养模式的含义

人才培养模式是指在一定的教育思想和教育理论指导下，学校为学生构建的知识、能力、结构以及实现这种结构的方式，实际上就是人才的培养目标、培养规格和基本培养方式。通俗讲，人才培养模式就是高等教育要培养什么样的人与怎样培养这样的人。应用型人才培养模式属于人才培养模式的一种类型，这种模式通过一定的标准构造样式和运行方式，以知识为基础，以能力为重点，以服务为宗旨，注重知识、能力、素质的协调发展，实现学习、实践和职业技术能力相

结合。应用型人才培养模式最强调的就是综合能力的培养，以实际应用能力为培养模式的中心，培养目标就是为社会培养出专业基础扎实、实践能力强、综合素质高、创新能力强、发展潜力大的德智体美等全面发展的应用型人才。独立学院作为一种新型的高等教育类型就是采用的应用型人才培养模式。

（二）人才培养方案

人才培养方案是指在现代教育理论指导下，在对人才培养目标、规格、科学规划和定位的基础上，根据国家和社会对人才的要求，结合学校自身条件，对人才培养的方法、途径、过程以及所采取手段的综合设计，其构成要素大体上包含人才培养目标、人才培养规格、学制学分和课程体系等方面内容。人才培养方案作为学科或专业层面的人才培养模式的主要表现形式，实际上就是人才培养目标与规格的具体化、实践化形式，是人才培养的实施蓝图。人才培养方案也是学校组织教学过程的主要依据，也是对学校教学工作质量进行管理、监控的基础性文件。独立学院作为我国高等教育领域中的新生事物，要在日益激烈的竞争中取胜，获得健康发展，就必须设计自己有特色的培养方案，从而培养出满足社会与经济建设所需要的人才。

应用型人才培养体系具有"双重性"的特征，强调理论教学与实践教学同步发展，培育出理论基础扎实而又具有较强实践能力的人才。因而应用型人才培养模式下的人才培养方案的构建应该以培养学生实际应用能力为主要人才培养目标，以能力为核心、以综合素质为主线、以实践为基准，有针对性地培养出能力突出、综合素质高、应用性强的应用型人才。

二、应用型人才培养方案的构建

（一）应用型人才培养方案构建的总体思路

人才培养方案是学校办学目标的体现，具有明显的计划性、系统性。基于对独立学院应用型培养模式的分析，我们在设计人才培养方案必须确定总体思路。依据应用型人才培养目标即为社会培养出专业基础扎实、实践能力强、综合素质高、创新能力强、发展潜力大的德智体美等全面发展的应用型人才，确定构建的总体思路为：遵循高等教育的发展规律，以现代教育理念为指导，充分考虑知识、能力、素质三者之间的结构比例关系，理论与实践、科学与人文教育、课内与课外、教与学等关系，加强专业教育和素质教育的结合，突出实践教学的重要地位，充分体现以学生为主体，强化能力培养和素质训练，通过课堂教学、实践教学、第二课堂等各个培养方案的优化配置和具体实施，通过教学管理、课程管理、专业指导、学生管理等各项具体措施的具体贯彻实施，实现学生知识、能力和素质的综合培养和锻炼。

（二）明确专业培养目标

一所大学人才培养目标的定位是学校类型定位、层次定位、学科专业定位、服务面向定位的综合反映。人才培养方案即是专业人才培养方案，应在遵循学校整体的人才培养目标时，结合专业的学科特点、经济社会的发展及市场的需求，确定本专业的人才培养目标。简言之，既要遵循本科人才培养自身的教育规律，同时又要突出实践，强化应用，注重学生应用能力的培养和训练，这种总体要求具体在人才培养规格上，体现在以下几方面：一是在知识的构建上，不仅要有扎实的专业知识，还要有过硬的应用性知识。二是在能力的培养上，既要包括知识、技术、专业的实践应用能力，还应包括应用知识进行技术创新的能力。三是在素质锻炼上，本科应用型人才素质包括较高的专业素质，又包括一定的非专业素质，特别应具有应用知识、技术、技能进行创新创业的专业素质和开拓精神。以国际经济与贸易专业为例：国际经济与贸易专业是一个应用性很强、适应面很广的经济学科专业，在今后很长一个时期我国最缺的是应用型和复合型人才。作为一个培养应用型人才的学院，我们以"培养专业基础扎实、实践能力强、综合素质高的应用型人才"主线，根据国家和社会对国际经济与贸易专业的人才需求，确定了我院国际经济与贸易专业的培养目标：本专业培养系统掌握经济学基本原理和国际经济、国际贸易的基本理论，了解当代国际经济贸易的发展现状，熟悉通行的国际贸易规则和惯例以及中国对外贸易的政策法规，了解主要国家与地区的社会经济情况，掌握国际贸易业务的基本知识与基本技能，具有较强国际贸易实务操作能力，能在涉外经济贸易部门、外资企业及政府机构从事实际业务、管理、调研和宣传策划工作的应用型人才。

（三）设置课程体系和课程

人才培养方案目标的实现和落实，其关键是依赖于课程体系及体系中课程的设置。课程体系是专业目标分解后的具体体现，是实施人才培养活动的载体，是按一定的培养目标，遵循相应的教学规律，通过优化设计而组织起来的知识和教学实践活动。课程虽不是专业培养方案的全部，但是科学设计课程体系是做好专业人才培养方案的主要基础工作。科学的课程体系设计应该清晰地以课程群的形式体现出基础知识、专业基础知识、专业知识、实践教学等环节，反映出理论教学和实践教学、课程与课程之间的衔接关系等。因此，依据独立学院应用型人才培养目标规格所确定的知识、能力、素质的结构体系的要求，课程体系设置为三大板块，即基本理论知识板块、岗位技能板块和综合素质板块。基本理论知识板块主要是学生需要掌握的基本理论知识，以此夯实专业基础；岗位技能板块主要培养学生的专业技能，即实践教学体系，包括一些课程实验和专业教学实践环节；综合素质板块则通过讲座、课外文化科技活动、社会实践活动，提高学生综合素质。课程设置除了继续沿用三模块的课程设置，即公共课、学科基础课和专业课三模块课程组成，还需要注意加强柔性化，采用模块化组合、分层次教学，以满足不同专业、不同层次学生的需求；在教学体系上，减少必修课，增加选修课，为学生提供更多独立思考的时间和实践的机会。比如国际经济与贸易专业的实用性很强，我们在课程体系的构建上，优化理论教学体系，进行课程整合、课程改革，同时不断加强和完善实践教学体系，对于实践教学的定位要求是理论教学与实践教学并重，以实践教学突显专业办学特色，目标在于培养国贸专业人才的基本技能、专业综合技能和创新应用能力。

（四）突出能力培养，强化实践教学环节

作为以应用型人才培养为主的独立学院，人才培养的关键是要在掌握一定程度理论知识的基础上，不断提高学生的创新能力和实践能力的培养，提高具有本科学历毕业生的社会适应性，则在应用型人才培养方案中要深化实践教学模式改革。首先，科学合理分配理论、实验实践课时。在适当增加实验、实训等实践课程的课时和内容时，要注意保证学生专业基础的扎实，理论课程、实验实践课程应该是有机结合，相互渗透。国际经济与贸易专业人才必须掌握以下基本能力：外贸制单与审核能力、外贸业务洽谈的基本能力和进出口报关基本技能等。外贸制单与审核能力主要通过相关课程的课内实验练习，使学生掌握主要外贸单证的制作与审核，从而在以后的工作中能很快为企业处理一般的单证业务。外贸业务洽谈的基本能力主要体现在市场的开拓中。学校应通过相关实训练习使学生掌握企业走向国际市场应具有的营销知识，提高业务拓展能力。而进出口报关基本技能的培养主要通过海关报关实务的学习和职业资格培训完成。其次，进一步改革实验实践内容和方法。在实验实践课程中，切身加强实验、实习、实训等教学环节，根据企业需求，适时改革实验内容，可适当增加综合性、设计性实验，减少验证性实验。唯有这样，采用培养出适应社会所需要的应用型合格人才。国际经济与贸易专业就专门开发了一门综合性实验课程国际贸易综合实训，利用外贸实习平台系统 V 3.0，通过角色扮演，使学生全方位熟悉贸易业务，综合掌握国际贸易流程和各环节的基本技能。

三、结论

人才培养方案的构建是独立学院人才培养中的第一步，也是关键一步，要使所设置的人才培养目标能实现，设置的课程真正地在各专业人才培养中发挥重要作用，更重要的是人才培养方案的具体实施以及保障措施的健全，教学方法的改进等。独立学院的各专业的实践性强，而实践不断变化，各专业人才的培养必须紧密结合实际，这样才能培养出适应社会发展所需要的人才。

参考文献

[1] 王晰. 独立学院应用型人才培养模式研究 [D]. 大连：大连理工大学，2010.

[2] 荆光辉，黄文新. 独立学院应用型人才培养方案的特色化研究 [J]. 湖南师范大学教育科学学报，2009，9 (5)：94-96.

[3] 孙爱东. 对应用型本科院校人才培养方案的思考 [J]. 黑龙江教育学院学报，2008 (2)：45-47.

[4] 荆光辉，赵海鑫，刘金. 独立学院应用型人才培养方案构建的原则 [J]. 当代教育论坛，2009 (6)：123-124.

[5] 周德俭，莫勤德. 地方普通高校应用型人才培养方案改革应注意的问题 [J]. 现代教育管理，2011 (3)：63-67.

[6] 滕学英. 国际经济与贸易专业人才培养方案的探索与改革——以重庆工商大学融智学院为例 [J]. 现代教育管理，2011 (6)：43-44.

本科物流人才基本职业素养的培养探讨

重庆工商大学融智学院管理系　　刘　岱

摘　要： 近年来，物流在我国取得了快速的发展，物流人才也成为全国
12 种紧缺人才之一。但是，用人单位普遍反映本科物流人才对
行业预期过高、团队合作意识不足以及吃不了苦等，认为他们
的基本职业素养方面与公司的需求有较大差距。笔者对物流行
业所看重的这些"软"素质进行了分析，并提出在课堂设置分
享环节，让学生关注行业发展；并在课堂开展专业竞赛、竞学
互动和小组式讨论等培养学生物流基本职业素养。

关键词： 本科　物流　职业素养

一、引言

据来自中国物流与采购联合会的调查显示，物流人才成为了全国 12 种紧缺人
才之一，人才缺口达到 600 余万人。另有消息称，物流业已成功入选"中国十大
高薪职业"。更有业内专家表示，未来 5 ~ 10 年，中国将处于物流人才需求的高峰
期。但是企业却普遍反映难以招到合适的人才，高校毕业生专业知识的优势比较
明显，但在一些基本职业素养方面却与企业的需求相差甚远。笔者由此开始思考
本科物流人才如何培养一些物流行业看重的职业素养即软素质，与用人单位的用
人需求相匹配。

二、本科物流人才基本职业素养的主要框架

现代物流业是一个提供系统综合化服务的行业，是一个集技术、信息、管理等多种要素于一身的行业，而中国的物流行业由于起步比较晚，往往对从业人员有更多的要求。本科物流人才的定位应该是未来的中高层管理人员，除了应具备基层服务的能力外，还应当具备管理的思维和潜在管理者的多种素质。具体说来，本科物流人才的职业素养应当包括：

（一）业务素质

现代物流业是一个兼有知识密集和技术密集、资本密集和劳动密集特点的外向型和增值型的服务行业，其所涉及的领域十分广阔。本科物流人才的业务素质包括：

1. 系统了解现代物流各个环节的业务知识

学生应站在供应链管理的高度，全面了解现代物流新的理念和运作模式及现代物流各个环节的业务知识。物流是一个大的概念，而且物流行业更强调整体性和系统性，需要综合了解仓储、运输、装卸搬运、配送等业务知识。未来的物流业务人员则应该将知识延伸到物流的其他领域，逐步建立起物流系统的概念，能统筹整个物流运作。

2. 掌握物流现代技术及其应用

掌握条码、无线射频识别、全球定位系统（GPS）、地理信息系统（GIS）等现代物流技术的应用，较深刻地理解计算机网络技术，并能在业务中对进行物流信息管理的计算机网络系统提出需求。对于物流各个环节的有关技术有一定了解，能够合理使用和调配相关设施和设备。

3. 常用办公软件的应用能力

本科物流人才毕业后往往从基层工作开始做起，比如数据录入、数据处理和文字处理等，需要熟练掌握基本的文字和数据处理的软件。一位物流企业老总曾感叹在企业七年的用人过程中，几乎没有物流专业的学生因为专业知识的缺乏而做不好工作的，但却有不少因为一些基本的操作和应用软件的掌握不够熟练而做不好工作的。由此可见，基本的软件操作应用能力也是本科物流人才必备的技能之一。

（二）基本素质

除了上述跟专业相关的素质（能力）外，物流专业的本科生还需具备一些基本素质，这些基本素质在很大程度上决定了员工工作的业绩和发展。一般来说基

本素质包括：

1. 交流沟通能力

物流属于服务行业，且服务对象通常包括商业客户和最终的消费者，在服务的过程中，要么是代表物流企业自身，要么是代表服务的商业客户，所以，明确自身服务的立场来与客户进行沟通和交流的能力尤为重要。沟通交流能力强调以较好的效果表达和理解对方的表达。

2. 团队合作和奉献精神

现代的物流是着眼于整个供应链管理的物流服务，同时物流的采购、仓储、配送等环节也存在着效益背反现象，不能只着眼于局部来进行物流绩效的改善，所以物流从业人员应具备一种强烈的团队合作和奉献精神，在作业过程中，不仅能够做好本职工作，还能够主动协助相关岗位，使上下游协调一致，实现物流目标系统化和业务操作的无缝化。

3. 战略的眼光

战略的眼光是指从战略高度考虑问题，具有系统思考和构筑服务体系的能力，这种能力建立在对行业发展的前沿和趋势的把握，建立在对行业的系统了解。

4. 组织管理和协调能力

物流的灵魂在于系统化方案设计、系统化资源整合和系统化组织管理，包括客户资源、信息资源和能力资源的整合和管理，在目前物流行业没有形成统一标准的情况下，物流从业人员更需要具备较强的组织管理能力，在整合客户资源的前提下有效地贯彻企业的经营理念，充分利用设备、技术和人力等企业内部资源来满足外部客户的需求。

5. 对环境的适应和应变能力

物流所服务的市场有一定的波动性，物流企业作为供需双方的服务提供者，对信息的采集又有相对的滞后性，同时物流作业环节多、程序杂、缺乏行业标准，异常事故时有发生。在可利用资源有限的情况下，既要保证常规作业的执行，又要从容处理突发事件的处理和执行突如其来的附加任务，就需要从业人员具备较强的处理异常事故的能力、具备随时准备应急作业的意识以及对资源、时间的合理分配和充分使用的能力。

6. 吃苦耐劳的精神

物流是一个实践性很强、从业起点比较低的行业。刚毕业的大学生缺少工作经验，毕业后往往都是从基层工作做起，工作环境和工作强度都比其他行业要艰苦些，这要求刚毕业的大学生对基层工作的辛苦有一定的思想准备，能在相对艰苦的环境中胜任工作，具有吃苦耐劳的精神。

上述素质中，业务素养通过课程的合理设置相对来说比较容易实现，而对于物流基本素养的"软"素质则不易通过课堂教学来达到理想的效果。

三、融物流基本职业素养于本科物流人才培养的教学方法改革

（一）关注行业发展，培养学生的行业感觉与战略眼光

由于物流行业的实践性较强，物流管理的本科生毕业后也通常需要从事基层的物流工作，但其定位应该是未来的中高级管理者，应当对物流行业有良好的行业感觉，对整个行业的发展有着较为系统和前沿的认知。这样才能在具体决策时具备战略的眼光，才能真正做到在考虑问题和处理事情时，结合物流行业的发展从全局的角度、从长远利益出发来为公司决策。

笔者曾在课堂上做过类似的尝试，在课堂上设置了"三分钟分享"环节，由学生将自主搜集到的物流行业发展的新闻在课堂上与同学分享，并在分享之后进行提问式的讨论，以这种方式让学生将关注行业发展，形成一种良好的习惯，多角度认识物流行业，找到良好的行业感觉。

（二）充分利用专业竞赛，竞学互动，培养学生的软素质

竞赛是一种很好地调动学生学习积极性的方法，本科院校可开展各种形式的物流专业竞赛，把专业知识的学习与竞赛的开展结合起来。比如可以开展的物流竞赛包括企业资源计划（ERP）沙盘模拟大赛、物流方案设计大赛、物流仿真模拟大赛和物流技能大赛等。

我院物流管理专业从 2009 年开始每年开展 ERP 沙盘模拟大赛，邀请企业专家和学校的专业老师进行点评指导，取得了很好的效果。学生自由组合成五人的团体，分别担任首席执行官（CEO）、市场总监、生产总监、财务总监和物流总监的角色，各司其职，通力合作。通过直观的企业沙盘，模拟企业三年的实际运行情况、产品研发、市场销售、财务管理等，体验完整的企业经营过程，感悟经营思路和管理理念。整个过程能很好地培养被物流行业所看重的团队合作、管理和沟通能力等软素质，也能较好地理解生产企业的运作过程，更好地理解企业物流。

物流方案设计大赛主要考核学生对知识的整合能力，为了提高学生的参与度，可以以某一真实具体的企业（如实习基地企业）所遇到的现实物流问题作为竞赛的案例，最后由企业来评价各种参赛方案的可行性，并以此作为学生是否能在此实习基地实习的优先条件之一。这样的结合方式，既能加强跟实习基地企业的联系，又能极大地鼓舞学生参赛的热情。方案设计大赛能让学生结合实际问题对所学专业知识进行整理，增强学生分析和解决问题的能力；同时，也是理论与实际

的一次小阅兵。仿真模拟大赛是利用仿真模拟软件将设计的方案用模拟动画展现出来，跟方案设计大赛结合起来，也是对方案的一种检验。

物流技能大赛可以参考全国物流技能大赛的比赛内容，整个比赛中学生需要根据给定的背景来设计方案，并在给定的场地实施方案，方案的内容包括入库、分拣、包装和发货的完整流程。这样就能综合考查学生的成本管理能力、对软件的操作能力，观察他们在比赛过程中所体现出的对物流的热情与干劲。由于比赛是以团队的方式参与，团队成员各自承担单据录入、叉车工、拣货员、仓管员等不同的但又可以在不同环节相互变换的角色，比赛的结果能很好地体现参赛队伍团队协作的水平和效率。同时，在比赛过程中可以人为设置一些小的意外，考查学生的临场应变能力。

针对低年级学生对物流行业普遍缺乏实践和认知的状况，可以开展"经理面对面"等企业认知活动，以学生自主组团参赛的方式，经过初选和培训，最终选定优秀学生代表本专业对实习基地单位经理以上高层进行采访并将采访记录整理成册，给学生"走出去"的机会，通过跟物流实践者的近距离接触，进一步认识物流行业，为自身的学习和发展找准目标。

总之，以竞赛的方式教学可以综合培养学生的团队合作、责任心等多种在课堂上不易培养的软素质。

（三）在课堂开展小组式讨论

课堂可借鉴团队比赛的经验，对课堂的班级进行分组。小组成员的平时成绩包括小组整体的课堂表现和小组成员的个人表现。通过单个的提问和小组讨论在课堂开展适度的竞争，既能培养小组成员的团队责任感和合作精神，又能客观地评价学生平时课堂的表现，让学生切实参与到课堂，积极地思考和学习。

参考文献

[1] 刁孝华. 独立学院教育教学理论与实践研究 [M]. 成都：西南交通大学出版社，2009.
[2] 杨冬梅，等. 中国物流未来岗位分析 [EB/OL].（2007－1－18）http://www.56885.net/new_view.asp? id＝8555.

探讨土地资源管理专业人才培养模式创新

——以重庆工商大学融智学院为例

重庆工商大学融智学院管理系　　胡小渝

摘　要： 随着社会分工的不断发展，社会对人才的需求也不断发生着变化，如何培养社会需要的人才，实现学校—社会人才培养的对接，是当前我国高校所需面临的问题。本文在参考、借鉴我国土地资源管理专业人才培养模式的前提下，结合重庆工商大学融智学院土地资源管理专业的具体情况，探讨其人才培养模式的创新。通过探讨，本文提出"两阶段培养"和"分流培养"的新模式，为重庆工商大学融智学院人才培养模式提供一个参考，也为社会专业领域的人才培养提供一定建议。

关键词： 土地资源管理　培养模式　两阶段　分流

一、引言

近年来，随着高等教育从"精英教育"向"大众教育"转型，以及我国土地市场化程度的提升，社会对土地资源管理专业的人才需求增加，进而导致土地资源管理专业的招生规模迅速扩大。然而，在土地资源管理专业快速发展的同时，也产生了人才培养特色不明显、毕业生多数"泛而不专"、社会认同感较低、大学生就业难等问题。在此背景下，探讨土地资源管理专业人才培养模式的创新，培养与社会需求相匹配的人才，减少就业缺口，有着重要的现实意义。

二、土地资源管理专业人才培养模式现状

土地资源管理专业是介于自然科学和社会科学之间的边缘科学，是一个多学科支撑的专业，是以经济学、法学、管理学、土地资源学、系统科学为基础，以规划学、信息技术和测绘技术为手段的多学科紧密联系的新兴的交叉学科，具有经济管理、法律和工程技术三方面的学科性质。

（一）国内土地资源管理专业人才培养模式现状

国内目前开设有土地资源管理专业的学校多为一本、二本学校，由于其学校定位的原因，这类院校大多均采取理论教学为主，实践教学为辅的培养模式。

在土地资源管理专业人才培养模式的探讨中，国内有不少学校已在结合学校优势的基础上有所创新。山东农业大学在理论、实践相结合的基础上，创新式地提出了"平台＋模块"的培养模式。该模式强调在大众培养的基础上，分为"土地资源和土地资产"两个模块进行分类培养。天津工业大学在土地资源管理专业人才培养模式方面强调理论联系实际，使课程设置与就业充分链接；通过案例教学和实践教学，强化专业技能的训练；通过考察、实习、实验课等环节，整合专业知识并与操作实践紧密衔接。在课程设置中，创新式地提出了"模块化"的概念，即包含土地整理、土地规划与评价、不动产评估与经纪和遥感与信息技术四大课程模块。在分模块的基础上，进行专业化培养。

综上所述，国内目前在土地资源管理专业人才培养模式方面，基本倡导理论与实践相结合的模式，强调实践能力的培养。

（二）重庆工商大学融智学院土地资源管理专业人才培养模式现状

重庆工商大学融智学院土地资源管理专业开设于2007年，目前仅有一届毕业生。学院实行"3＋1"的培养模式，学生入校后前三年的时间学习公共基础课、学科基础课、专业主干课、专业选修课等理论课程，进入大四后，在校内专业实训室以及校外实习基地进行专业实习。通过3年的理论教育和1年的集中实训，在培养学生专业素养的基础上，着重培养学生的实践能力，提升其走入社会的竞争力。

三、土地资源管理专业人才培养模式存在的问题

目前，国内众多院校都开设有土地资源管理专业，其大多采取以理论教学为主、实践教学为辅的培养模式。结合我国土地资源管理专业就业来讲，各个院校均存在一定的问题：如专业定位不够明确；课程设置不尽合理；与社会需求相脱节；实践课程较少等。

重庆工商大学融智学院土地资源管理专业自 2007 年开设以来，一直实行"3＋1"的培养模式，但是在培养过程中，由于诸多因素影响，存在以下问题：

（一）学生对专业了解不深，学习热情不够

学生在高中毕业填报志愿时，大多对土地资源管理专业了解有限，大一入学开始系统学习，我们会发现学生学习兴趣不够，易产生消极厌学等情绪，有的还会有调换专业的需求。学校对转专业有一定要求，学习成绩排名是很大的影响因素，大部分学生达不到转专业的要求。这部分学生在对本专业失去兴趣，且转专业无望的情况下，消磨学习积极性，荒废学业。

（二）课程设置的方向不够明确，知识面广而不深

所谓"3＋1"培养模式即在入学后前三年集中进行公共基础课、学科基础课、专业主干课、专业选修课等理论课程的学习。土地资源管理专业的课程设置很广泛，主要课程包括土地经济学、测量学、土地资源学、土地管理学、土地利用规划学、土地调查与评价、地理信息系统、城市规划概论、遥感概论、会计学、不动产估价、房地产经营管理、房地产项目策划、土地法学、西方经济学、管理学等。通过课程设置可以看出，土地资源管理专业课程设置涉及经济学、管理学、技术类三个方向的课程。这样的课程设置导致学生学习的内容很广泛，但却广而不精，致使就业选择虽表面看起来广泛，实际竞争力却不强，导致与社会需求产生脱节。

（三）实践环节安排不尽合理，学生不能按需所取

所谓"3＋1"培养模式中的"1"即指大学最后一年集中进行校外实习。通过三年的理论学习，集中安排一年的时间让学生将所学付诸实践，使理论与实践相结合，进一步强化学生的实践动手能力，使其更好地满足社会和用人单位的需求。"3＋1"培养模式对准备就业的学生而言，能通过最后一年集中实习，强化能力，增加就业筹码。但对准备进一步深造的学生而言，这样的安排却有不合理之处。考研的学生大四会集中时间冲刺复习，实习时间与其复习时间相冲突，实习存在作假成分。统一安排导致学生不能按照其所需进行所取，存在一定的不合理性。

四、土地资源管理专业人才培养新模式

土地资源管理专业自新中国成立以来，走过了 50 多年的发展历程。培养模式经历了苏联模式阶段；资源—工程模式阶段；资源—经济模式阶段；管理模式阶段。大量学者对如何更好地培养土地资源管理人才都进行了研究，提出了诸多培养模式创新。本文基于前学者的研究，立足重庆工商大学融智学院土地资源管理专业的现状及存在的问题，提出以下两种人才培养新模式。

（一）"两阶段培养"模式

在德国，无论技术大学还是综合性工业大学，学生在入学前都必须有至少六周与所学专业相关的实习经历，这是入学的前提条件之一。

借鉴德国入学前先实习以了解所学专业的培养模式，土地资源管理专业可以构建"两阶段"方式培养人才，即大学第一学期前六周定点到专业相关单位实习，让学生认识到其毕业后的就业方向，进一步了解所学专业，以确定学生与专业的适合度。六周实习结束后，如果学生认为其不适合学习该专业，即可在学校的统一安排下进行专业调整。通过这样的培养模式，确保学生对专业的兴趣度，在对专业充满热情的前提下，进行相关知识的学习。

重庆工商大学融智学院土地资源管理专业目前有重庆宏图土地规划有限公司和成都精诚勘测设计有限公司两个实习基地。在"两阶段培养"模式中，大一新生入学后，可将其分批送往这两个实习基地，进行为期六周的实习。学生可以通过实习，进一步了解土地资源管理专业。并在该过程中，了解从事土地资源管理相关工作所需的基本技能，有利于学生在以后的学习中有的放矢。

在"分阶段培养"模式的现实应用中，应避免学生受主观情绪影响。在学生提出转专业要求后，学校应指定老师与其进行谈话，让其进一步了解所学专业，最终在结合各方面影响因素的前提下，找到具体方案，避免由于学生的一时兴趣，导致其作出错误的转专业选择。

（二）"分流培养"模式

南开大学经济学院研究生分类培养是指在同一学科专业下，按照两类不同的培养方案进行培养，分别为应用型硕士生培养方案和研究型硕士生培养方案。应用型硕士生的培养致力于适应市场需求，提高学生分析实际问题的能力；研究型硕士生的培养致力于提高学生科学研究的能力，以便从事更高层次的理论知识学习，强化前沿科学研究。

借鉴南开大学研究生"分类培养"模式，我院土地资源管理专业可实行大学前两年宽泛的基础教育，大三分流为"研究型"和"应用型"两种类型的培养模式。"研究型"重点为考研做准备，进行专业知识的理论教育；"应用型"重点为就业做准备，进行实践性课程教学，课堂教学与实习相结合培养。

重庆工商大学融智学院土地资源管理专业通常招收两个班的学生，前两年的学习中除英语课实行小班教学外，其他课程均实行两班合班教学方式。前两年进行基础课程教学，大三开始集中学习专业课程。因此，从大三开始，在尊重学生意愿的基础上，分为"研究型"和"应用型"两个班。有意考研继续深造的学生选择"研究型"班，在教学过程中，老师重点进行理论知识讲解，并在教学中穿插考研注意事项等，着重强调学生对理论知识的掌握。有意毕业后就业的学生选择"应用型"班，在教学过程中，老师重点强调专业知识的应用性，并与实际案例相结合，重点提升学生对专业知识的应用能力。

通过该模式的应用，可有针对性地培养学生，既可为一本、二本学校培养高水平理论人才，也可为社会输送实践型人才。但是，在实行该模式的过程中，应注重引导学生作出适合自身的正确选择。学生在选择过程中，老师应在尊重学生意愿的基础上，根据对学生的了解，引导其作出正确的选择。

五、总结

本文通过对相关研究成果的回顾，在重庆工商大学融智学院土地资源管理专业现状的基础上，提出了"两阶段培养"和"分流培养"的新模式。

"两阶段培养"模式主要是借鉴德国学生培养经验，通过大一前六周的社会实践，让学生真正明白自己的兴趣所在，进而选择适合自身的专业。这种模式能够有效地避免专业与学生兴趣之间的不匹配性，能够最大限度地为合适的领域培养合适的人才。

"分流培养"模式则是在借鉴国内南开大学研究生培养模式的基础上，根据学生对自己未来发展的需求和规划，选择不同的模式来培养有不同规划的学生。通过这种分流，采取因材施教的方式，为社会各界培养出适合相关领域的人才。

当今和未来的全球经济、科技和综合国力的竞争，实质上是人才的竞争，因此高等学校的人才培养将成为我国社会各界关注的焦点。土地关乎人类生存、社会发展，如何将土地资源管理专业人才培养与社会需求更好地契合，将是继续研究的重点所在。

参考文献

[1] 彭文英，李子天，宋克杰. 土地资源管理人才培养现状及改革思考 [J]. 高等理科教育，2007（3）：47－51.

[2] 袁中友，汤惠君. 新形势下土地资源管理专业教育的思考 [J]. 中国电力教育，2009（2）：107－108.

[3] 卢新海，张继道. 关于土地资源管理专业高等教育发展的思考 [J]. 中国地质教育，2007（2）：31－32.

[4] 王万茂. 中国土地科学学科建设的历史回顾与展望 [J]. 中国土地科学，2001（5）：22－27.

论高校审计人才的差异化培养
——以重庆工商大学融智学院为例

重庆工商大学融智学院会计系　　陈西婵

摘　要：高等院校作为培养、造就高层次审计人才的基地，其培养的审计人才要以社会需求为导向。目前高校审计人才培养主要定位于民间审计方向，而定位于政府审计、内部审计方向的学校较少，审计学人才培养的内部结构不合理。作者分析了审计人才差异化培养的必要性，并以重庆工商大学融智学院为例探讨了其实现途径。

关键词：审计人才　差异化　实现途径

随着审计人才社会需求的差异化发展，如何定位审计学的培养方向，成为高校审计教育教学改革研究的重要课题。

一、我国审计人才需求现状分析

过去，审计人才需求主要强调以民间审计人才为主。无论是政府审计、内部审计还是民间审计人员，对其知识结构的衡量都是以是否懂得会计核算、财务管理为标准。评价审计人才是否合格，也主要以是否掌握民间审计的知识和能力为依据。这种评价标准有着十分积极的现实意义，但是，随着社会经济的发展，政府审计、企业内部审计、民间审计在审计目标上的分野，也导致其在审计对象上的分野。政府审计、企业内部审计、民间审计目标和对象上的分野如表1所示。

表1 审计对象模块

审计目标 ＼ 审计主体	政府审计	企业内部审计	民间审计
真实性、可靠性	政府及国企事业单位财政财务信息	企业事业单位内部财务信息	企业及其他经济组织会计报表
合法性、合规性	政府及国企事业单位财政财务活动	企业事业单位内部舞弊	企业及其他经济组织财务信息舞弊
有效性（经济性、效率性、效果性）	政府及国企事业单位经济管理活动（行政、投资、环保）	企业事业单位内部经营活动能力（活动过程）	企业及其他经济组织经济管理活动（经济价值）

（一）政府审计

政府审计的范围包括政府机关、国有企业事业单位；其具体审计对象既包括机关、企业单位的财政财务信息、财政财务活动和经济管理活动，也包括部分行政管理活动、投资活动、环境保护活动等。政府审计人员不仅应精通审计业务，掌握审计发展规律，熟练运用现代审计技术方法，还应具备很高的思想素质及综合素质，只有这样，才能成为政治坚定、执法严明、清正廉洁、业务过硬的高素质审计人员。与民间审计和企业内部审计相比，政府审计更强调审计人员必须具有很高的思想政治素养和抵御腐败的能力。

（二）民间审计

民间审计的具体审计对象包括会计报表及其相关资料、单位价值评估和确认等。民间审计人才主要在会计师事务所、税务师事务所等中介结构从事咨询工作。需具备的核心知识有：会计核算、审计实务、专项审计、财务管理、纳税筹划、信息统计等。民间审计要面对大量的客户，必须具备很强的沟通能力。

（三）企业内部审计

内部审计是企业事业单位内部机构接受企业事业单位最高当局的委派，对内部授权范围内的经济责任进行审计。内部审计的范围包括企业单位内部各部门、下属单位等；其具体审计对象包括企业单位会计资料、财务收支、经营管理活动等。据人力资源机构分析，内部审计人员最可能成长为企业的高层管理者，这时企业内部审计人员的核心工作能力体现在如何鉴别经营机会、如何提高效率、如何节约成本、如何实现经营目标等。

根据以上分析得出审计主体、审计目标、审计对象的差异决定了政府审计、民间审计、企业内部审计的差异化发展。审计人才需求的差异化为高校审计教学改革提供了思路。高校要根据社会需求，探索出一条审计学的差异化培养之路。

二、我国审计人才培养现状分析

（一）审计学的学科地位

国家高教司已将审计学专业由会计学科下的"三级"学科提升为"二级"学科。现代审计的发展需要相应学科体系的支撑，审计工作已从传统的财政财务审计发展成为包括经济责任审计、绩效审计、内部控制审计、经营审计、管理审计等更加宽泛的综合审计。对审计人才的知识能力要求也从会计领域向经济、管理、法律、工程、信息、环境、行政等领域延伸和扩展。

（二）我国高校审计学专业的培养特点

通过对一本院校审计学专业进行调研发现（如表2所示），在审计学专业课程设置中，会计类课程约占主干课程的 70%~80%，甚至有的达 90%，会计专业与审计专业区分度不大。部分高校设有电算审计、审计案例、审计专题等课程，只有很少的院校开设了财务审计、效益审计、管理审计、政府和非营利组织审计课程。这说明目前一本院校把审计学培养方向定位于民间审计，而定位于政府审计、内部审计方向的学校较少。

表2　　　　　　　我国高校审计学专业课程设置调查表

学校名称	专业设置	审计类课程	专业其他主要课程
武汉大学	注册会计师专门化	审计原理、财务审计、管理审计、管理咨询、计算机审计	会计原理、中级财会、高级财会、财务管理、成本与管理会计、管理信息、宏观经济学、微观经济学等
中山大学	注册会计师专门化	审计学、电子计算机审计等	会计原理、中级财会、高级财会、财务管理、成本与管理会计等
西安交通大学	注册会计师专门化、CPA、ACCA	审计学、电算会计与审计、资产评估、可行性研究与项目评估	会计学、中级财会、高级财会、财务管理、成本会计、管理会计、财务报表分析、内部控制、风险管理、财政金融、证券市场等
中央财政金融大学	审计学	审计学概论、审计理论与实务、审计案例	初级、中级、高级财会，商品流通、金融、银行会计，施工、建设单位会计，财务管理等
首都经贸大学	注册会计师专门化	审计学、计算机审计、审计风险与责任、管理咨询	会计基础、财务会计、成本会计、管理会计、计算机会计、高级会计、财务管理等
北京工商大学	注册会计师专门化	审计学、审计案例与分析、管理咨询	会计原理、财务、高级会计、成本与管理会计、企业财务、会计电算化、财税、货币银行学等

表2（续）

学校名称	专业设置	审计类课程	专业其他主要课程
上海财经大学	注册会计师专门化、特许公认会计师（ACCA）	审计学、审计专题、管理咨询、电算审计	基础、中级、高级财会，成本会计，管理会计，财务管理，电算会计，证券会计，会计法规等
东北财经大学	注册会计师专门化	审计学、资产评估	基础、中级、高级会计，成本会计，管理会计，会计信息，财务管理等
中南财经政法大学	注册会计师专门化	审计学等	基础、中级、高级会计，成本会计，管理会计，会计信息，财务管理，税法，经济法等
西南财经大学	注册会计师（CPA）	审计、计算机会计与审计、管理咨询	会计基础、中级财会，成本与管理会计、财务管理、税法、证券投资、经济法等
天津财经学院	注册会计师专门化、审计学	审计学、财务审计、审计专题、管理咨询	中级、高级财会，会计原理，成本会计，管理会计，财务管理，电算会计与审计，税法等
山西财经大学	注册会计师专门化	社会审计、管理咨询、电算审计、管理审计	基础会计，中级、高级财会，成本会计，管理会计，电算会计，资产评估等
安徽财经大学	注册会计师专门化、审计学	审计学、财务审计、效益审计、财税审计、电算审计、管理咨询、资产评估	基础会计、中级会计、高级会计、会计实务、成本与管理会计、管理信息、经济法、税法等
南京财经大学	注册会计师专门化、审计学	审计学、资产评估等	基础、中级、高级会计，成本会计，管理会计，会计信息，财务管理，证券投资，经济法等
山东财政学院	审计学	审计基础、财务审计、西方审计、政府及非营利组织审计	基础会计、中级会计、高级会计、财务管理、成本与管理会计、电算会计、税法、经济法

三、审计人才差异化培养的实现途径
——以重庆工商大学融智学院为例

重庆工商大学融智学院是教育部 2003 年确认的，由普通高校重庆工商大学和香港隆兴投资有限公司合办的独立学院。重庆工商大学融智学院是一所财经类三本院校，其密切关注国内外审计人才市场需求变化趋势，积极转变教育理念，结合自己的特点和优势，积极探索审计学的差异化发展之路。

（一）审计学定位于内部审计方向，走差异化道路

我国审计与国际接轨，需要高素质的审计人才。CIA（国际注册内部审计师认证）是八种国际认可证书之一，目前中国有3 000～4 000人、全球有10万人左右。2008年在南京开考的CIA（国际注册内部审计师）考生数量居全球224个考点之首。重庆工商大学融智学院根据市场需求，结合自己的特点和优势，把审计学人才培养定位于内部审计方向，根据内部审计方向来制定人才培养目标，设置专业课程。以建设校外实训基地为主，充分利用校内已有实训设备，确保能培养出"适销对路"的审计人才。

（二）制定合理的审计学专业培养目标

内部审计主要参与公司治理、保证与咨询服务、风险评估与风险管理、财务管理工作。企业内部审计方向担任岗位：内审师、监察稽核、风险评估岗、督导员、信控经理、保险理赔等。需具备的核心知识：会计、审计、金融、法律、稽核、企业内部控制流程、风险评估及风险管理等。

重庆工商大学融智学院审计学专业培养适应社会主义现代化建设需要，德智体全面发展，掌握审计学方面的专业知识，具备处理审计实务、进行企业内部控制、风险管理和公司治理等方面的能力，能在企业、政府、事业等单位从事审计、财务、管理等相关方面工作，专业基础扎实、实践能力强、综合素质高的应用型中高级专门人才。

学院结合自己的特点和优势，根据所确定的专业建设方向来制定人才培养目标，设置专业课程，以建设校外实训基地为主，充分利用校内已有实训设备，确保把实践性教学落到实处。审计学专业的主要课程为：管理学、统计学、会计学、中级财务会计、财务管理学、公司战略与风险管理、审计实务、内部审计与内部控制、企业内部控制制度设计、金融审计、经济效益审计、固定资产投资审计、企业经营实训、审计学案例、审计学课程设计、IT审计等在实践性教学环节安排上，由专业教师主导，设置较多学时学分，有针对性地突出和偏重安排对学生的认识实习、专业实习、毕业实习、毕业论文以及就业教育等实践性教学环节，从而全面提高和培养学生的业务适应能力和实践能力。

（三）专业建设体现办学特色

实行"偏应用、重实务、创能力、求发展"的特色办学和培养方针，在课程及教材体系设置改革、特色教学、实务教学、师资建设、实践性教学环节、信息技术系统等方面采取有效措施，按照总体设计、阶段实现、分步实施的工作程序，切实可行地逐步落实本专业的培养目标，提高和加强专业建设的市场适应性和针对性。我校在审计学专业建设中贯彻全程实践的办学理念，并根据此理念配套相应的教学设施。

1. 经济管理综合实验教学示范中心

2007 年开始，学院按照实验教学示范中心的规格标准，以综合实验室建设为突破口，新建立了 ERP 沙盘实验室、数量经济分析实验室、企业经营与财务决策在线博弈实验室，构建了专业综合、学科综合、跨专业、跨学科综合实验室，使实验教学中心实现了软硬件的集成和数据资源的共享。系统建设与综合实验教学中心配套的实验教学要件、实验教学运行管理机制。

该实验教学中心的规模与水平已进入到全国同层次院校的一流实验教学中心的行列，目前能开设实验项目 130 个。项目基本满足目前经济管理专业不同层次的实验技能要求，融智学院每年有约 3 000 名学生在此实验。

学院建立了实验示范中心及众多实验室，并对全院所有学生开放。

2. 专业实验室齐全

近年来，为保证正常的教学运行和教学基本条件，在改善教学环境、更新教学设施等教学硬件方面投入了大量经费，使得学院的教学环境和教学设施大大改善。目前会计系拥有三个专门的实验室：①审计手工模拟实验室；②会计电算化实验室；③企业经营与财务决策在线博弈实训室。企业经营与财务决策在线博弈实训室是集实验、实训、实战、创业于一体的多维、立体实践教学集成平台的重要组成部分，拥有包括 CSMAR 数据库，社会经济环境仿真集成系统，3D 毕业实习虚拟系统，初、中、高级财务与会计软件等丰富的实训软件资源。具备完成专业综合实训、学科综合实训、跨专业综合实训、跨学科综合实训项目的功能。头脑风暴、在线博弈的实训方式；基于物联网的数据、业务流程、界面的高度集成；实训环境、实训业务的高度仿真是该实训室的突出特点。实验（实训）室的建设为本专业学生全面掌握专业技能提供了有力的保障。

实验（实训）室面积总计 430 平方米。专业课程多媒体教室使用率均为 100%。

3. 实战教学集成平台

学院建设了专业实战教学集成平台，分为实验、实训、实战、创业四个层次。实验包括：专业实验室、学科实验室。实训包括虚拟仿真实验室、校园华尔街。实战包括：校园实习基地、校外实习基地。创业平台包括：校内创业园和校外创业园。这些条件有利于开设创新型实验项目，加强实验与社会实践结合。积极组织学生参与学院大学生创业实习基地的投招标活动，培养学生自主创业的意识和能力，加强与重庆市内院校、行业协会、大型企业管理软件公司等保持长期的合作与交流。目前会计系已有 22 家单位作为校外实践教学基地。这些实习基地保证了学生的实习和就业。

（四）多种合作形式，整合重庆市审计资源

通过校企合作、高校合作整合重庆市审计资源，实现优势互补。高校合作体现在教学资源共享、合编教材、合作科研项目等。校企合作把会计师事务所为代表的中介机构和大型企业作为重点合作单位，这些单位将成为学生的实习基地或潜在就业单位。这些单位优秀的审计工作者可以成为审计学专业学生的校外指导老师。例如中石油重庆销售公司、重庆邮政储蓄银行、重庆电信、重庆移动、重庆银行、重庆市农村商业银行、重庆农发行、重庆钢铁有限责任公司、重庆力帆实业公司审计部、中国长江三峡工程开发总公司审计室、西部证券股份有限公司稽核部等。

参考文献

[1] 刘世林. 论我国审计人才需求和高校审计人才培养模式 [J]. 审计与经济研究，2006 (5).

[2] 高志远. 高校立体化审计人才培养模式的现实依据及体系构建 [J]. 黑龙江高教研究，2009 (6).

独立学院人文教育培养模式的缺失与发展思路探析

重庆工商大学融智学院经济系　　刘晓琴

摘　要：当前，我国独立学院人文教育的发展步履维艰，大学生整体的人文素养状况不容乐观，为了使独立学院大学生的人文素养与新时期的高等人才培养要求相适应，加强对独立学院学生人文素养的培育已经刻不容缓。本文从教育意识转变、加强师资队伍建设、构建合理的人文课程体系、加强校园文化建设几个方面进行探讨，并提出相应的应对策略。

关键词：独立学院　人文教育　人文素养　发展策略

大学时代是一个人生观、价值观、世界观形成和发展的关键时期，加强对学生综合素养的培育至关重要，然而在许多独立学院，出于沉重的就业压力，再加上投资方出于对现实利益的追求，普遍忽视对学生人文素养的培养。急功近利的教育方式导致他们缺乏厚重的文化底蕴作为支撑，部分大学生价值观念低俗化，缺乏健全、独立的人格品质；缺乏综合竞争力；缺乏迎接挑战的毅力，缺乏促进自我和谐发展的能力。大学生人文素养降低、综合素养堪忧的现实问题已经摆在我们面前，是值得每一位独立学院的教育工作者去深思与研究的课题。

一、独立学院人文教育现状分析

（一）缺失的人文素养理念

人文素养，即通过人文学科等知识的习得，而形成的一种人之为人的稳定的修养和品质。这本应是大学生所应具备的一种基本素养，在如今高校里却正在悄然失落。四书之一的《大学》开篇之语即道："大学之道，在明明德，在亲民，在止于至善。"然而，我们面对的却是人文传统在大学里的急剧淡化，当代大学生人文、社科知识贫乏，缺乏基本的历史文化常识，甚至人文知识、人文精神、人文行为这些人文素养的主要方面，在当今的大学校园里都呈现出一种明显的缺失状态。尤其是在一些以培养应用型人才为主的独立学院里，学生人文知识的匮乏到了让人惊讶的地步。大量的学生远离经典人文著作，崇尚现代网络快餐作品，低俗文化取代文化经典占据了大学生们的心灵空间。笔者曾在一独立学院的四个班级，共153名同学中进行过调查，完整地看完过四大名著任意一部的学生，只有12人，像《诗经》《论语》《孟子》这样的先秦文学更是鲜有涉猎，古老的中华文化正在快速地进入历史的故纸堆。

在现行务实的教育体制下，学生呈现出道德观多元化、人生价值观功利化、心理素质脆弱化等特点，文化品位错位，审美趋向庸俗，个人主义、享乐主义、唯利是图、炫富在大学校园里大肆张扬。由于没有了厚重的历史、文化底蕴作为支撑，大学生们失去了强大的内心，精神变得软弱，心灵世界逐渐荒芜，体现在人文行为上，则表现在他们常常无法正确地处理与同学、与师长、与陌生人、与社会的关系，或倨傲，或自卑，无所适从。马加爵、药家鑫、李启铭这样的当代大学生令人心痛的行为就反映出中国现代高等教育人文教育的严重缺乏，在这个到处泛滥着功利、虚荣、拜金的社会里，失去了强大心灵支撑的他们显得无比迷茫。我国的高等教育普遍重科技教育轻人文教育，重现代文明轻传统文化教育，人文教育削弱的后果正在当代大学生身上被体现出来，在以培养应用型人才为目标的独立学院，这一现象更加突出。

（二）先天缺乏的文化底蕴

独立学院作为新兴教育模式的产物，和母体学校相比，自然具有其特殊性。由于其新兴性，它不具备如母体学校一样悠久的人文传统，也缺乏自然天成的文化气象，以及通过岁月才能沉淀下来的文化底蕴。独立学院一般都是新兴的校区，宽敞、漂亮、现代，但却缺少历史感，缺乏记录学院历史的景观，没有如其他高校一般浓郁的人文氛围，因此在短时间内也无法形成自己独特的学院文化，学生无法在其中感受到浓重的人文环境熏陶。

除校园环境外，大多数独立学院还缺乏悠久、厚重的学术之风；缺乏自由、开放的学术氛围；缺乏散发着个人魅力的教授，甚至连著名专家、学者开设的讲座在独立学院也是相对较少的。因此，和普通一本、二本院校相比，独立学院在人文精神方面，天生就处于了劣势。

在许多人的印象当中，独立学院就是培养工具型人才的地方，但事实上，和普通的一本、二本院校一样，独立学院同样是我国高等教育的重要组成部分，大学精神对于独立学院来说，同样是不可或缺的。而大学精神本身绝不是仅仅以学生的就业率、英语过级率来简单衡量的，它是悠远的人文精神的体现。但是，由于就业压力，以及独立学院特有的经济压力，导致了普遍急功近利的思想，在这样的办学思想指导下，人文教育被自然而然地忽视掉了，独立学院俨然成为技能型人才的制造器，作为大学灵魂的人文精神在校园的上空已渐渐淡去。

（三）功利的应用教育

教育部在 2003 年 4 月印发的《关于规范并加强普通高校以新的机制和模式试办独立学院管理的若干意见》中明确指出："独立学院的专业设置，应主要面向地方和区域社会、经济发展的需要，特别是要努力创造条件加快发展社会和人力资源市场急需的短线专业。"许多独立学院由此出发，把应用型当成了人才培养的最终目的，对于大学生的人文素养培育却无暇顾及。在这样的培养方针指导下，独立学院的大学生也自然地把实用性当作了学习的唯一目的，大家学英语，学计算机，蜂拥而上考形形色色的执业证书，以便为今后的从业增添一份筹码。除了部分出自兴趣的学生以外，大多数学生对于精神层面的人文知识很少涉猎，学院也很少开设相应的课程，这样导致的结果就是大学生知识结构的严重不合理，缺乏基本的文学、历史、哲学、艺术等人文科学知识，在这样一种充满着功利、务实精神的校园氛围里，还何谈灵魂层面的大学精神。由于长期缺乏民族文化方面的教育，导致大学生对民族文化的认同感淡化，中华民族传统的人文精神至此被逐渐扭曲、遗忘。上海大学校长钱伟长曾说过："我们培养的学生首先应是一个全面的人，一个爱国者，一个有文化艺术修养、道德品质高尚、心灵美好的人；其次才是一个拥有学科、专业知识的人，一个未来的工程师、专家。"然而当今的中国大学人才培养，正在渐渐偏离这样的教育理念，变得日益庸俗。

（四）尴尬的人文教育课程体系

目前在大多数的独立学院里，根本没有人文素养培养课程体系的统一标准，人文类课程在独立学院里，始终处于一种可有可无的尴尬地位，人文课程的设置随意性很强，开设或不开设此类课程完全根据学院的喜好。同时相应的课程门类也不齐全，甚至缺乏相应的师资力量，这样人文教育自然难以形成体系，更无法达到相应的教育效果。

在大多数独立学院，有关人文素养方面的课程都只能被列入通识课的范畴，学生根据兴趣及学分的需要进行选择，同时还要受到选课人数、课程时间等限制，接受相应课程教育的只是其中很少一部分人，这样是远远无法达到人文教育应有的效果的；同时，由于人文素养课程的选修属性，同学们往往不会对此类课程予以足够的重视，课堂纪律和出勤率相对专业课也较差，这些都会从根本上影响教学效果；另外，由于此类课程多被列入通识课，所以其课程的设置往往较为随意，课程往往只是根据授课教师的意向开设，教学过程中规范性也较差，由于教学学时有限，导致课程缺乏完整性和系统性，各门通识课之间也是各自为政，学科间的内在联系不强，存在内容重复、知识脱节等现象，教育效果因此只能大打折扣。

由于各类人文素养课程设置目的性不强，教师往往只侧重于课程的知识属性的灌输，而疏忽了其内在价值性的传递，在授课过程中，教师往往没有意识到人文课程的教育目的是要将人文精髓传递给学生。作为人文类学科，教师传授给学生的绝不只是生硬的知识点，更重要的是一种人文精神的传递，教师要以人文素养的内在价值来影响学生，而不是照本宣科，甚至言传与身教不能统一的教学。之所以开设人文类课程，我们要关注的就是人文素养课程的精神价值，而并非仅仅是其知识属性，这是构建独立学院人文课程体系过程中必须要引起深思的问题。

二、发展策略探析

（一）加快独立学院教育意识转变

独立学院由投资方与母体学校联合办学，其不同于公立院校的营利性质是导致其在人才培养目标上功利性的重要原因。对于大多数独立学院投资方来说，盈利才是办学的首要目的，而要实现盈利目标，只能通过争取生源来实现。在当今这个就业压力巨大的社会，要争取到良好生源，其前提就必须是良好的就业率，经济利益的实现成为独立学院衡量办学成功与否的重要标尺。

为了实现良好的就业率，相较于普通的一本、二本院校，独立学院普遍更倾向于对学生专业技能的教育，以使其在工作技能上能更快满足用人单位的需求，根本无暇顾及，甚至觉得没有必要对学生进行人文教育，因此学生人文素养薄弱的问题存在就是理所当然的了。笔者认为，任何一所高等院校，都应把培养高素质的综合人才放在首位，而不应该把纯粹的追求经济效益作为办学的主要目的，如此功利的办学动机，是与当代教育培养学生全面和谐发展的教育目标相违背的，在笔者看来，一个缺乏崇高的人文主义思想、过于功利和实际的"大学"，根本不具备存在的意义，即便是以培养应用型人才为主的独立学院也不例外。大学的价值，重在开拓发现学生的文化想象空间，而非用娴熟的技能来局限人的思维和眼界。除了追求在学术、技能上的领先，具备思想上的高度和视野上的广度，对于大学生来讲是必不可少的。相对于其他普通高校，年轻的独立学院缺少浓郁的文化氛围，没有厚重的历史积淀，人文环境的硬件条件也不占优势，在这样的形势下，独立学院要体现独特的学院精神，就必须加快其教育意识的转变，加强学院的人文学科建设，培养具有深厚文化素养的复合型人才。

(二) 加强师资队伍建设

教师是教学工作的主体,人才培养的目标必须通过教师来实现,其在教学人才培养工作中的重要性不言而喻。独立学院作为高等教育的一个新兴办学形式,办学时间相对较短,因此在自有师资上,大多以年轻教师为主,教学经验相对匮乏;另外,学院在引进师资时,看重的也是其专业技术知识,由于不重视人文教育,很少会考虑到教师的人文素养,人文学科教师势单力薄,甚至许多独立学院,几乎没有专门的人文类教师队伍,对学生人文素养的培养几乎已被遗忘殆尽。

在独立学院,师资队伍的绝大部分是专业课教师,在专业过程教学中往往强调对学生进行专业知识的传授,偏重于对学生技能的训练,忽略将人文社会科学知识融入到自然科学知识的传授中去,没有对两方面的知识进行相互补充和贯通,无法对学生的教育形成整体人文氛围,导致学生人文知识严重匮乏。身教重于言传,学生的人文修养和个人素质在很大程度上也取决于教师的自身修养,任课教师自身人文素养的高低,是影响学生人文精神的首要决定因素。

在独立学院,相对于综合性大学,缺乏一定的人文环境平台,在师资队伍、教材与课程体系、实践教学体系等方面都受到现有资源的限制,这些都是亟待解决的客观问题。笔者认为,在独立学院人文教育基础条件相对薄弱的当下,最好的解决方式就是实现和母体学校在教学资源上的联合。通常作为独立学院举办方的母体学校都是综合性院校,师资较为丰富,学校具备相对充实的人文教育类师资力量和较强的教学水平,独立学院完全可以依托母体学校的资源,与其共建良好的师资交流平台,邀请相关的教师来院进行课程讲授,通过合作的方式,共同承担学生的人文素养教学工作。这样的教学模式有利于独立学院有针对性地安排教学内容,系统地设置课程,提升人文教育的效果。

(三) 构建合理的人文课程体系

独立学院首先在人才培养理念上就忽视了人文课程的设置,据调查,在大多数独立学院的课程体系设置中,除必须开设的政治理论课以外,根本没有设置其他类型的人文课程,甚至连大学语文这样的基础人文课程在一些独立学院也都没有开设,在强烈的逐利意识驱使下,课程设置普遍重理轻文,文、史、哲、艺类大量的人文社会科学基础课程在独立学院的课程设置里难觅踪影,人文教育被严重削弱,人文传统也被淡化,实用性强的技术、科技教育成为了教育的全部,以单一专业教育基本取代人格整体教育,人文教育几乎被整体取代。

这样的课程体系设置造成的后果就是学生的视野狭窄、底蕴薄弱,渗透着中华民族人生哲理和智慧的古老心灵鸡汤,诸如"仁者爱人"、"己所不欲,勿施于人"、"吾日三省吾身"、"老吾老以及人之老,幼吾幼以及人之幼"等这些蕴含着中华民族智慧的文化精髓已被日益泛滥的快餐文化所稀释,离学生生活中越来越远。

要改变这样的状况，必须在课程设置上下工夫，增加人文学科的课程设置，将人文知识内化为学生知识体系的一部分，培养学生身心的和谐发展。首先教师要学会充分利用教材，挖掘其背后的人文内涵，在日常教学中有目的地对学生进行渗透，培养学生的人文素养。对学生人文素养的培养，不仅仅是通过专门的人文课程教学，即便是在专业课程教学中，也可以结合专业课程的教授带给学生思维方法上的训练。事实上，任何一门课程的产生和发展都带有社会、人类发展的背景，都体现着浓郁的人文信息。作为独立学院来说，面对大量的专业课教师，要做的就是提升任课教师自身修养，加强专业课教师人文教育培养意识，在课堂上结合专业知识，贯穿进人文素养知识，这是对学生进行人文素养教育的最基本和最便捷的途径，这也是以应用型为主的独立学院加强和提升学生人文素养的有效途径。

此外独立学院完全可以开设一些人文类课程，以此来改变学生的人文知识结构，拓宽学生的知识面，开阔学生的知识视野，增强学生认识问题、分析问题和解决问题的能力。例如可以通过讲读十三经这样的中华文化经典，来了解传承几千年的古老中华文化瑰宝，让学生从字里行间感受中华文化的神奇魅力，让浪漫的《诗经》、敦厚的《论语》、神秘的《易经》重新走进学生干涸的心灵，提升学生的人文素养，另外，还应将如中国传统哲学、自然辩证法、名著欣赏、艺术欣赏、美学等课程，纳入学院的教学计划当中，以此构建一个浓厚的精神氛围，塑造一种具有深厚文化底蕴的大学精神。

（四）加强校园文化建设

无论是针对独立学院学生，还是普通一本、二本院校，进行人文素养培养的过程中，校园文化是不可或缺的一个重要载体和媒介，校园文化负载着浓郁的大学精神，是大学生校园生活的重要组成部分，其建设途径可谓是丰富多彩，例如大学的广播站、校刊、各类艺术节等，通过有效利用这些载体，可以充分发挥校园文化的导向性作用，加大其中的人文精神传播和渗透，经过长期熏陶，浓厚的人文素养自然会对同学们的行为、精神产生深刻的影响，文化精神慢慢地积淀下来，逐渐形成独有的学院精神。还可以借助广受学生欢迎的讲座或者学术论坛等平台，通过邀请专家、学者们举办人文精神方面的讲座或者学术论坛，把学生带入浓厚的人文气氛当中，在潜移默化中影响他们的人生观、价值观，通过讲座、论坛这样的交流形式，带给学生的不仅仅是其本身所蕴含的丰富知识，还有学术自由的空气，此外专家、学者们的人格魅力、学术造诣、思维方式、人生阅历等都会给学生们带来一种全新的体验，让他们接受一场精神上的洗礼，从而对学生的思想意识、价值观念、行为方式等都会带来深远的影响。

此外还有学院特有的精神传统，比如办学宗旨、校歌、校训等也是一所大学区别于别校的独特的校园文化精神。作为文化积淀比较薄弱，同时缺少厚重人文景观的新型独立学院，正应该以此为依托，积极鼓励和引导校园文化的发展，不断拓宽校园文化的领域，发挥校园文化在培育大学生人文素养方面的主导作用，在校园文化这个氛围中，着力培养大学生的人文素养。

三、结语

文、史、哲、艺术类学科这样的人文社会科学是经历了历史的大浪淘沙以后，逐渐沉淀下来的人类文明的精华，这些社会文化、艺术、伦理等方面的知识，对于增强学生的历史使命感、社会责任感有着重要的作用，它可以拓展其社会视野、提升精神生活品位，帮助学生在人文精神的熏陶下树立正确的世界观、人生观、价值观，同时还可以训练学生思维方式，并为他们以后进入实际工作提供一定的知识背景和能力支撑。合理的教育体系构成应该是"文理渗透"，即便是偏重应用型教育的独立学院，也应该走出人的教育工具化的误区，高度重视人文教育在学生成长中所发挥的重要作用，引导学生来面对丰富的文化，享受自由的精神，通过人文素养教育，提升学生的审美情趣和精神境界，让大学生成长为有独立精神的个体，这才应该是大学所应该担负的文化使命。在目前这样的教育形势下，笔者认为，加强对独立学院学生人文素养的培养，已经迫在眉睫，我们应该大幅度地在独立学院增设文、史、哲、艺等人文社会科学的必修课和选修课及专题讲座，努力营造独立学院浓厚的文化氛围，打造人文校园环境，提高独立学院的文化品位，建设独立学院应有的文化精神。

参考文献

[1] 教育部. 教育部关于印发《关于规范并加强普通高校以新的机制和模式试办独立学院管理的若干意见》的通知 [J]. 教育部政报，2003：332-334.

[2] 钱伟长. 教育和教学问题的思考 [M]. 上海：上海大学出版社，2000.

独立院校保险精算教育教学探索

重庆工商大学融智学院金融系　　董　昕

摘　要： 自1980年我国保险业恢复发展以来，保险市场对精算师的需求日益增加，为了更好地适应市场对专业人才的需求，各独立院校逐步开设了保险精算专业（方向）。但由于起步较晚、经验不足，以及独立院校自身发展的限制，保险精算教育教学在实践过程中遇到了课程设置、师资力量、学生能力及就业方向等实际问题，这些问题能否得到妥善解决，将直接关系到独立院校保险精算教育的质量高低。本文从我国保险精算教育的现状及独立院校自身特点入手，分析了其开设保险精算教育教学遇到的主要问题，并提出了加快发展独立院校精算教育教学的建议。

关键词： 精算教育　现状　问题　对策

现代经济的核心是金融，而在成熟的金融市场里，精算在保险、投资融资、金融监管、社会保障以及其他与风险管理相关的领域里发挥着重要作用。精算师的主要工作是在处理金融风险的过程中，为金融决策提供数量化依据。一个称职的精算师需要经过系统的学习掌握概率论与数理统计、经济学、金融学、市场学、财税和法律等方面的专业知识。随着保险市场不断地深入发展，为了更好地与国际保险市场接轨、适应市场对专业人才的需求，部分独立院校开设了保险精算专业（方向）。但由于起步较晚、经验不足及独立院校自身发展的限制，保险精算教育教学在实践过程中遇到了课程设置、师资力量、学生能力及就业方向等实际问题，这些问题能否得到妥善解决，将直接关系到独立院校保险精算教育的质量高低。

一、我国保险精算教育的现状及独立院校特点

我国精算教育开始于 1988 年，从南开大学与北美寿险精算学会合作培养精算研究生开始到 1994 年，不少大学纷纷引进精算教育，同时，我国也于 1999 年开展了精算师的认证工作，并于 2007 年成立了中国精算师协会。截至 2010 年 4 月，中国精算师为 172 人，中国准精算师为 1 001 人。至今精算教育在我国多数高校都有专业课程与方向的建设。

独立院校是依附本科高等学校而建立的，具有独立的校园和基本办学设施的民办高等院校。它可以独立招生，实施相对的教学组织和管理，师资来源既可以依托母校现有的师资力量，也可以通过招聘方式培养自己的专任教师。在人才培养定位上，独立学院不仅注重学生的理论素养，更加重视学生的实践能力，"理论＋实践"的培养模式为独立学院学生日后走上工作岗位提供了强有力的竞争力。那么，如何结合独立院校自身办学特色及培养定位发展保险精算教育教学就成为一个值得深入思考的问题。

二、独立学院保险精算教育教学存在的问题分析

虽然我国精算教育取得了较快发展，但由于起步晚、经验不足，加之缺乏一个统一而系统的教育培训体系，各高校还处于一种自由发展的阶段，诸如培养目标的设定不合理、理论与实践脱节等问题严重制约着我国精算教育的发展。

（一）教师的保险精算实务能力有待提高

无论是哪一门学科，师资水平的高低在很大程度上决定着教学质量的好坏，保险精算亦不例外。但是，如前所述，独立学院的师资构成一部分是依托母校现有的师资力量，另一部分是通过招聘培养自己的专职专任教师，而独立学院自己培养的师资多以青年教师为主，他们在充满激情与活力的同时，也面临着保险精算实务经验严重不足的问题。

（二）相关课程开课时间联系不紧密

精算学是一门综合性学科，在学习过程中，学生不仅要具有经济学、金融学、保险学等相关知识的理论素养，同时还要掌握数学、法学、计算机等相关知识，因此，在课程设置方面要特别注意相关学科开设时间上的衔接。但在实际教学过程中，这个问题经常被忽略。例如：大部分高校都会把高等数学、线性代数、概

率论与数理统计等课程作为基础课安排在大一学年开设，而保险精算学作为专业课程往往被设置在大三学年，甚至大四学年，这样的课程设置会导致部分学生在学习保险精算学时将基本的数学基础知识忘得"所剩无几"，教师只能一边帮学生复习数学知识，一边讲授保险精算知识，精算教学开展困难、教学效果不理想。

（三）精算理论与精算实践的脱节

精算是一门实践性很强的学科，不仅要求学生具有广泛、深厚的基础理论知识和方法，而且还需要理论联系实际，将技术用于开发新产品、费率厘定、计提准备金、编制财务报表等一系列控制风险的实务工作中，两者缺一不可。但是，由于独立院校的部分师资不具备精算实务能力，导致课堂精算教学变相成为"数学"教学，授课内容只注重精算公式的推导，对公式的含义、作用、运用却不甚了解。同时，由于课堂教育的条件限制以及学生知识的有限性，学生除了了解课本上的知识外，很难有自己动手实践的机会，精算理论与精算实践的严重脱节，在很大程度上影响了独立学院精算教育的质量。

（四）学生就业导向过于狭隘

众所周知，目前我国保险精算师人才缺口很大，就业前景看好，而且收入水平普遍比较高，被职场喻为"金领中的金领"。于是，有些独立学院在没有充分考虑学生自身能力的情况下，过分宣传保险精算师的职业特点，造成学生就业的一个误区，即学了精算学就只有在保险行业就业这一条出路，使得学生的就业面过于狭窄。

三、加快发展独立学院保险精算教育教学的思考

独立学院作为培养应用型人才的重要基地，确定以"厚基础、强能力、重应用"为培养目标，经过十几年的发展已经取得了长足的进步。但是，在保险精算教育教学过程中仍然面临上面分析的那些问题，这些问题的解决办法是值得探索和思考的。

（一）"请进来、走出去"切实提高青年教师的业务水平

师资水平是教学质量的重要保障，为了提高独立学院青年教师的保险精算实务能力，可以积极探索"请进来、走出去"的师资培养策略。所谓"请进来"即邀请资深的保险精算行业内部人士走进校园，通过开办专题讲座、学术研讨会等形式将行业内的新鲜资讯带进校园，一方面，可以使独立学院教师及时掌握行业发展动向，适时修订培养方案；另一方面，也可以使学生及时接触到所学专业领域的最新知识。所谓的"走出去"，即利用寒暑假等时间，为青年教师提供进修培训的机会。例如，如中国精算师协会的会员单位紧密联系，将青年教师送到会员

单位进行再培训。

（二）建立高水平的兼职教师队伍

提高独立学院保险精算师资力量的另一个有效途径即为建立一支高水平的兼职教师队伍。兼职教师可以从保险公司或相关单位的现任精算师中选聘，这样在帮助青年教师迅速成长的同时，也优化了独立学院现有的师资结构。

（三）进一步完善课程设置

为了避免精算专业课程学习与基础课程学习时间间隔太久，需进一步完善课程设置。如大一学年或大二学年上半学期学完数学的相关课程，可以考虑在大二学年开设保险学原理、人身保险、财产保险等专业课程，有这些先导课程作为基础，大三学年即可开设精算相关课程。

（四）课内、课外双管齐下提高学生实践能力

1. 课内：积极建立保险综合实验室，模拟实际工作环境，让学生在正式走上工作岗位之前，对保险精算行业要求的各类软件有所掌握，通过软件操作提高学生动手能力。

2. 课外：建立高品质的实践基地，加强与实务部门的有效联系。在大四学年开设校外实践环节，将学生送到保险公司等相关单位，培养学生的职业意识和实践能力。

（五）转变思路，拓宽学生就业思路

转变"精算教育仅为保险行业培养精算师"的观念。一方面，鼓励学生参加精算师考试，精算教育毕竟属于系统性教育，取得精算师资格证对于学生职业规划及未来发展大有裨益；另一方面，要拓宽学生的就业思路，要让学生了解，接受过精算教育不仅可以在保险行业就业，在证券行业、彩票行业或者在企业单位从事风险管理都是不错的选择。就业思路和渠道拓宽了，就可以在学生学习精算的热情增高的同时，促进独立学院精算教育教学的发展。

参考文献

[1] 蒲成毅. 国外保险精算学科发展、人才培养及启示 [J]. 重庆工商大学学报：西部论坛，2008（9）：78－82.

[2] 李保东，蒋青松. 困扰地方院校开展精算教育的几个问题 [J]. Economic Research Guide，2011（6）.

[3] 李鹏. 加快发展我国精算教育的思考 [J]. 上海保险，2006（1）：49－50.

[4] 孙佳美. 精算类课程的实验教学探索 [J]. Economic Vision，2011（5）.

[5] 郝小娟. 我国精算行业及高校精算教育的发展现状 [J]. 时代经贸（下旬刊），2007（12）：19－20.

[6] 杨贵军. 关于我国高校的精算教育 [J]. 统计教育，2006（6）.

高校本科生导师制的构建
——一个文献综述

重庆工商大学融智学院经济系　　王　鑫

摘　要：本科生导师制，是近年来我国部分高校在借鉴国外高校教育和管理工作经验的基础上，适应我国高等教育发展需要，探索在本科生教育中培养出一批具有潜质的创新型高素质人才的一种新的工作机制。本文着重梳理近年来学者们对这一制度的研究，其中主要包括导师制的缘起、理论研究和实证研究三个方面。

关键词：导师制　本科　构建

一、本科导师制的缘起

导师制是一种教育制度，与学分制、班建制同为三大教育模式。导师制的核心是要在教师和学生之间建立一种"导学"关系，要求针对学生的个性差异，因材施教。导师制从制度上规定教师在从事教学科研以外，还要将对学生进行思想、学习、心理等方面的教育和指导作为其工作的一部分。

在外国教育史上，导师制（Tutorial System）起源于英国，由曾任温切斯特主教和英格兰大法官的威廉·威克姆（William Wykeham）首创，牛津大学的"新学院"首推（高昀，2004）。由于导师制在人才培养过程中是行之有效的，培养出众多具有创新精神、成就卓越的人才，继牛津和剑桥之后，世界上许多国家的高等教育都采用导师制。但由于经费和人力的限制，主要在研究生教育中实行导师制，导师制是作为一种侧重于对学生进行个别学术指导的教学制度而存在的。1869年，美国哈佛大学校长艾略特（Eliot）在哈佛推行本科生选课制（Elective System），

1872 年，哈佛又开始实施学分制，并很快带动美国其他高校实行选课制和学分制（王建武，2008）。在此之后，加拿大的麦吉尔大学、日本的东京大学等还在推广过程中不断对本科导师制加以改进完善。

在我国，北京大学在 1910 年后最早试行美国模式的学分制。1937 年，英国学者林迈可受聘为燕京大学经济学导师，创办了牛津大学式的导师制，几乎在同期，竺可桢在浙江大学首开大学生导师制之先河。随后，国内其他高校也相继仿效。新中国成立后，大学生学分制和导师制被学年制取代，导师制只用于研究生教育。我国是在 1982 年由武汉大学率先引入本科生导师制的。而后，一些知名大学如清华大学、北京大学、浙江大学、暨南大学、上海大学、黑龙江大学等也相继开始推行（潘卫华，2008）。

二、本科生导师制的理论意义

王丽萍、杨博涵等（2008）认为，伴随着招生规模的持续扩大，本科生质量普遍有所下滑，目前，我国高校本科生教育单纯实行班主任制或辅导员制已无法很好地适应实际需要。因此，实施本科生导师制可以很好地完善学分制，提高高校科研水平，培养学生创新能力。石秀丽、杨志慧（2009）则从教师和学生两个层面详细分析了实施本科生导师制的必要性。首先，在教师层面上。绝大部分教师（即使是作为导师）鉴于学校对工作量的考核指标或倾向，往往无暇顾及学生，而实际上这种状况带来的后果是影响深远的。据一份对哈佛本科生的调查报告表明，大学老师对学生的积极影响远远超过老师本人的认知。在实际生活中，我们经常会发现，很多成功人士在谈及大学生活时，总会提到一两个对他影响深远的老师。一位好老师（导师），能够在传授专业知识的同时潜移默化地将治学精神、生活哲理传达给学生。从某种程度上说，导师对学生"人本"教育的重要性可能要超过知识的传授，而这些工作是班主任或辅导教师无力完成的。从另一个角度看，教师也需要一种双向互动。通过营造师生之间紧密接触、充分交流的氛围，在提高学生思考能力、逻辑思维能力、批判精神的同时，教师也可以不断发现自身的不足，不断提高。其次，在学生层面上。刚进入大学时，学生面临着学习、生活模式的变化，包括教育理念、教学内容、教学方法和学习方法手段等，尤其是首次面临的全新的选课问题，由于他们很难把握课程之间的关联性，往往是盲目选课；临近毕业，许多学生无法恰当把握就业状态、择业技巧，就业难状况进一步加剧。而当今"价值观繁杂、思潮混乱"的社会状况更使得大学生们急需获得教师的深入指导。靖国安（2005）也对本科生导师制的实施意义进行了总结，他认为，本科生导师制有利于教书育人的有机结合，充分发挥教师作为高校育人主体的作用；有利于增强学生思想教育队伍的力量，丰富学生思想教育的内涵；有利于因材施教，帮助学生确立个性化的发展目标；有利于学分制的全面推行，促进课堂教学改革。

三、本科生导师制的实践情况

（一）发展历程

周萍、樊如放（2002）和胡守华（2006）对我国本科生导师制的发展历程进行了总结。20 世纪 40 年代曾在牛津大学留学的学者费巩，深刻感受到牛津大学本科生导师制的优点，因此他在浙江大学任教授期间，将本科生导师制引入浙江大学的教学实践中。当时的浙江大学校长竺可桢对导师制也是称赞有加，他任命费巩为训导长，主持实施本科生导师制工作。至此，浙江大学在全国率先实行了本科生导师制度，这是中国本科生导师制的开端。新中国成立以后，政府将各类大学收归国有，加强了对高等教育的控制，中国的高校管理模式开始效法苏联，导师制也就被废除了。时至 20 世纪 80 年代，随着中国高等教育的大力发展，学年制的弊端日益暴露出来，这种制度越来越不能适应高校对人才培养的要求，由于学分制具有灵活的特性，有利于优秀人才脱颖而出，因此部分高校开始借鉴美国大学的学分制教学管理方式。90 年代实行学分制的高等院校日益增多，学生迫切需要老师在课程选择，学习规划等方面进行指导，本科生导师制也就应运而出。时至今日，全国大部分研究型大学，如北京大学、清华大学、浙江大学等都实行了本科生导师制，许多普通院校也纷纷行动起来，在部分院系试行本科生导师制。

（二）导师制指导现状

我国大部分高校推行的导师制是班级导师制。在低年级的学生中为每个专业班级配备一名导师，主要实行课程式指导，也称教学式指导模式，导师对学生课程选修进行指导。根据这些固定学生群体的共性特点，给予宽泛地指导，向学生介绍专业领域发展方向及前景，了解本专业的人才培养目标和培养方案；分析和了解学生的学习情况、选课情况、成绩情况，为学生在本科学习期间提供有关学分制和学习方面的咨询与指导，掌握被指导学生的累计学分、累计平均学分绩点、学期平均学分绩点的情况；解决学生学习方法、专业知识等方面的问题。另外导师指导学生根据社会需要和自身特点、兴趣，按照教育教学规律和专业人才培养计划，合理地选修课程和安排学习进程。

本科生导师制对提高本科教育质量的积极作用，已得到越来越多人的认同和称赞，但在这种以知识型人才培养为目标的课程式指导模式下，创新教育没有很好地体现出来。另外，在近十年来我国高校大规模、高速度扩招的背景下，曾经的"精英化教育"已经转变为"大众化教育"，学校师生比例过高、教师资源不足，导师的个性化工作缺乏深度，许多工作流于形式。不少高校班级导师一般由专业教师个人提出书面申请，由职能管理部门的管理人员指定专业班级，学生一般只能被动接受。在实行导师制中存在着师生关系一经确定不能变动，甚至学生和导师不能根据实际情况和学习过程的变化来调整关系，不能更好地激励师生的学习自觉性、主动性。大学生低年级时各班级导师还在每学期临近学生选修课程时集中指导一到两次，平时和学生沟通交流的机会很少。等到大学高年级时，班级导师就形同虚设，缺乏实际意义。

（三）存在的主要问题

周萍、樊如放（2002）认为目前我国的本科生导师制主要存在三方面的问题：第一，部分导师和学生接触太少，很少指导学生；第二，每个导师面对的学生人数过多；第三，个别导师不具备指导学生的条件。刘敏（2004）认为问题主要表现在以下几个方面：一是导师资源不足，导师与学生比例过高；二是部分导师身兼数职，难有时间、精力顾及本科生；三是导师专长于某一领域，学生要兼收并蓄，导师与学生之间存在某种错位；四是学生选择导师的自由度较小，对学生的积极性有一定影响；五是导师与学生之间的日常交流缺乏必要规范，不能保证每一个学生都得到应有的指导。王艳峰（2006）提出：一是高师生比；二是导师资源稀缺；三是学生导师自身意识不足；四是导师的工作效果难以作出一致性评判等。赵吉勇（2006）也认为问题主要体现在：一是合格的本科生导师匮乏，素质参差不齐；二是导师的工作职责不够明确，常会产生与班主任或辅导员工作相冲突的现象；三是现行的管理制度不适应导师制的进一步发展。

四、本科生导师制的关注重点

面对本科生导师制实施过程中遇到的问题以及各高校不同的实际情况，学者们认为有些问题仍值得共同关注。石秀丽、杨志慧（2009）就认为，导师制应与学科建设紧密同行并且学生管理模式需要随之改变；导师制下还要制定切实可行的绩效评估方法并重视师资队伍建设。王丽萍、杨博涵（2008）总结得更加细致一些，他们认为更好地实施本科生导师制需要提高对本科生导师制的认识，明确本科生导师的定位和职责，选择正确的本科生导师制运行模式，强化本科生导师的遴选，建立完善的管理制度和激励机制等。王明明提出：一是实现师资力量的高素质化，这是导师制培养模式成败的关键；二是个别的辅导是一种完全不同于群体教学的指导活动，关键在于建立教师和学生相互对应的关系，应贯彻双向选择的原则，不能"一厢情愿"；三是建立完善的规章制度，包括培养计划、考核办法、激励措施等方面。马艳秀认为，应建立相应的监督机制，杜智萍也提出要建立个性化的导师教学与弹性的评价监督机制。孟育凤认为，要完善本科生导师制应做到五点：一是调整导师的人员组成结构；二是加强对导师的素质教育和培训力度；三是实行聘任制度，并享受导师津贴；四是强化"以人为本"的理念；五是建立相对稳定的指导时间和场所，提供必要的导师与学生互动的环境。方赛迎、田金奎、江振友等着重强调了导师的责任和义务必须明确，认为导师的主要作用是"导学"、"导向"和"导心"。

参考文献

[1] 高昀. 牛津大学的导师制对我国本科生教育的启示 [J]. 理工高教研究，2004（4）.

[2] 王建武. 高校本科生导师制研究综述 [J]. 成都大学学报，2008（1）.

[3] 潘卫华. 新形势下高校推行本科生导师制探析 [J]. 黑河学刊，2008（6）.

[4] 王丽萍，杨博涵，袁云岗. 推行本科生导师制存在的问题、原因与对策 [J]. 燕山大学学报，2008（1）.

[5] 刘敏. 对本科教育中推行导师制的思考 [J]. 中国成人教育，2004（12）.

[6] 王艳锋. 对本科生导师制的思考 [J]. 山西高等学校社会科学学报，2006（2）.

[7] 赵吉勇. 本科生导师制培养模式的实践与思考 [J]. 大连大学学报，2006（3）.

独立学院传媒经济综合实验室
建设实践与探讨[①]

重庆工商大学融智学院经济系　　张红梅

摘　要： 实验教学是培养学生动手能力和创新能力的最重要的途径，传媒经济是一个崭新的研究领域，传媒经济实验室的建设目前尚处于起步与探索阶段。本文阐述了建立传媒经济实验室的必要性，并就国内相关实验室建设现状进行了研究，指出目前传媒经济实验室建设中存在着诸如提升操作性、资源共享性等具体问题，最后针对问题提出具体的解决思路。

关键词： 传媒经济　实验室　建设

正如波义耳（Robert Boyle）所说，"没有实验，任何新的东西都不能深知"。实验教学是锻炼学生动手实践能力的重要途径，综合实验室作为传媒经济专业实践教学体系中的重要一环，将配合本专业教学改革，切实提高学生的专业实践技能与创新能力，推动本专业学科建设的发展。

但基于传媒经济学科的新兴性、交叉性与特殊性的特点，传媒经济综合实验室的建设面临着功能定位、内涵体系构成等诸多问题，本文将结合本院的人才培养目标以及学科建设实际，探讨实验室的基本建设思路。

---

①　本文是 2010 年度重庆工商大学融智学院 2010 年教学改革研究项目"独立学院传媒经济专业综合实验室的建设研究与实践"（项目编号：2010014F）研究成果。

一、建立传媒经济实验室的必要性分析

（一）传媒经济实验室的建设是培养应用型传媒经济创新人才的需要

随着传媒市场化程度的不断加快和国内外传媒竞争的日益加剧，传媒市场迫切需要大量能够服务于传媒产业发展的应用型的经济管理人才。

传媒经济实验室的建设是培养应用型传媒经济人才的重要手段，实验室的建设以及运行将打破目前在专业教学中以传授理论知识为主的教学模式，通过实验方式与手段切实提高学生的动手实践能力、解决问题的能力以及创新能力等。

（二）传媒经济实验室的建设是学科发展的必然要求

专业实验室是学科建设的重要组成部分。传媒经济专业实验室将构造崭新的实践教学与学科研究的平台，有力地促进本专业学科的建设与发展。尤其是对于创意文化产业的经济研究与实践，将成为学科建设中的亮点。

（三）传媒经济实验室的建设是科学研究和社会服务的重要支撑和互动平台

传媒经济实验室的建立能为专业教师提供现代化的研究平台，首先通过实验室现有设备与软件提供及时、准确、完整的资料和实验环境，促进本专业教师的科学研究能力和教学水平。同时，建立社会服务平台并与社会互动交流。

二、与传媒经济相关实验室的研究现状与实践

目前国内的传媒经济专业综合实验室尚处于起步与探索阶段，与传媒经济相关的实验室在实验室的设计思路与模式上主要体现以下的特点：

（一）以课程为导向的基础技能培训的实验平台

这主要包括两个基础性学科，即新闻传播与经济学基础实验。设置在新闻传播类下的传媒经济专业，依赖已有新闻传播类实验平台，进行传媒产品制作流程的认知以及模拟实验项目的进行。比如暨南大学"开放的实验教学平台"；经济学类下的传媒经济专业依托于经济分析实验室进行基础的 SPSS 分析、媒体效果评测等。

（二）跨学科的专项技能实验平台

该实验平台同时具有科研功能与社会服务的功能。比如清华大学"媒介调查实验室"联合清华大学软件学院、电子系、计算机系、营销系，拥有国内最为领先的市场调研技术，自主开发并公布了中国网络用户行为监测分析系统等系统，

在政府、媒体以及非营利机构中进行定制调研的广泛服务。

（三）联合业界的立足于产业前沿的创新型实验平台

针对业界的最新趋势，进行创新性的实验室设计。如汕大新闻学院成立的全国首家融合媒体实验室，利用数码平台兼容图文、音频、视频等不同手段进行实验教学；南京大学金陵学院的媒体融合实验室是目前高校新闻传播实验室中融合水平最高的复合型实验室。实验室以全媒体资源库为核心，是兼容内容采集、存储、加工及发布功能的互动性数据库实验平台。

综合来看，目前传媒类实验室较偏重于技术，纯粹从经济学学科出发构建实验体系的传媒经济实验室尚比较缺乏。

三、建立传媒经济实验室所面临的问题

（一）学科交叉融合的问题

传媒经济学的实质是在经济学领域内对传媒产业的研究，或者以经济学视角探究传媒产业的运作规律。传媒产品与服务相对一般商品而言，具有特殊性，因此在实验项目的设计上需注意有别于一般的经管实验，同时需注意与传统媒体采、编、播的技术实验相区分。

（二）可操作性与可行性的问题

由于传媒经济是一个比较新的研究领域，目前市场上尚无专门针对传媒产业经济学实验的相关仪器以及软件。同时也缺乏相应的实验室建设方案、实验指导书等相关参考资料，在考虑建设实验室时需要注意可操作性的问题。实验室需能够完成一定的课程实验，以及专业综合实训。

（三）资源共享的问题

高校实验室资源共享，有利于增强实验室的综合性实验功能，纠正因实验室功能单一所造成的综合性实验的不足；有利于提升教学科研仪器设备的利用率，降低投资成本，避免重复购置。传媒经济实验室的建立，需要将学科的标志显现于实验室中，实现与本院相关学科的资源共享。

四、解决思路的探讨

（一）功能定位

基于本院人才培养目标与办学特色，结合传媒经济的学科特点，将传媒经济实验室定位为多种功能的专业实验室，多种功能具体体现为：支撑学科建设、推动传媒经济研究、服务地方社会。

传媒经济实验室的首要功能为支撑学科建设，培养学生的动手实践能力。教学主要包括专业的主干课程以及专业选修课程的实践部分，同时通过综合性实验项目的设计，进行大四的综合实训。使学生对于传媒产业运作流程以及传媒产业运作方法有更直接的感知以及运用，提高学生的实践技能与创新能力。

同时实验室还可承担一定的课题研究功能，并具有服务于地方传媒产业经济的功能。例如实验人员可通过传媒经济综合实验室里的调查软件对受众满意度、广告到达率、广告效果跟踪、媒体定价等相关传媒产业问题进行定量调查，采集第一手的传媒调查数据，进行传媒经济研究，同时可向相关行业单位提供数据服务。

（二）内涵体系与实验模块构成

本院的传媒经济专业是建立在经济学学科之下的，因此，本院的传媒经济实验室更侧重于经济学的研究范式与实验方法。传媒经济综合实验室可按专业调查实验、专业仿真模拟实验、生产研究实验三个主要层次形成实验体系。具体可划分为以下实验模块，如下表所示。

传媒经济综合实验室实验模块

模块名称	功能	服务课程
专业调查实验	创意产业相关项目的前期及后期调查实验	媒介调查、文化产业学等
专业仿真实验	流程演绎、角色扮演	传媒经济学、媒介营销等
生产研究实验	产业链条中的传媒产品生产研究	广播电视经济学、新媒体经济学等

（三）主要软件以及硬件构成

根据各实验室的实验模块，实验室需配备相应的硬件以及软件设备。

专业调查实验模块主要配备计算机辅助电话访问系统、计算机辅助网络调查系统、NET－FGD系统等相关教学软件。通过教学软件可进行收视率调查、阅读率调查；产品渗透率研究、产品广告到达率研究、广告投放后的效果跟踪研究；品牌市场占有率研究；访谈、消费习惯研究；消费者生活形态研究以及宏观经济分析、投入产出分析、社会调查等。

专业仿真实验主要进行场景式的实验教学，通过对广告公司、媒体、客户、受众、市场调查部等的分组实验，模拟传媒产业链流程，因此，实验室需配备流程演绎需要的模拟办公硬件设施。

生产研究实验室主要包括传媒产品数据库、影音资料库等，同时根据需要可配备相应的传媒产品制作硬件以及软件设备。

总之，我系的传媒经济综合实验室在我院已有的学科基础上，体现出了专业研究的特色。不过由于涉及领域较新，在实验室的内容设置、构成等方面还有进一步探讨的空间。

参考文献

［1］付延玲. 高校经济管理专业开展综合性实验的研究与实践［J］. 实验技术与管理，2008(10).

［2］钱方明. 地方高校经济管理实验教学示范中心建设的若干问题探讨［J］. 实验室研究与探索，2008（12）.

［3］李知渊，郭琳. 浅谈高等院校经济管理类本科专业实验教学改革［J］. 科技信息，2009（8）.

［4］张红梅. 经济学范式下传媒经济专业人才培养模式研究［J］. 消费导刊，2009（5）.

计算机技术基础(VFP)实践教学的初探

重庆工商大学融智学院基础部　　陈国彬

摘　要： 计算机技术基础实践教学在大学计算机课程中并没起着引导学生学习的作用，目前，主要是理论教育一直主导着本科教育。高校应当把计算机实践教学融入到理论教学中去，让学生在实践教学中，真正去学习、理解理论知识。本文提出了计算机实践要贯串整个教学过程，让学生在计算机实践中真正理解理论知识的内涵。

关键词： 计算机技术基础　实践教学　理论教学　贯串

一、引言

计算机技术基础课程（VFP）是大学公共基础课之一，对于只有一点计算机文化基础的学生来说，这是一门较难学习的课程。对于我院学生而言，根本没有把计算机技术基础当成一门具有很强实践性的课程来对待，只是追求会做理论题目，一门心思想通过等级考试。这样就从根本上违背了我院以培养具有较强实践能力强人才这一准则。计算机技术基础课程的目标是让学生掌握计算机基本知识，具有操作和使用计算机的基础技能、培养程序设计的理念、满足和适应信息化社会发展的需要，以便大学生在以后的工作、学习中能够开拓创新。

二、计算机技术基础课程的现状

计算机技术基础课程是一门有关程序设计的课程，大部分的学生没有程序设计的概念。虽然在高中就开设了计算机的课程，但很多学生并没有重视。有的学校虽然开设计算机课程，但没有学习程序设计，只学习了计算机的基本操作。刚上计算机基础课程时，我对全班学生进行了一个统计，有5%的学生以前接触过程序设计，也就是业余学习的 Basic 基础；有20%的人听说过计算机程序设计，但是没有学习过，知道它是使计算机按用户自己的程序去做一些事情；其余的同学就没有听说过了，更没有学过。对于这样一种没有基础和没有概念的学生，以后的学习中要付出很多的努力。况且对于大部分学生而言本身的基础没有学好，自己也是学习文科的，再加上课后学生主动学习理论知识的觉悟很低等种种原因，导致即使通过正常的理论学习，他们也很难学习好计算机技术基础。

面对这样一种情况，作为民办独立学院的学生，只有通过计算机技术基础实践来提高自己的成绩。计算机实践并不是传统意义上的实验课，其具有很强的实践性，有些知识点可以在实践中掌握，而不需要在课堂上讲解，但是其步骤又比较复杂多样，因此对有些课程，特别是计算机基础课程，学生们更希望能在机房上课，老师在上面边讲、边解、边操作，学生在自己的机器上跟着做，效率更高。因此，计算机基础课程的实验课更应该称为实践课或者应用课，主要是学习计算机的使用技巧。但现在还有不少学校把计算机基础实践课程等同于实验课，计算机专业实践教学体系缺乏系统性和独立性。

在传统的教学体系中，实验课依赖于理论课，实验教学的内容和计划由理论教学计划决定，许多大学的计算机基础实践教学体系同样缺乏独立性，因此往往会出现同一门计算机基础课程，由于主讲教师不同，导致实践教学内容不一样的现象，这使得计算机基础课程实践教学混乱。计算机专业实践教学内容和教学方法陈旧。计算机实践课被看作实验课，内容简单，缺乏综合应用型和设计型实验，更不用说研究创新型实验。实验课时少，学生上课主动性不高，加之一些学校又把实践课等同于实验课对待，实践课时大打折扣，这极大地挫伤了教师对实验课的积极性，常抱怨课时太少、教学内容多、课堂太大、教学质量差，所做的教学改革上的努力也经常得不到回报。

三、计算机实践教学的方法

计算机实践教学是以学生主观学习计算机知识为基础，以提高他们在计算机技术上的应用能力为目标的。本文以计算机技术基础（VFP）为例来说明计算机课程实践的展开，以及计算机实践所能达到的效果。

（一）计算机实践教学的实施

计算机实践教学以 VFP 实践小项目来进行实践教学，把理论课的知识融入到小项目中去，让学生了解在实践项目中学到的知识是如何应用在实践中的。下面以某班级进行项目实践分配为例，具体分配方案如表 1 所示：

表 1　　　　　　　　　　　实践教学项目及人数分配

项目名称	计划人数（人）	完成时间（月）
图书资料管理系统	8～12	3
通用工资管理系统	8～12	3
通用学生成绩管理系统	8～12	3
自来水公司水费管理系统	8～12	3
高校职工管理系统	8～12	3

这样可以把一个班所有学生都容入到具体实践项目中去，每个学生都有自己的事做，每个项目组都有一位负责人，对任务进行分配和管理。只有在集体的氛围中才可以更好地提高学生的学习积极性，让他们主动、深入地学习课本的理论知识，更好地提高实践能力。

每一个项目都要有具体的实施计划，下面我们以图书资料管理系统为例来说明一个项目的分配方案。具体的分配方案如表 2 所示：

表 2　　　　　　　　　　　项目子项的分配方案表

项目名称	项目子项	人数（人）	时间（月）
图书资料管理系统	菜单与主程序设计	1	1
	数据表与视图设计	1	1
	类的设计	1	1
	表单设计	5～8	2.5
	软件的测试与运用	1	0.5

图书资料管理系统可以分为五个子项，前四个子项可以同时进行，后一个子项是在前四个子项完成之后来完成的。下面我们对每一个子项目的知识点进行解剖，分析其对应的课本知识。

下面对表单设计子项目进行分解并与课本的知识点相联系，如表 3 所示：

表3   子项目实施内容与知识点明细

表单设计	VFP 知识点	知识点明细
图书分页增删表单	创建/加工表单	表单名、加工表单属性设置等知识点
期刊分页订阅登记表单	创建/加工表单	Combo、属性设置
期刊浏览订阅登记表单	创建/加工表单、编写代码	Grid、属性设置、Grid 的 GotFocus 事件
借阅者名单维护表单	创建/加工表单、编写代码	Grid、属性设置、Grid 的 GotFocus 事件、Interactive Change 事件（Do case）

这样把所有的子项目的知识点给学生进行介绍，让学生了解知识点的意义和在具体实现这些项目时所起的作用。每一位学生都能够明白自己所做的事情，把这些知识点分配到每一个人身上，让他们进行主动的学习，有不会的知识点可到网上或者图书馆进行相关资料的查询。自学是我们进行计算机技术基础学习的主要形式，以项目的形式来进行自习是一种引导他们深入学习计算机技术基础的手段。对大部分学生而言，这种方式都能够被接受，因为有很多学生真正地想从计算机中学习更多的知识，尤其是实践性很强的知识（通过计算机操作来实现的知识）。只有这样才能够让他们更好地去理解理论知识。

（二）计算机实践教学的管理

计算机实践教学并不是学生把具体工作做完了就可以的，而是一个按计划进行实践的过程。对于每一个项目组的负责人而言，其主要工作是分配任务以及组织任务的实施。负责人与项目成员都要有自己计划，也就是项目实施计划报告。例如：计划实施方案、实施时间、所达到的效果、用到的理论课的知识点等都要在报告中体现出来，下面就是对图书资料管理系统的一个计划，如表4所示：

表4   计划实施阶段报告内容

项目	第一阶段	时间（周）	知识点	预期效果
图书资料管理系统	整体方案计划	1	类、表、表单	明白每个人的责则和整个项目的实施方案

这是对一个整体进行实施的计划，也要对每一个子项目进行实施方案，过程与表4一样甚至都要列出每个人做的事。这样可以明确到人，让每个人都能够参与这个方案的设计，让他们在计划实施中可以按时完成任务。

（三）计算机实践教学的意义

经过这样一个项目实践活动之后，每个人都要写出自己参与项目之前与之后的感受，在这个项目中自己学习到了什么东西，学习到了计算机技术课程中的哪些知识点，这些知识点的应用对自己有了多大的提高等。在项目实践中几乎把所有的函数、程序设计的语句、表、表单、SQL 语言等内容都进行了一次综合应用，这样的实践对学生来说是一次深入的学习。

计算机实践教学与计算机实践课程的成绩直接相关联，可以占整个计算机实践课程的 50%。在学生的认识上进行加强，每一位同学都要体会计算机技术基础课程的重要性与必要性，以及如何通过项目学习提高自己的实践能力。

学生们会从这样的一个项目中体会到 VFP 的真正内涵，真正明白很多程序是这样被我们在生活实际中应用起来的。由此，也就明白了程序设计的内在意义，对于学生以后的工作和学习都是一次很好的经历。

四、总结

本文从计算机实践教学进行了初探，如何通过实践教学来提高学生学习计算机技术基础课的兴趣，让他们利用更多的课余时间来进行计算机技术课程的学习，在不断学习计算机技术课程的过程中提高他们实践能力，使他们真正了解计算机课程的学习所带来的益处。

参考文献

[1] 米鑫炎. 对计算机专业实践教学改革中存在的问题及建议之研究 [J]. 科学教育，2009(2).

[2] 朱俊. 计算机实践教学研究 [J]. 商业文化，2007（10）.

独立学院会展经济与管理专业
实践教学的研究和探讨①

重庆工商大学融智学院经济系　邹　烨

摘　要：由于会展业的发展迅速，虽然国内开设会展专业的高校也在不断增多，但会展行业的人才缺口却不断扩大。本文从会展经济与管理专业教学方面入手，立足于独立学院的办学特色和招生特点，进行对目前国内会展专业课程的分析和存在问题的分析，研究和探讨实践课程的教学设计。

关键词：独立学院　会展经济与管理专业　实践教学

导言

会展业是发展势头较快的新兴产业之一，会展经济所表现出的强大的产业关联带动性与增长潜力使之成为国民经济体系中又一新的增长点。在我国，与快速发展的会展行业相比，会展教育尤其是会展高等教育显得滞后许多，行业的进一步发展对那些既具有一定会展理论知识素养，又具有熟练操作技能的高级会展专门人才需求越来越强烈。

对于独立学院会展经济与管理专业实践课程的建设和探索，就是在对当下中国会展行业发展和人才需求的背景研究下，探索出会展人才的实践性培养方式，开设于会展专业课堂之中，更好地培养会展专业学生的应用素质能力，以适应行

---

①　该论文为重庆工商大学融智学院 2011 年度教育教学改革与研究项目"会展经济与管理专业实践课程建设与探索"（项目编号：2011009G）研究成果。

业需求和提高学生的就业率。

一、实践教学在会展专业教育中的意义

在我国，截至 2004 年，约 30 所高校开办会展类专业，这些专业基本属于二本和三本专业，目前，开设会展专业的高校还有部分的高职院校。在专业的设置方面，大体分为四个方向，第一类是从原有的国际贸易类专业基础上开设的会展经济与管理专业，偏重于从经济的角度研究会展业；第二类是从旅游专业的基础上开设的会展专业，偏重于会展发展带动的旅游相关行业的经营和管理；第三类是从艺术设计的基础开始的会展设计专业，主要立足于在会展运作过程的设计环节；第四类是从外语专业衍生的会展专业，主要偏重于行业英语和商务英语。

目前，我国长三角地区的院校会展专业的教育领先于国内其他城市的高校。在上海，大力发展服务经济、建设国际金融中心和航运中心以及世博会的召开，给上海的会展业带来了大发展的契机。在我国的会展业刚刚起步的现状下，会展人才的缺乏成为会展业发展的瓶颈。这使得近年来，大专院校纷纷开设会展专业或会展方向的课程，努力培养适销对路的会展人才以适应会展市场的需求。来自上海会展行业的资料显示，目前上海地区开设会展专业或会展方向的学校达 44 所，在校学生 7 904 名，其中，本科 9 所，在校生 1 982 名；大专 24 所，在校生 4 690 名；中专 11 所，在校生 1 232 名。2004 年有了第一届毕业生，这几年，每年的毕业生不下千人，但对部分院校会展专业毕业生的就业去向的调查来看，只有四分之一的学生是在会展行业的公司就职。从行业分析，上海的会展人才紧缺，而会展专业的毕业生却不能填补此空缺，这使我们不得不思考会展教育中存在的问题和弊端。

从会展行业的职位需求来分析，整个会展职位组织构架中，会展专业相关的职位主要是会展管理、会展设计和会展策划。会展公司或会展场馆的中高层管理职位一般由在本行业或相关行业具有管理经验的人才担任；会展设计方面的工作，会展策划公司一般会招聘装饰设计或展示设计专业的学生；而展前工作的重点即会展策划的相关职位，也适合营销策划专业或广告策划专业的学生。这里存在的，不仅仅是职位和专业的交叉引起的就业压力，同时也有会展专业学生的知识和实践能力的缺乏导致的竞争压力。

二、独立学院会展经济与管理专业教育
存在的问题及分析

从会展专业方向的设置来看，会展经济与管理专业是经济学科和管理学科下设置的专业方向，侧重于培养会展管理人才和会展策划人才。专业方向的市场前景看似一片光明，但专业教育的实际操作还存在各种问题。

（一）会展专业教育普遍存在的问题

目前我国会展专业课程设计存在的问题主要包括：

第一，专业核心课程不明确，缺乏专业的理论指导。德国、美国等会展大国的专业教育，会展专业课程如会展概论、会展策划与组织、会展管理、参展实物、会展营销等课程被视作核心课程，并且配有统一的教材。我国会展专业核心课程的设计基本参考德国、美国会展专业的方式，但目前国内的会展教材虽丰富多样，却不够成熟，专业度不够，因此在教材的选用上，还缺乏高质量的统一教材。

第二，专业的课程设计理论与实践脱节，对专业特点缺乏深刻理解。高校教育中实践教学一直是探讨很多的问题，实践性的教学也必须立足于行业的特点。会展是一个实践性、应用性很强的专业，学生必须具有很强的动手能力。在大二、大三的专业学习过程中，对书本上的理论知识已经有一个普遍的认识，而面对实际操作中的问题却无法应对。会展行业对具有实践经验的专业人才需求很大，因此对于实际操作技能的需要比对扎实基础理论的要求更为迫切。而目前的会展专业课程设计中，虽然都有实践环节的教学计划，但实践性的课程还不够成熟，方式、方法各不相同。

第三，课程设计大多依照传统的思路，针对性不强。课程设计中的学科基础课、专业必修课和专业选修课等阶段性的教学计划之间关联性不强。学生在知识的接收与理论和实践的运用方面，很难把每门课的知识作以延续性的掌握。在理论知识的传统教学过程中，学生是作为被动的"接收者"，这使得学生作为"创造者"的能力被忽略掉。因此，课程环节的设计采用互动式的教学方式，也是对学生能力培养的一个方面。

（二）独立学院会展经济与管理专业教育存在的问题

从会展人才培养的层次来看，目前国内高校开设会展专业的院校中，主要是以本科院校和高职、高专院校为主，本科中一本专业相对较少，多是二本和三本专业。同时一些重点高等院校如北大、清华、人大等也开始了对于会展方向硕士、博士的培养，已基本形成了高级管理人才、一般管理人才和普通服务人才三方面的人才培养体系。

从国内独立学院会展专业学生的就业去向来看，大部分学生毕业以后没有从事本专业的工作，而会展行业的快速发展导致人才缺口越来越大。分析两方面的原因，根本还是在于独立学院会展专业人才培养模式存在脱节。分析独立学院会展经济与管理专业存在的问题主要包括：

第一，综合实践能力的培养重于理论知识的学习。立足于独立学院招生的特点，学生对于理论学习的积极性不高，对于研究型知识的钻研度不大。会展经济与管理专业是经济学科和管理学科下设置的专业方向，侧重于培养会展经济和市场分析人才、会展管理人才和会展策划人才。从人才需求来看，独立学院的会展专业学生毕业之初从事高级管理工作、一般管理工作和经济分析类工作的可能性不大，较有可能从事会展普通服务工作、会展策划工作和会展相关行业如广告策划等工作。因此，就要求在专业教学中设计多个环节的实践课程，以针对行业人才需求进行专业化的培养。

第二，实践创新能力的培养重于传统课堂实践的学习。独立学院学生的理论学习和课堂学习能力较一本、二本院校学生有一定差距，但实践能力和创新能力相近。针对会展行业的人才需求，大力开拓学生的创新能力，发展学生人际交往的能力，鼓励学生在专业课程和实践课程中利用理论知识大胆创新，并实际动手操作完成，以便适应在实际工作岗位中的角色转换。

（三）独立学院会展经济与管理专业课程分析

课程设计是专业建设的基础，各个学校的做法既有其发展特色的一面，也有不规范的一面。在课程的设计上仅仅考虑把已经成熟的一门课冠以"会展"的帽子，而课程的内涵和结构却不予以深入的梳理，必然会造成学生理论基础不扎实，实践能力不强，从而导致就业问题突出，学科建设缓慢。

国内开设会展经济与管理专业的高校主要有南开大学、上海师范大学、上海对外经贸学院等，开设的主要课程包括有经济学、统计学等学科基础课程和会展管理、会展策划等专业必修课，同时根据专业方向的不同开始会展设计、场馆规划等技能课程。

以我院的会展经济与管理专业为例，我院的会展经济与管理专业是从经济学专业的基础上，在国际贸易专业的成熟发展之下开设的，主要立足于培养具有经济学专业知识的会展策划和管理人才。培养方案专业课程的设计参考了国内其他高校同专业的课程设置，学科的基础是经济学方向。因此在学科基础课的设置上，开设经济学、会计学、管理学、金融学四门经管类专业的基础理论课程。理论课的学习比重较大，课程设计中的实验部分是对理论学习的进一步认识，在会展专业学习中能起到初步掌握经济类知识的作用，但对于会展行业的实际应用作用不大。同时开设财务管理学和市场营销学两门具有实践指导性的理论课程，能够让学生掌握管理和营销的基本知识。专业选修课主要是针对会展行业的特色而设计的，例如节事互动策划与管理、商务谈判、会展设计等课程。从课程的内容来看，实践重于理论，但在课程设计中课程学时的安排上，实践只占不到四分之一的比重。

三、独立学院实践课程教学体系的研究和探讨

会展专业实践性教学环节贯穿于大学四年的学习期间，并根据教学计划与课程设置，有重点地在不同年级开展。对于实践课程的教学方式有如下构想：

第一，借鉴美国、德国等会展大国的人才培养方式，设计模拟会展项目的实践教学和真实项目的实践教学。世界会展业发展最好的国家是美国和德国，行业的发展一定与专业人才的培养密不可分，美国和德国的专业人才培养已经非常成熟。美国的会展教育主要由高校、行业协会、中介机构和咨询公司等组织承担，其中高校处于核心位置。在会展管理专业本科的教育中，一般主要包括下列课程：会展规划、贸易展位营运、广告学、人类学、艺术、餐饮管理、商务管理、需求管理、厨房管理设计、接待、音乐、运动会管理等课程。课程的设置不仅仅是会展理论的研究，更是涵盖了会展实际运作中包含的大部分行业知识。学生在高校的理论学习结束之后，还能够进入市场实际操作，让学生可以全面地学习和掌握会展的专业知识。

在独立学院会展经济与管理专业的实践教学中，尝试以学生的主动获取为核心的学习方法，根据本门课程的教学要求设计不同的实践环节，将学生分成不同的小组，分配给每个小组一个会展或节庆内容以及需要完成的目标，实践教学的每个环节按进度完成，课程结束之后，到市场上进行实际操作，最后考核本门课程的学习效果。这种方式，是对课程学习中模拟教学的一个真实实践，对学生应变能力和创新能力的培养有很好的作用。

第二，建立全面的实践实训基地。会展专业人才的培养是与会展行业的发展和人才需求密切相关，那就离不开行业协会和会展策划公司、会展场馆等企业。以我院会展经济与管理专业为例，重庆属于国内二线会展城市，会展场馆设置虽然规模不大但相对成熟，会展公司和行业协会每年都定期举办展会，且重庆开设会展专业的高校不多。因此能够在本土的行业协会、会展场馆和会展公司建立实践实训基地，对我院会展经济与管理专业学生的实践能力培养是非常重要的环节。

第三，采用"定制培养"的方式设计实践性教学模块。与会展相关企业的合

作可以不仅仅限于实践实训基地的建设，还可签订就业意向，根据企业的人才需求进行培养。学生在完成学院的专业教育之后能够迅速地适应企业的要求，在就业的过程中轻松应对。即便是与院校合作的企业没有能力全部接收一届毕业生，其他的学生也能够在相关的企业中很快适应其实际的工作。

四、总结

会展专业人才培养是我国会展行业发展的重要环节，是我国会展行业持续健康发展的重要保证。会展专业教育也在不断发展中达到成熟，高校的会展专业教育发展也在不断扩大。独立学院的会展经济与管理专业从自身办学的独特性和招生的特点出发，构建多层次、全方位的人才培养体系，在教学内容方面达到规范化和多元化，着重探索和完善专业实践教学模式，培养实践型和创新型的会展专业人才。独立学院实践教学的发展，对会展经济与管理专业的学科建设和会展行业的发展来说，是一个双赢的趋势。

参考文献

[1] 邬国梅. 国际会展高等教育对我国的借鉴和启示 [J]. 市场论坛，2007（5）：213 - 220.

[2] 易小力. 会展教育与实践的问题与对策 [J]. 社会科学家，2010（2）：98 - 100.

[3] 吴建华. 论会展理论教育与会展实践教育的关系 [J]. 旅游科学，2008，22（6）：70 - 73.

[4] 邬适融. 我国高校会展专业的模块式课程设计 [J]. 经济与管理研究，2009（9）：76 - 79.

提升独立学院会展教育
竞争力的策略分析

重庆工商大学融智学院经济系　　韦文杰

摘　要：伴随会展业地位和作用的凸显，会展教育快速发展，独立学院会展专业设置呈现"井喷"态势。这种跨越式发展模式使会展教育规模不断壮大，但也使质量方面出现了培养体系不健全、学生就业率不高等问题，影响了独立学院会展教育的竞争力。本文从分析美、德等发达国家会展教育的竞争力着手，从"道、学、技、基"四个方面提出了会展教育的专业化问题，进而提升独立学院会展教育的竞争力。

关键词：独立学院　会展教育　竞争力　专业化

随着北京奥运会、上海世博会、广州亚运会的成功举办，我国会展业（MICE Industry）每年以上升20%的速度快速发展，初步形成了以北京为中心的环渤海会展经济带，以上海为中心的长三角会展经济带，以广州为中心的珠三角会展经济带，以大连、沈阳、长春、哈尔滨为中心的东北会展经济带以及武汉、郑州、成都、昆明等会展经济中心城市。与行业发展相适应，会展高等教育在2000年后，尤其是2004年以后逐渐发展起来，成为我国高等教育中一个全新的领域，肩负了为会展业出人才、出理论的战略任务。但我国会展教育尤其是独立学院的会展教育整体上处于办学摸索、试验阶段，与世界发达国家会展高等教育40年办学历史所取得的辉煌成就相比，我国独立学院的会展教育还面临着许多问题，需要创新办学模式，提高独立学院会展教育的竞争力。

一、独立学院会展教育的现状

我国高校会展专业的设置，最早是从一些相关专业里派生出来的，可以说"出身并不高贵"。如 1991 年由中央美术学院设立的展示设计方向，2000 年由浙江城市学院设立的会展管理方向等。而 2003 年，教育部正式批准上海师范大学和上海对外贸易学院开设会展经济与管理本科专业，代表着中国的会展教育迈出了历史性的一步。目前，随着会展教育规模的快速扩大，独立学院的会展教育也出现了大发展的可喜局面，但也出现了教育质量下降，培养体系不健全，学生就业率不高等问题，影响了独立学院会展教育的竞争力。

（一）现状分析

从数量上看，教育部批准设置本科会展专业的高校从 2003 年的 2 所、2004 年的 14 所、2005 年的 14 所、2006 年的 21 所，达到 2010 年的 26 所，加上其他自行设置，或挂靠在相关专业下的会展方向的 32 所，共有本科会展专业院校 58 所。其他还有 126 所专科或职业技术类院校，各类院校共达 184 所，相当于美国 75 所高校的两倍，而独立学院会展专业受学校地位、办学模式、师资水平、招生资源等因素的影响，市场竞争力并不强，面临着巨大的挑战。

从专业名称上看，独立学院本科专业以"会展经济与管理"为主，以"会展艺术与技术"为辅，各有侧重，各有所长，体现了会展经济活动主要的分工特点、业务特点。

从办学依托来看，多数独立学院会展专业办学历史不长，主要依托旅游管理、工商管理、国际贸易、艺术设计等成熟学科来发展新的专业，体现了会展经济活动综合性强、会展学科边缘性、交叉性强的特点。

（二）面临问题

独立学院会展教育的培养体系不健全，一方面体现在课程设计上，主要是各高校开设的会展专业都依托于工商管理、国际经济与贸易、市场营销、旅游管理、英语、艺术设计等专业。因此，在课程设计上都有其明显的学科倾向，各校一般都采取大而全、宽而泛的课程设计，以至造成会展专业学生理论基础不扎实，动手能力不强，学科建设缓慢。

另一方面，据中国贸促会的研究报告显示，在未来 5～15 年内，中国会展业年均增速将达到 15%～20%，预计 2020 年总收入将超过 1 000 亿元。会展业的大发展，促使会展人才需求增加，但独立学院会展专业学生却面临着就业困难，出现了独立学院培养的会展专业学生实践经验不多、动手能力不强、综合素质不高的现象，与会展公司需要的既能招展、招商、策划服务，又懂得英语、计算机、设计等技能的复合型人才不相符。

二、国外会展教育的竞争优势

世界上会展教育最先进的国家主要有美国和德国等。出现了美国模式和德国模式等典型的会展教育模式，本文通过分析这两种模式的核心竞争力，为提升我国会展教育的竞争力提供参考。

（一）美国模式的竞争力

据统计，全球有 150 多所大学提供与会展管理相关的教育，美国大约占了一半，而且目前美国已经形成了相对完善的教育体系。在会展管理人员中，60% 以上具有学士学位，其中近 10% 拥有硕士学位。在课程设置、教材编写、教师配备方面，美国也很有优势，美国的会展教育模式已成为国际上发展会展教育的典范。

1. 多元化的教育主体

美国的会展教育主要由高校、行业协会、中介机构和咨询公司等组织承担。其中，高校处于核心位置。目前在美国开设会展专业或课程的主要院校有乔治·华盛顿大学、内华达大学、休斯敦大学、俄克拉荷马州州立东北大学等 75 所高校。其他像行业协会、中介机构、咨询公司等也为会展从业人员提供技能性培训。高等院校的学习以学位教育为主，一般不要求具有从业经验；而行业协会、中介机构、咨询公司从事的是技能培训和在职培训，学员大多具有一定的从业经验。美国高校基本上是在旅游管理或商务管理的基础上设置大型活动或会展管理专业。美国国际展览管理协会自 1975 年起开设了展览管理认证证书的学习课程，以期提高从业人员的专业水平。

2. 多层次化的教育体系

美国高校已经形成了与自己专业特色相适应的从一般职业资格认证教育到学士、硕士学位教育的多层次会展教育体系。在美国，会展管理的提法一般是"事件管理"或"特殊事件管理"。它不仅包括会议管理和展览管理，还涉及大型事件、体育事件、各种节庆甚至私人重要活动在内的事件管理。会展管理专业一般设置在宾馆管理、旅游管理、接待礼仪、体育运动、休闲娱乐、艺术门类中。在目前开设会展教育的高校中，乔治·华盛顿大学的会展教育规模最大、课程体系最完整，学生不仅可以攻读学士学位，还可攻读硕士学位。该校于 1988 年率先推出的特殊事件管理职业资格认证制度已得到全球 20 多所大学的认可。还有许多大学的会展教育也取得了较好的发展，并且树立起了自己的品牌。

3．多样化的教育途径

美国会展教育的时间安排有多种，个人可以根据自己的情况选择适宜的方式。除了四年制的学士学位教育和两年制的硕士学位教育以外，还有一些两年制的社区学院也参与提供会展教育。在职业资格认证培训上，时间则更为灵活。以乔治·华盛顿大学大型活动管理证书培训为例，它主要是对刚进入会展行业、工作经验不多的人员进行初级入门培训，无学期要求。耗时最短的学员在 6 个月里学完了全部课程，耗时最长的则用了 36 个月。美国国际展览管理协会的展览管理认证证书课程学习，要求学员在 3 年内学完 7 门必修课和 2 门选修课即可，耗时最短的纪录是 11 个月，最长的则达 24 个月。

美国的高校还通过专业研讨会、书刊、VCD 等方式为公众提供学习会展知识的机会。此外它们还通过远程教育向全球 24 个国家提供相关教育与培训。乔治·华盛顿大学"特殊事件管理职业资格"认证体系获得了西班牙、摩洛哥等国家的认可。目前全球约有 20 多所大学采用了该校的会展职业资格认证课程，通过远程教育对会展从业人员实行职业培训。此外，美国高校的会展教育非常注重实践环节，许多高校在校园里建立模拟客房、餐饮设施，邀请会展业界人士为学生开讲座，并让学生实际参加会展活动，要求学生为学校的体育赛事寻求赞助商。这些实践活动对提高学生的实际操作能力大有益处。

（二）德国模式的竞争力

在德国著名的瑞文斯堡合作大学，其会展管理系只有三名专业教师，这与其在世界会展教育显耀的名声相比显得有些不相称。由于有发达的会展业支撑、有会展业界的全力支持，瑞文斯堡合作大学会展教育才名声大振，在"三名专业教师"背后有着许许多多经验丰富、热心教育的会展业界人士承担着"会展教师"的职责。

德国会展教育核心力量包括与会展业界有着密切联系的高校教师和对会展人才培养有着使命感的会展业界人士。这两个方面相互支撑和互动，构成了富有生命力的德国会展教育体系：学生大多数是展览业界，根据展览公司需要进行定向培养的。学生一般学习一年半的理论课程，另外一年半是到展览公司进行实习；每学期的安排通常是三个月上课，三个月实习，学生反复地从理论到实践，再从实践到理论进行探索。将生产劳动与教学训练相结合，突出培养学生的实践能力。学生一进入学校，就有了学生和企业学徒工两种身份，在校学习阶段有大量的时间是在公司或企业进行实际操作。

三、提升独立学院会展教育竞争力的策略

从国外的经验看，美、德等国家在课程设置、教材编写、教师配备、业界合作等方面形成了自己的特色，提升了会展教育的竞争力。但是随着时代的变化，以及我们国家整个教育文化的特殊性，我国独立学院会展教育不能完全照搬、照抄国外的教育模式。因此要提升独立学院会展专业的价值和意义，还应该对独立学院会展专业进行专业化改革。下面本文主要从"道、学、技、基"四个方面对独立学院会展教育专业化做一个梳理。

（一）构建独立的学科体系

提高独立学院会展教育的竞争力，在"道"的层面讲，就是指建构会展专业教育独立的学科体系，形成统领性、概括性的专业体系。目前独立学院会展专业主要有会展经营管理、会展设计、展会艺术等三个专业，多依附于产业经济学、设计学、艺术学等学科，还没有形成会展专业单独的学科体系。提升独立学院会展教育的竞争力，实现独立学院会展教育的专业化，就是要在"道"的层面上形成科学合理的学科体系。如佩里（Perry）在对澳大利亚会展策划者的教育需求所作的调查后指出，一个完整的会展管理课程体系应该包括七大组成部分，即，政治、金融、管理、公共关系、营销、经济分析、人文伦理。所以我国独立学院会展教育应从政治、金融、管理、公共关系、营销、经济分析、人文伦理等角度着手，形成特色鲜明、科学合理的独立学院会展教育学科体系。

（二）提升学生的理论学养

提高独立学院会展教育的竞争力，从"学"的层面讲，就是指理论学养，这里尤其要指出的是，它不仅是指会展专业的学养和理论，还应该包括政治学、经济学、管理学、社会学、心理学、法学等。不仅要掌握这些学科的一些基本概念，更要具备一定的知识和学理水平。所以，提高独立学院会展专业教育的竞争力，应实行"宽口径，厚基础"的培养模式，鼓励学生选学第二专业，鼓励跨专业选课，进而培养学生的理论学养，提高学生的综合素质。

（三）培养扎实的实践技能

提高独立学院会展教育的竞争力，从"技"的层面讲，就是指从事某一工作所需的基本技能。比如会展专业中的设计、展会布置等，这些技能把握还需要经验的支持，需要和业界对接。所以提高独立学院会展教育的竞争力，要实行本科生职业导师制，为每位学生配备业界的导师，指导学生参加实践锻炼，提高学生的实践能力。

（四）提高学生的人文素养

提高独立学院会展教育的竞争力，从"基"的层面讲，就是指基础。这里主要指人文知识基础，包括历史、文学、艺术等。时下独立学院会展专业学生的人文基础较差是一个基本事实。所以提高独立学院会展教育的竞争力，应加大大学生的素质教育，设置相应的课程，进而提高大学生的基本道德素质。

参考文献

[1] 刘德艳，董藩. 美国的会展教育及对中国的启示 [J]. 中国高等教育，2005 (11)：46-47.

[2] 赵法忠. 中国会展教育需要一招制胜 [N]. 中国经营报，2008-12-22 (12).

[3] 马勇，肖轶楠. 我国会展专业的课程设置与人才培养 [J]. 旅游科学，2005 (2)：75-78.

[4] 任国岩. 会展经济与管理专业课程体系建设的思考 [J]. 浙江万里学院学报，2007 (20)：153-155.

[5] 陈鲁梅. 高校会展教育发展现状与建议 [J]. 中州大学学报，2010 (4)：18-19.

[6] 刘大可. 中国会展教育，谁是谁的谁 [N]. 中国经营报，2008-01-10 (12).

媒介融合趋势下的传媒教育改革

重庆工商大学融智学院经济系　　孟育耀

摘　要：新技术的运用使传播媒体与传播手段正在发生日新月异的变化，融合成为媒介变局的主旋律。媒体信息传播的信源结构、信息生产流程、媒介终端呈现方式都受到了媒介融合变局的深刻影响。本文试图从当前媒介融合对传媒领域的变革出发，指出高校传媒教育实践中存在的问题，探讨传媒专业教育需要作出的适当调整及其可行性路径。

关键词：媒介　融合　教育　改革

一、媒介融合变局对传媒领域的深刻影响

新技术的运用使传播媒体与传播手段正在发生日新月异的变化，融合成为媒介变局的主旋律。传统媒体信息传播的信源结构、信息生产流程、媒介终端呈现方式这三个领域都受到了媒介融合变局的深刻影响。

（一）对信源结构的影响

在信源结构上，大量的非新闻工作者涌入了信息提供者的队伍，他们中有一部分成为了新闻媒体的新的信息提供者，另一部分甚至自己掌控了一定的发布渠道，比如博客、空间、微博等个人化、个性化的媒体，直接面对受众，影响了整个传播格局。在"人人都有麦克风"的时代，专业媒体人需要担负起怎样的使命和职责，新闻传播教育如何教授学生知识和技能，这是值得我们深思的问题。

（二）对新闻生产流程的影响

在新闻生产流程上，传统媒体与新媒体的互动与融合使新闻媒体的组织结构和工作方式发生了根本性的变革，一体化的数字内容生产平台的建构、一个采编

团队同时面对多种媒体终端的内容整合等困境的出现，要求新闻组织者与每一个新闻从业者都能胜任媒介融合带来的新的任务。

（三）新闻内容呈现方式的影响

在新闻内容的呈现方式上，三个方面的挑战已经摆在面前：一是传统媒体如何"旧貌换新颜"，或者说，如何让传统媒体在保持自身严肃性和特性的前提下，更容易被新的受众所接受，能更好、更长久地生存下去。二是如何将现有的部分媒体进行资源整合和穿插利用，比如报网、台网的融合，需要一种全新的新闻传播思路。三是要考虑未来是否会有一种全新的媒体出现，它能否超越现在各大媒介存在的桎梏，成为未来的媒体主流。这些问题的思考，是需要充分顾及到技术、社会、文化、政治等多个领域的综合作用，是一个更有难度、更难把握的问题，也可能是关系到未来谁能成为媒体领跑者的重大话题。

新闻传播专业的教育需要把握上述变化带来的挑战，认真研究如何培养我们的学生，让他们对于媒介融合更为敏锐，对媒介趋势作出自己的合理判断，理解在媒介融合趋势下媒体单位和受众关系的变化。

二、现阶段传媒教育发展及其存在的问题

媒介融合对新闻传播专业培养全媒体人才的要求已经受到广泛地重视。随着新闻生产流程的改变，将诸多类型的新闻作品在同一数字生产平台上进行制作、策划、组合，已经成为一种较为主流的趋势。媒介融合需要新型的多技能编采人才，即不但需要掌握传统的信息采制技能，还必须熟练应用不同媒介之间采制手段，了解不同媒介之间信息表现的最大可能性，"背囊记者"的出现，就是这种多技能编采人员的尝试。

长期以来，国内传媒教育的专业设置建立在报纸、广播电视、出版等传统媒体划分的基础上，如新闻学专业主要为报社、通讯社培养人才，广电专业专门面向广播电视等传媒机构，编辑出版专业则针对杂志社和出版社，以媒体的性质区分教学与研究领域，不但成为高校传媒教育的惯例，而且也成为教育部学科设置的基础。

随着数字化时代的来临，传媒间的介质差异正在被打破。以媒体性质区分为特点的专业设置和课程体系，内容陈旧、手段落后，已经不能适应新媒体的发展以及传统媒体的数字化转型，也无法满足业界对融合人才的需要。学界许多人认为，随着媒体融合时代的到来，高校的人才培养教育改革已经刻不容缓。因此，高校专业和学科设置上必须适应媒体融合这一发展现实，突破这种以媒体性质设置专业和课程的局限，建立一种跨媒体、跨学科、跨文化，更具开放性与兼容性

的传媒教学体系，以适应媒介融合的趋势。

国内已经有一批新闻传播学院开始了专业设置与课程体系的改革。最先尝试改革的是汕头大学和南京大学，它们借鉴美国密苏里新闻学院的基本模式，并联合密苏里新闻学院创办了媒体融合实验室，南京大学还开设了媒体融合专业。（媒体融合实验室是一个开放性的教学实践操作平台。教师和学生模拟全真环境下的多媒体运营流程，学生以记者的身份采制节目，由模拟主编的教师进行批改和发布。在模拟教学中，文学、图片、音视频文件都是学生的实践素材，可以进行多种媒体的融合实践。）中国人民大学也于 2009 年开设数字新闻传播专业方向，作为拓展新闻学专业培养方向的实验平台，以此为契机促进"群媒体"型新闻人才的孵化。

但值得注意的是，由于普通民众介入新闻传播的可能性渐高，单纯的信息采集、策划、发布已不足以让新闻媒体立足，全面的视角、独到的观点、鞭辟入里的解读，使新闻与信息传播进一步延伸到知识与服务领域，并不断通过裂变与聚合，形成新的内容产品，从而促进了媒介集团中产品链和价值链的生成，这才是媒介融合趋势下媒体的新的生存之道。针对这一需求，在相关领域拥有一定权威的专家型记者，也是新闻专业的培养重点。

三、媒介融合趋势下，传媒教育的改革策略

（一）调整培养目标，突出专长，兼顾其他

媒介融合时代，新闻实践教学的培养目标应该是分层的。首先应该强调每一个学生都应该有一个侧重和定位，选择自己的重点媒体领域，突出发展自己的专项媒介技能，能学有所长，独当一面。然后，在此基础上，了解和熟悉其他媒介操作方法，培养记者、编辑的全媒体意识与思维，以便在学生走向社会谋职就业之时，能更灵活地适应媒介融合背景下的人才需求状况。全媒体的训练，也许并不在于让新时代的记者、编辑身兼数职，十八般武艺样样精通，而更多的是要让他们形成一种全媒体的思维方式，使他们面对一个新闻题材时，可以很快做出判断与选择，规划出用多种媒体手段进行报道的方案，并且迅速找到自己的位置。

（二）完善实践教学体系，实行"全时段、全媒体"模式

新闻专业的传统实践教学一般分为课程实践以及专业见习和毕业实习。专业见习一般安排在第六学期，毕业实习安排在第七学期。这样的实践教学体系已经远远不能满足媒介融合对新闻专业学生业务技能提出的新要求。在媒介融合背景下，全时段、全媒体模式要求学生提高技能训练，增强新闻实践的意识。学生要

有意识地利用一切机会进行实践。现实生活中，时时有新闻，处处可实践。学生在闲暇时间可以多参加校内记者团、摄影学会等组织，或利用校内自办媒体，如校报、广播电视台等资源平台，也可以通过担任校外媒体的通讯员或外聘记者等方式积极参与所在地的重大事件的报道活动。利用机会将平时实习、课堂实践、假期实践、毕业实习等彼此打通，贯穿起来；将"先知后行"、"在知中行"、"边知边行"等形式结合起来；将"教学途径"与"非教学途径"相结合，相互促进，相得益彰。

（三）增设实践课程，普及新媒体技术

新媒体技术日新月异，新闻传播方式不断变化创新。传统的专业知识界限和专业技能界限都已被很大程度地突破。新闻院系根据自身实际情况，采用不同方式对传统实践课程进行及时有效的调整和更新，以"融合"应对"融合"：在原有课程中增加新内容，如在报纸编辑课程中适当增加电子图文编辑与排版、数码图像处理、网页制作、网络新闻编辑等；在广播电视技术课程中适当增加移动媒体技术、流媒体文件制作、多媒体信息传播等新媒体技术。设在综合性大学的新闻院系可以通过打破院系课程壁垒，实现课程互选来整合全院的教育资源，借助本校的艺术设计院系、计算机院系的课程资源，致力于学科间的融合，提高学生的业务技能。

（四）变革考核方式，重视实践成果

考核是实践教学的重要环节，也是改进实践教学、保证实践教学规范化和质量的重要步骤。以往的专业实习主要是通过指导教师总结、学生座谈会、实习总结、提交一定数量的实习作品等形式对实践教学进行考核，缺乏标准和规范，存在很大的随意性，制度化程度和有效性也不高。

在媒介融合的环境中，教师应该注重考核方法的灵活多样和实用有效。在实践性较强的课程考核中，媒体实践和新闻作品都可以占一定的比例。学生也可以直接提交较高水平的新闻作品，经过任课教师的评审和把关，代替期终考核，这样有助于提高学生实践意识和业务技能。

参考文献

[1] 黄楚新，戚鸣. 媒介融合背景下的传媒创新［M］. 杭州：浙江大学出版社，2011.

[2] 许颖. 媒介融合的轨迹［M］. 北京：中国人民大学出版社，2011.

[3] 徐沁. 媒介融合论：信息化时代的存续之道［M］. 北京：中国传媒大学出版社，2009.

[4] 刘利群. 国际传媒与教育［M］. 北京：中国传媒大学出版社，2008.

[5] 王菲. 媒介大融合——数字新媒体时代下的媒介融合论［M］. 广州：南方日报出版社，2007.

[6] 张国良，黄芝晓. 信息化进程中的传媒教育与研究［M］. 上海：复旦大学出版社，2003.

对独立学院财务管理专业培养目标
与专业主干课的思考

重庆工商大学融智学院会计系　　杜　　鲲

摘　要： 本文提出了独立学院财务管理专业培养目标与专业主干课存在的常见问题，通过分析财务管理专业培养目标层次差异及学科定位，制订出独立学院财务管理专业培养目标；在独立学院财务管理专业主干课问题上，提出了从财务管理实务环节本身出发制订专业主干课，有效避免课程不系统、重复等缺陷。

关键词： 独立学院　财务管理　培养目标

一、独立学院财务管理专业培养目标
存在问题及分析

人才培养目标是根据一定的教育目的和约束条件，对学生的预期发展状态所做的规定。它具有三大功能：调控功能、定向功能和评价功能。人才培养目标是人才培养的核心问题，对教学方向、教学内容、教学方法和教学管理起着决定性作用。

（一）独立学院财务管理专业培养目标存在的问题

1. 培养目标同质化现象严重。目前社会对财务人员的需求层次和各层次的需求数量不等，这就需要不同层次的高校根据学生的具体情况制订不同的培养目标。事实上，独立学院在制订财务管理专业培养目标时很多和主办方学校大同小异，忽视了专业自身的地位和条件，致使财务管理专业培养目标出现同质化倾向。最典型的情况就是独立学院与高职高专院校、学术型高校、一般本科院校培养目标混淆。

2. 培养目标界限不清晰。培养目标应与社会需求相适用，社会需要什么人才，学校就培养什么人才。不同的人才要求必然导致会计人才培养目标的差异，然而不同层次的院校在制订培养目标时缺乏应有的市场针对性，导致人才市场就业导向不明确。最常见的就是独立学院在制订财务管理专业培养目标时与会计专业基本相同。

（二）财务管理专业培养目标层次差异分析

要解决财务管理专业培养目标同质化现象问题，首先要搞清楚各个层次学校之间的差异。本文将举办财务管理专业学校的层次分为四个层面：高职高专院校、学术型高校、一般本科院校、独立学院。不同层次高校会计专业的培养目标差异如下：

1. 高职高专院校。财务管理专业的培养目标是技术实务型，侧重实务操作能力。高职高专教育的根本任务是培养生产、建设、管理和服务第一线的技术应用型人才，强调应用、注重实践的教育教学特色，在岗位上能熟悉相关的会计法规和会计制度，能很好地完成日常核算工作（能熟练地记账、算账和报账）。

2. 学术型高校。学术型高校会计专业的生源质量好，学生的领悟能力和学习能力相对较强，教育的根本任务应是加强基础理论研究、拓展知识面、培养学生的研究能力和继续教育能力。因此，学术型院校财务管理专业培养目标的定位应是培养具有研究和继续学习的能力，能了解专业发展最新动态、吸收专业知识的最新成果、培养专业创新能力。

3. 一般本科院校。一般本科院校财务管理专业培养目标应该要求学生不仅具备财务、会计、金融等基本理论知识，而且要求学生具有较强的职业判断能力，学生应系统地掌握专业理论知识和具备一定的实际操作能力，对会计专业的相关学科有较广泛的涉猎。

4. 独立学院。独立学院与学术型高校相比强调应用型，不需要做很深入的理论研究；与高职高专院校相比对学生理论的掌握程度要求较高，实践教学中也增加了案例分析等内容；与地方本科院校相比大幅度提高了实验实训课程的比重。

（三）财务管理专业的学科定位

要解决财务管理专业培养目标界限不清晰问题，首先要搞清楚财务管理专业的学科定位。在国内，财务管理专业通常设在会计院（系），并且从会计专业中脱离出来；而在国外，财务管理专业通常设在金融院（系），因为该专业的产生是与金融的发展密切相关的。因此，在与财务管理专业相关的专业之中，有必要理顺财务管理与相关专业的关系，特别是与会计、金融专业的关系。

总体上看，财务管理、会计、金融三个专业的研究重点不同，财务管理专业侧重财务与金融管理；会计学专业侧重会计实务；金融专业侧重金融业务与金融管理。

1. 财务管理与会计专业的关系。财务管理和会计的研究对象都是企业的资金，但是会计更多地体现在核算和监督上面；财务管理更多地体现在运用资金上面（比如投资、筹资）。

2. 财务管理与金融专业的关系。财务与金融都由一个单词"Finance"翻译而来，在市场经济发达的国家中，财务管理专业的产生与金融市场、金融工具及金融机构的发展相联系。因此，财务管理学科研究范畴与微观金融学相一致，主要包括金融市场、投资学和公司财务三大领域（也有人认为微观金融学中的公司财务就是财务管理）。金融市场主要是分析金融市场形式以及微观结构，考察不同的金融产品和它们的特征，及其在实现资源配置过程中的作用；投资学是以投资者决策为出发点，研究金融市场和金融资产定价模式及其投资分析与组合管理；公司财务则以公司决策为出发点，研究公司资源的取得和使用，即公司实物投资与财务运作的决策过程。在这三者中，投资学与公司财务的关系更加紧密，投资学的理论只有通过公司财务活动才能真正和实物经济发生联系，进而与商品市场发生联系；而公司价值又要通过金融市场的交易才能得到正确的评估。

从上述分析可以看出，国外财务管理专业与金融学的关系比与会计学更紧密。因此，在做独立学院财务管理专业培养方案目标时既要考虑会计对财务管理的影响，同时也要考虑金融对财务管理的影响。

独立学院财务管理专业培养目标可制订为：培养适应社会主义现代化建设需要，德智体美全面发展，掌握财务、会计、金融等方面专业知识，具备处理财务管理实务、会计实务和财务信息化等业务的能力，能胜任企事业、政府等单位财务、会计和信息化管理工作的应用型专门人才。

二、独立学院财务管理专业主干课存在的问题及对策

独立学院财务管理专业主干课程建设领域中，比较有代表性的设置模式主要有两种：一是仿照会计学，按照财务管理学科知识的深浅程度分别设置了初级财务管理、中级财务管理、高级财务管理等课程；二是按照财务管理学科知识的构成内容分别设置了初级财务管理、投资管理、筹资管理、成本管理、分配管理、高级财务管理等课程。这两种设置模式在我国财务管理专业的发展过程中发挥了非常重要的作用。但是，也有很明显的缺陷：

1. 初级财务管理、中级财务管理、高级财务管理设置模式的主要缺陷在于，课程内容之间的界定很难分清楚。中级财务管理既是财务管理原理的延续和发展，又是高级财务管理的基础和铺垫，该门课程在专业核心课程中起到承上启下的作用，但是如何防止不必要的重复也成为中级财务管理课程的一个难点。

2. 按照财务管理学科知识的构成内容来看，设置模式的主要缺陷在于，这种课程设置方式使课程之间的难易程度差别较大，而且课程之间不具有系统性，不利于组织教学，且易与财务管理学基础课程及后续相关课程的内容形成交叉重复。

设置专业主干课时都必须从实现人才培养的目标出发，既要考虑到财务管理学科体系的核心内容及教学上由浅入深的递进关系，同时也要考虑到各门课程内容的相互衔接和知识的广博性。独立学院在设置专业主干课时，可从财务管理实务环节本身出发设置财务预测、财务决策、财务预算、财务核算、财务控制、财务分析课程作为本专业的主干课。

从财务管理实务环节本身出发设置专业主干课的优点：一是较好地解决了传统的成本会计学、管理会计学和财务管理学三门课程之间在内容上的大量交叉重叠的问题。二是在传统财务管理的基础上，扩展并具体化了财务管理的内容范围，使财务管理学科所涵盖的内容更加贴近了现实经济活动中的财务管理行为。这对财务管理学科的建设和发展，以及财务管理专业学生的理论知识和实践能力扩展都将产生积极的意义。

参考文献

[1] 段琳. 会计教学论 [M]. 北京：中国财政经济出版社，2001.

[2] 马文超，吴君民. 大学会计教育现状分析与思考 [J]. 财会通讯，2008.

[3] 刘淑莲. 关于财务管理专业课程构建与实施的几个问题 [J]. 会计研究，2005（12）.

[4] 范晓军. 新准则财务会计培养目标及教学方法探讨 [J]. 财会月刊，2008.

关于改进我国高校国防教育的对策研究

重庆工商大学融智学院金融系　董珍　郝俊杰

摘　要： 我国高校国防教育存在思想认识不到位、体制机制不合理、教学内容不适宜、时间安排不科学、师资力量难保证、后勤保障跟不上等严重缺陷，导致高校国防教育质量低下，对我国的国防事业构成了潜在的威胁。只有强化思想教育、完善体制机制、丰富教学内容、妥善安排时间、提高师资水平、保障后勤供应，才能有效扭转目前高校国防教育工作的不利局面，造就高水平的国防后备人才，巩固我国的国防事业，保障社会主义现代化建设的顺利进行，推进祖国的伟大复兴。

关键词： 我国高校　国防教育　改进对策

"国无防不立"，国防是一个国家和民族的脊梁，国防教育则是建设和巩固国防的基础，是增强民族凝聚力，提高全民素质的重要途径。高校国防教育又是全民国防教育的重要阵地和爱国主义教育的重要载体；是增强大学生国防意识、振奋民族精神的重要手段；是培养大批国防后备人才的根本途径。党和国家历来重视高校国防教育，但由于对国防教育的认识不到位，思想重视不够，致使我国高校的国防教育工作异常薄弱，难以适应新形势下高科技战争的需要。在当前复杂的国际形势下，如何提高高校国防教育质量，成为我国国防和大学生素质培养面临的一个重大课题。

一、我国高校国防教育工作现状分析

高校国防教育是我国国防教育的重要组成部分，历来都受到党和政府的重视。高校通过组织和实施国防教育，在加强大学生国防意识、增强学生体质、培养学生的组织纪律观念、弘扬吃苦耐劳和顽强拼搏精神、提高学生综合素质方面取得了明显的成效，并在一定程度上有力地促进了学校各项工作的开展。但大学生作为国防后备人才，其素质与现代高技术战争的要求还存在很大的差距。如果我们站在时代的潮头，用现代化、国际化的眼光审视我国高校的国防教育，就会发现以下几个方面的问题：

（一）对高校国防教育的思想认识不到位

当代大学生大多是 1980 年后出生的。他们长期处于和平年代，没有经过硝烟弥漫的战争洗礼，没有经历烧杀掠淫的痛苦场景，也就缺乏国防的理念和应付战争的思想准备。有的大学生认为国防教育是军人的事情，而自己则尽情享受和平世界所带来的安逸生活。这种"居安思危"意识的欠缺，必然会影响当代大学生参与国防教育的积极性。而高校领导也同样存在轻视国防教育工作的现象。他们认为在校大学生的学习任务重，没有必要在提倡减少学时的同时又要开设似乎与专业课不相关的新课程。有的领导甚至把军训作为上级强加给高校的一种额外负担，认为只要组织新生开展军训就可以了，至于军训的时间、内容、军事理论课教学和军事技能训练质量等并不重要，他们把军训当作高校国防教育的全部内容。上级政府部门也没有硬性的规定，甚至还没有一套对高校国防教育的评价考核体系。

（二）高校国防教育体制和制度没捋顺

军训工作是一个复杂的系统工程，需要上级职能机关、学校、地方、军队等多个部门的有机协调，相互配合，共同参与才能圆满完成，但目前还没有一套硬性的制度来规范高校国防教育的领导体制。目前各高校的军训机构，基本上都是军事教研室和人武部合署办公，为一个机构两块牌子，还没有独立的国防教育工作机构。甚至有的学校还没有成立军事教研室和人民武装部；没有成立国防教育工作领导小组；没有配备军训专职干部，军训工作由学校的学生处或保卫处负责。由于没有专门组织和军训专职干部，有的学校军事课建设配套经费不到位，"三室一库"（办公室、会议室、资料室和武器库）建设速度迟缓。同时，我国尚未制定《高校学生军训工作条例》，对高校国防教育的领导体制、工作机制、教学内容、考评方式没能作硬性要求，从而造成高校国防教育无章可循，难以确保大学生国防教育的质量。

（三）高校国防教育的教学内容不适宜

对于经历了艰苦卓绝的漫长的应试教育才走进高校的大学生来说，丰富多彩的国防教育的内容无疑是极具诱惑力的。但事与愿违，目前我国高校的国防教育并不能引起大学生的兴趣，他们甚至认为这是一件苦差事。主要表现在以下几个方面：一是没按要求内容进行教育。《高校军事课教学大纲》（后简称《大纲》）规定的军事技能训练的主要内容是解放军条令条例和战术、军事地形学教育与轻武器射击、综合训练等。而在实践中大部分高校将队列训练作为整个国防教育的主要内容，国防教育实际上已变成一项锻炼学生吃苦耐劳的活动，大大影响了学生的积极性。二是许多高校没有将军事理论课作为必修课纳入教学计划。少数高校即便开设此课，教学时数也远没有达到《大纲》要求的36学时，"重军事技能训练，轻军事理论教学"的现象比较突出。三是教学内容普遍老化。教材比较陈旧，内容和结构不规范，像现代战争中广泛运用的精确制导武器、隐形飞机以及信息战已成为未来战争的重要内容等相关知识都没能及时更新，许多高校的军事技能训练还仅仅停留在进行半自动步枪射击这种低层次的训练水平上，这显然脱离了时代发展的要求。四是高校国防教育的教学手段滞后。高校国防教育大多采用口传身教的单一方式，并且大多以队列训练、内务整理与军事理论课为主，这种单一的国防教育方式与高中时期的国防教育相仿，容易使大学生产生厌烦情绪。

（四）高校国防教育的时间安排不科学

高校国防教育的时间安排不科学，难以达到教育目的。一是高校国防教育时间太短。目前，军训时间规定为2~3周。在这样短的时间内，难以完成《大纲》所规定的五个方面的内容。二是尚未建立保持国防教育效果的长效机制。目前，高校国防教育的基本模式是新生入校后集中进行短期训练，训练时间、内容、方式相对统一，要求在有限的时间内必须完成规定的训练科目，严格按照军队的条令化要求进行活动。这种强化教育对大学生是十分必要的，而且成效也是显著的。但问题是这些"成效"在军训任务完成后很快就会消失。这一点特别体现在学生"内务业绩"迅速下滑上。因此，有必要在强化训练的基础上，以"短期效果"为桥梁，探索建立长效机制，巩固军训成果。三是时间分配不合理。国防教育内容过于单一的状况直接导致了其在时间分配上的缺陷。在具体的时间分配上，队列训练占了整个国防教育时间的大部分，以致在学生和一部分教师中形成了"国防教育等同于队列训练"的误解。

（五）高校国防教育的师资水平难保证

目前，高校国防教育工作还存在着师资力量薄弱的问题。一是高校军事理论教师严重缺乏，不少高校甚至是空缺。多数学校没有配备专职理论课教师，有些是由士官和高校教师代行职责，其水平参差不齐，大课堂教学的方式较为普通，教学质量难以保证。学校更无精力投入于国防教育、军事教学的研究，使军事理论课教学处于原地踏步状态，缺乏创新与发展的动力。二是高校军事理论课教师本身对军事知识了解甚少，甚至连最基础的军事知识都不懂，更没有实际的军事经验，讲课时只能照本宣科，课堂失去趣味性，难以激发学生学习的积极性。

（六）高校国防教育后勤保障工作跟不上

高校国防教育的物质保障严重不足。一是活动场地紧张。随着教育事业的不断发展，高校不断扩招，原有的校园活动场地变得十分紧张。在这样的环境下，学生军训普遍存在与高年级学生"争资源"、"争场地"的现象，导致军训场地、器材及经费十分欠缺。二是活动器材短缺。由于绝大部分学校没有轻武器，导致射击训练难以开展。三是大多高校国防教育属自费性质。由于高校国防经费短缺，导致大多数高校的国防教育费用由学生负担。而高校国防教育带有公益性质，由学生承担，不仅加重了学生的经济负担，更加重了学生的心理负担。

总之，高校国防教育实践中存在以上的种种问题，难以调动学生的积极性；难以快速提高学生的军事知识水平和军事技能；难以为国家培养高质量的国防后备人才。因此，对高校国防教育工作进行改革，使其适应高技术局部战争发展和国防事业发展的要求已势在必行。

二、我国高校国防教育工作改革的对策探讨

国防教育是一个国家和民族必不可少的基本教育，是高校教育的重要组成部分，抓好国防教育，尤其是抓好对大学生的国防教育，就是抓住了全民国防教育的重点。当前虽然和平与发展仍是时代的主题，但并不意味着我们可以刀枪入库，马放南山。我们可以充分利用和平带来的战略机遇期，在做好发展大文章的同时，提高忧患意识，增强国防意识，做好军事斗争准备。针对高校国防教育存在的问题，应从思想认识、体制机制、教学内容、教学时间、师资队伍、物质保障、评价考核等薄弱环节入手，进行改革和创新。

（一）加强引导，提高对高校国防教育的思想认识

搞好高校国防教育，解决思想问题是关键。一是要加强领导干部的思想教育，引导他们从重视专业课而轻视国防教育的现状中解脱出来，让他们从中国鸦片战争后一百多年所遭受的民族剥削和民族压迫中真正理解国防教育的重要性。二是做好教师和军官的思想工作，让其认识到在当今复杂的国际环境下，作为高校国防教育的教师和军官，身上所承担的崇高使命和历史重任。三是做好学生的思想工作。一方面，用爱国主义教育激发学生勤于学习和训练，掌握真实本领，以便随时报效祖国的热情。另一方面，用社会主义、集体主义教育学生，培养学生的团队意识、集体意识和纪律意识，保证国防教育的顺利开展。同时，还应加强对学生心理健康教育，在军训的各关键时期，及时进行心理疏导。

（二）完善制度，构建高校国防教育体制机制

搞好高校国防教育，制度是关键。首先，应健全高校国防教育的领导体制，建立军、地高校国防教育联席会议制度。做好高校国防教育，离不开解放军（武

警）的大力支援，如教员（教官）聘请，军训基地、枪支弹药、靶场使用等军事人员及设施，均有赖于当地驻军（军事院校）充当高校学生军体训练的坚强后盾，否则高校国防教育将寸步难行。因此，应成立军、地联合的高校国防教育工作领导小组，建立军、地联席会议制度，共同商议高校国防教育工作，解决实际问题，这样才能真正形成军地齐抓共管的合力，保证高校国防教育工作的顺利进行。其次，应完善高校国防教育运行机制。高校国防教育是一项系统工程，而国防教育的计划、实施、评估与监控等各个环节都是相互衔接、缺一不可的。要使高校国防教育这项工程高效运转、协调发展，必须形成依法从事国防教育工作的运行机制。

（三）充实内容，丰富高校国防教育形式

丰富多彩的教学内容和教学手段无疑会对国防教育起重大的促进作用。一是高校国防教育的内容要与时俱进。大学生军事技能训练的内容应该体现高技术局部战争的时代特征，如在"三打"方面增加高射机枪射击训练和单兵防空导弹射击训练的内容；在"三防"方面增加伪装与隐身训练、电子干扰与抗干扰训练的内容。二要改进与拓展基本技能训练内容。适当增加能够激发学生兴趣的内容，如打靶、参观军事科技展览、野外生存训练、军体拳、旗语、信号语等。三是完善军事理论教学体系。应该根据大学生的特点和国防教育的要求，有重点地向大学生讲授国防史、现代国防、军事形势、军事思想、现代武器、现代军事科学技术、现代战争、军事地形学等方面的基本知识。四是改进教学方法。尤其要借助多媒体教学，参观军事基地，使用先进军事技术和武器设备等，培养学生的学习兴趣和实际操作能力，避免坐而谈道。

（四）妥善安排，构建高校国防教育工作的长效机制

高校国防教育既需要时间作保障，又需要时间的统筹安排。一是要适当增加和调整国防教育的时间，建议将大学生集中军训时间延长到一个月。二是在目前军训时间不足的情况下，可对军训内容进行相应调整。将队列训练的时间缩短，增长技能训练的时间。三是扩展军训周期。通常集中军训是在第一学期开始或第一学年内进行，这种形式还不能完全达到对大学生军训的目的。在新生集中军训结束之后，应适当扩展军训周期，可设定第二、三、四学年内都要分别集中一定的时间对学生补训，使军训质量得到进一步巩固与提高。四是坚持用军训意识加强学生的日常管理，使学生在学习和生活中，保持自觉性、规律性和整洁性。

（五）加强培训，提升高校国防教育教师素质

教员素质的高低直接关系到高校国防教育的质量。为此，高校要始终把加强教师队伍建设放在突出位置。一是以优厚的待遇引进教师。根据高校国防教育的实际需要，不拘一格，广纳贤才。要采取各种措施，切实稳定军事教师队伍，为

他们创造良好的生活和工作条件。二是加强高校国防教师的培训工作。采取多种形式，根据形势发展和课程建设需要，加强高校现有军事教师队伍的培训力度，不断更新教师的知识结构，提高教师的政治和业务素养。三是整合各地师资力量。高校国防教育是经常性的，但各校又不是同步的。这就为高校之间整合国防教育师资力量提供了空间。通过错时间、错学科等方式，可以有效利用优质师资力量，放大教学成果。四是强化军事教研室建设，提高教师的科研能力和科研水平。

（六）加大投入，确保高校国防教育后勤保障

要确保高校国防教育的后勤保障，必须做到以下几点：一是经费保障，在国家有关规定的基础上，应加大财政投入力度。这是基于物价上涨的因素，也是提高高校国防教育质量的需要。二是实行高校国防教育全免费制度，取消对学生的包括服装费在内的不合理收费。可以尝试军训服装回收再利用制度，减少浪费，节约成本。三是政府和高校应根据实际需要，进行必要的基础投资，用于军训专用场地建设，研发军训模拟器材，不断更新设备，以适应现代化教学需求。四是整合资源，建设高校国防教育专用场地。可考虑在一个高校集中的城市建一个具有一定规模的学生军训专用场地，通过合理安排军训时间，使各高校共用同一场地，充分发挥场地的效能。

（七）落实考评，提高高校国防教育质量

考评既是高校国防教育的导向，又是高校国防教育质量的保障。要想搞好高校国防教育工作，就必须建立和完善考核评价机制，确保国防教育法律化、制度化和规范化。一是要建立完善的考评体系，不仅要加强对军事训练的考核，更要注重对军事理论教学和整个国防教育体系的考核；既要看到眼前取得的成果，又要注重对其长效机制措施的预期评价；既要看到国防教育本身对学生产生的影响，又要注重国防教育在整个校园文化建设中的作用。二是要建立一套简便、可操作性强的评价程序，使国防教育考评制度得到贯彻落实。三是将军训和国防教育内容纳入本科教学检查评估体系中，制定和实行国防教育学分制，规定学生每学期应完成的国防教育课课时，并严格对学生所学国防教育课程进行考核，并将考核结果和毕业挂钩。

三、结语

有国才有家，国防教育关系到每个国家、每个民族、每个家庭以及每个人的生存基础和发展前景。青年是国防的生力军，而大学生作为青年中的佼佼者，更是国防的中流砥柱。为此，世界许多国家都对大学生的国防教育给予高度的重视，

尤其在师资力量、经费保障、场地供应、训练器械等方面给予充分保障。而且，像美国、日本、以色列以及西欧发达国家还把现代战争中的信息站、电子干扰战等高科技国防知识传授给高校学生，使他们具有临战即可应召从戎、保卫国家的本领和能力。人无远虑，必有近忧，这种在和平时期"藏兵于民"的国防战略，值得长期以来未经历战争的我国人民深思。当前，要促进高校国防教育健康发展，就必须痛下决心深入改革，从而提高高校国防教育质量，使之适应当代国防的要求，进而实现中华民族的伟大复兴。

参考文献

[1] 严雨. 浅谈当前学生军训工作面临的主要问题及对策[J]. 当代文化与教育研究，2007(3)：78-79.

[2] 章占云，楼兰萍. 高校国防教育改革初探 [J]. 浙江理工大学学报，2010 (5)：473-475.

[3] 魏联. 新时期高校国防教育的现状以及发展 [J]. 吉林省教育学院学报，2007 (8)：69-71.

[4] 王敏达，张新宁. 对高校新时期大学生军训工作的创新思考 [J]. 职业圈，2007 (21)：55-57.

[5] 张建明，高艳靖. 当前大学生军训存在的问题及解决途径[J]. 河北北方学院学报，2009(8)：70-73.

[6] 马安勤. 高校国防教育：进展、问题与方向 [J]. 铜陵职业技术学院学报，2009 (2)：54-56.

[7] 杨虎智. 当前大学生军训存在的问题及其对策 [J]. 湖南学报，2006 (9)：77-79.

[8] 孙红军. 当前我国国防教育面临的挑战与对策 [J]. 中国青年研究，2006 (11)：74-77.

独立学院西方经济学教学团队建设探讨

重庆工商大学融智学院经济系　　胡文静

摘　要： 西方经济学是财经类专业必修的核心课之一，对于奠定学生的经济理论基础有着十分重要的意义。独立学院因其应用型的办学特色以及师资队伍结构特点，造成西方经济学课程教学质量整体不高。本文从独立学院西方经济学教学团队建设的必要性和可行性分析出发，对课程教学团队的建设机制作出了探讨。

关键词： 独立学院　西方经济学　教学团队　教学质量

随着我国经济的快速增长，大量的跨国公司和国际资本进入我国市场。财经类专业人才的需求近年来呈几何级数增长，财经类专业招生的规模也在迅速地扩大。而西方经济学是财经类专业必修的核心课之一，作为一门理论经济学，西方经济学课程的教学对于提高学生的经济理论水平，奠定学生的经济理论基础，提高学生分析问题和解决问题的能力，有十分重要的意义。在此背景下，各个院校都在积极地进行着西方经济学的教育教学改革的研究与实践，但因各方面的改革相对滞后，在很大程度上影响着西方经济学的教学质量的提高。教学质量是学校的立校之本，加强专业教学团队建设是提升教学水平的一个重要举措，教育部在《关于全面提高高等职业教育教学质量的若干意见》中就提出，要加强专兼结合的专业教学团队建设。独立学院因其应用型的办学特色以及年轻的师资队伍结构，加强教学团队建设，就成为其教学改革迫切需要研究的重要课题。

一、西方经济学教学团队建设的必要性

世界上没有最优的教学公式，而专家的指导也只是杯水车薪。如果想要在实践中成长，我们有两个去处：一个是达到优质教学的内心世界，另一个是由同行所组成的共同体，从同事那里我们可以更多地了解我们自己和我们的教学。而西方经济学教学团队正是这样一个共同体，它有其自身突出的优势。但是从我国现有的独立院校西方经济学教学的现状中不难发现，"专业个人主义"仍然是授课的一大特点，教师个人能力的大小直接决定着所授课程的教学质量和效果。由于独立院校自身教学队伍经验不够丰富从而导致"专业个人主义"并不适用于西方经济学课程教学。因此，西方经济学教学团队的建设就是一项必要的举措。

（一）教研室管理事项繁多，难以兼顾每门课程

目前西方经济学课程归属于某专业教研室，课程教学的水平及质量主要取决于教研室的管理，而不是系部主任，更不是教务处。但目前，教研室一般都承担和管理着多门课程的教学工作，而教研室主任难有同时把握和兼顾几门课程的综合能力。再者，连续几年的扩招，使得独立院校原本紧张的师资队伍受到了更大的冲击，西方经济学的任课老师同时承担几门课程的教学任务，工作日益繁重。因疲于上课，西方经济学的教师很少有时间和精力去研究教学，西方经济学的教学水平提高也因此受到阻碍和限制。

（二）教师注重个人教学，缺乏团队协调沟通

西方经济学作为传统的财经类专业必修核心课，多年来，部分老师对其已经形成了固定的教学风格和方法。许多教师在教学过程中，只注重个人的教学工作，虽然有统一的教学大纲和授课计划，但却无课程教学的分工和协作，使得整个课程教学与教学大纲相互脱离，不成系统。教师之间彼此隔离，缺少共同分享和提高、深层交流与合作的工作平台，没有与其他教师的对比，因而很难在教学上有所突破，同时也不利于自身专业素质的提升。

（三）青年教师缺少教学经验，难以适应教学要求

根据独立学院的特点，我院实行的是较为松散的人事制度。除少数具有多年教学经验的外聘教师以外，西方经济学的任课教师多为具有硕士研究生及以上学历的青年教师。青年教师绝大部分是一毕业就走上教学岗位，并没有经过基础的教学技能培训，因此缺乏对西方经济学教学要求和教学目标的了解，教学方法不合理，教学质量难以保证。甚至有新教师一进学校就编写西方经济学的教学大纲和制订新的教学计划。在没有老教师把关的情况下编写的教学大纲和教学计划是

难以适应学校的教学条件和教学要求的，更不可能体现学校的特色。

（四）行政化的教研室结构，导致成员之间缺乏信任

教研室与西方经济学课程任课教师队伍之间存在的领导与被领导的关系，使得教师在教学中失去积极性和创造性，教学队伍无凝聚力，因而无法形成统一的目标和采取一致的行动。许多高校出台了不少的管理条例，但其中尚无有关教研室管理的条例，甚至没有对教研室活动提出原则性的要求。每学期制定教研活动计划时，极少征求成员的意见，导致成员和课程的个体目标不被重视，执行时就容易遭到消极对待。有时活动计划的制订虽然广泛征求了意见，但少数教师或是抱着随大流的态度，或是自身性格的原因不愿意表达自己的观点，使得各种活动在执行过程中缺乏配合与合作。

二、西方经济学教学团队建设的可行性

如果借鉴经济学中对资源的定义，教学资源可以定义为直接或间接地为学校教育教学过程所需要并构成教育教学要素的、稀缺的、具有一定可选择性的资源，一般可分为有型资源（如教学设备等）和无形资源（如教师的知识、能力等）。在独立学院成立初期，教学资源的稀缺并不十分突出。近年来，由于独立学院办学规模的迅速扩张，西方经济学又是所有财经类专业的必修课程，随着学生人数的增加，教学资源紧张的问题日益突出。这就迫使学校要考虑如何在保证教学质量的前提下，提高教学资源的使用效率。西方经济学教学团队将不同层次的教师有机组合起来，可以整合和充分利用独立院校现有的共同教学资源，在一定程度上缓解资源紧张的现状。

（一）独立院校的组织特点是教学团队组建的条件

独立院校作为一种"底部沉重"（Bottom – heavy）结构的组织，也即在基层的学科和专业集中了绝大部分的学术事务和学术权力，学院不过是将众多学科专业进行松散联合的组织。而西方经济学教学团队强调平等、沟通、协调、协作，呈现出明显的扁平化的特征，一方面符合独立院校组织特点，另一方面既可以充分发挥松散联合系统的优越性又能克服其不足。

（二）教研室组织形态提供了教学团队的组建平台

西方经济学教学团队的建立会使教师从个人的教学走向教师之间的同伴互助，教研室就提供了这样的平台。在大力倡导"以人为本"的今天，教研室的管理形态也在由管理控制型向自发研究型发展，兼顾教学水平的提升和教师的精神塑造。虽然教研室缺乏教学团队运作的内涵，展开合作教学的基础较差，但确实已经具

备了教学团队的基本表征，在一定程度上为教学团队的建设提供了契机。

（三）教师的合作需求提供了教学团队组建的可能

独立学院的青年教师往往课程量大，经常备课到深夜，思维受限，教学效果和授课水平往往偏低。相当多的教师迫切希望个人专业发展得到提高，他们日益强烈地感觉到，在团队中的学习氛围和环境更能激发教师的潜能。在与其他教师交流学习的过程中能发挥更多的创造性。当教师拥有成就感和满足感时，就容易将自身的发展与独立院校的发展融为一体，从而把学校真正当作展现自己智慧和创造力的舞台。

三、西方经济学教学团队建设的机制

西方经济学教学团队一旦建立，团队将担负更多的工作职责，如创新教育教学，提高教学质量，规划组织教学内容、教学方法和手段的改革，落实教师的培养和梯队建设工作等。总之，如何科学地构建西方经济学教学团队，提高教学团队的整体素质、工作能力和绩效水平是教学团队建设中最有价值、最有挑战性的部分。

（一）以课程建设为核心

教学团队的最终目的是提高西方经济学的教学质量。为此，教学团队的建设也必须以教学质量的提高为根本出发点。在课程的建设中，首先，可以考虑以教材和教材配套资料的建设为突破口，鼓励教师积极申请教材立项和承担教材编写任务。考虑到目前国内外各层次的西方经济学的教材种类繁多，加之独立学院青年教师专业能力的欠缺，虽无法编纂课程教材，但是可以发挥团队的力量选取一套更适用于独立学院应用型的办学特色的教材，而不是盲目跟风，选用全国口碑较好，但并不适合本校生源和办学特色的教材。其次，将教材配套习题集的编订作为团队协作的契机，在统一的教学大纲下，各任课教师通过各自承担相应的章节习题编订和相互交叉的评阅，增进彼此在教学内容上的交流联系。最后，可以充分发挥重点课程、精品课程的辐射作用，组织教师围绕教学工作进行沟通和交流，发挥各自的长处和优势，分工协作承担课程建设工作的相应模块，紧密协作，推动教学建设工作的开展。

（二）以团队负责人制度为导向

队伍建设始终是教学团队建设的重点，团队负责人将是西方经济学教学团队的核心和灵魂，其除应具有较高的学术造诣和丰富的教学经验外，还应该具有较好的组织协调能力，有较强的凝聚力。团队负责人的学术精神、学术水平可以带动和影响团队成员参与团队的各项建设，从而为年轻教师指明学术和科研的方向，提高教学团队的学术水平，促进学术成果的教学转化，吸引并带动一批有创新能力和突出发展潜力的中青年教学骨干，组建合理的教学梯队。学院和系部层面因拥有较多的教学信息，可以为教学团队负责人的选拔提供相应的支持。

（三）以团队结构为基础

教学团队的力量来自于教师之间的协作与配合，成员之间在知识、技能、个性等方面是否存在很强的互补性决定了团队的绩效。为了充分发挥西方经济学教学团队对青年教师的"传、帮、带"作用，教学团队一定要注意教师梯队的建设，注意教师在知识技能、年龄、个性特征上的优化组合。教学团队的建设过程是一个动态发展的过程，不同阶段、不同时期需要不同特点的人员参与。因此，长期来看，西方经济学的教学团队不是固定形式，会根据任务和目标的需要，在适当的时候及时调整人员结构。

（四）以学术交流和科研项目为平台

学术交流和部分科研项目可以凝聚很多优秀的教学资源和教学经验。西方经济学课程团队可以在一定的条件之下，与不同地区的相关院校建立合作与交流关系，定期或不定期开展学术交流，在此过程中进行广泛的交流和沟通，开发创新意识和创新想法。这对于团队协作意识，团队合作精神、合作机制都有非常良好的推动作用。随着世界和中国经济的不断发展和变化，新的经济现象和经济理论层出不穷，青年教师通过学术论文的撰写和科研项目的申报，一方面可以加强对经济理论前沿动态的了解，另一方面也丰富了教学内容，拓展了案例教学法的应用，促进了教学水平的提高。

（五）以教学改革为依托

西方经济学教学团队的建设目标之一就是标志性的教学成果建设，即把教学成果的培育与不断深化的教学研究、教学改革相结合，使教学成果真正地贯穿于教学过程中。同时，团队中突出的是创新意识和团队进取精神，教学团队必须在教学内容、教学模式、教学方法等方面进行积极的改革和创新，将一些好的教学研究成果运用到课堂，形成特色。

（六）以团队建设机制为保障

西方经济学教学团队的建设应该保持在一个持续稳定发展的状态中，良好的教学团队应该创建一个平等互信的环境。在团队中，每个成员的想法应该得到尊重，并在公平、公正的团队原则中发挥每个成员的潜能。从团队成长的外部环境讲，学院系部应该对教学团队给予专门的经费，在此基础上授予团队使用经费的自主权；另外，西方经济学教学团队的教师都是专职的讲课教师，每人都有自己本职的教学活动，在完成基本的教学任务外还要为团队建设做出相应的贡献，而这些工作大部分都在基本工作量完成后去操作，因此学院系部可以制定相应的物质补偿制度来提高团队成员的工作积极性。而从团队内部讲，沟通是团队的粘合剂，经常性的团队活动，能为教师们搭建良好的沟通平台，充分团结教师，促进教师和整个团队的成长。如今的教师面临着比过去更多的竞争和压力，如职称评定、教学任务、科研项目等，因此团队也应该为教师们创造一个融洽和谐的工作环境，使成员们在轻松、愉快的环境氛围中工作。

四、结语

一支素质优良的教师队伍，是各项教学工作顺利、高效开展的根本保障，加强教学团队建设是提高教育教学质量的重要支柱。对西方经济学教学团队建设的探讨，将会促进课程体系和教学内容的进一步优化，提升任课教师的个人素质和教学、科研能力，提高西方经济学的教学水平，使教师的职业发展得到推进，学生的基础经济学的学习效果大大提升。

参考文献

[1] 贺嫦珍. 独立学院的教学团队建设探讨 [J]. 教育在线，2011（5）.

[2] 冯莉媚，胡小平. 对高校以教学团队整合提升教学资源的思考 [J]. 南昌教学学院学报，2011（26）.

[3] 陈武勇，何有节，石碧，等. "现代皮革化学与工程学"教学团队建设实践 [J]. 中国大学教学，2010（9）.

[4] 孙秀英，史红彦. 精品课程建设与教学团队建设的探讨与实践[J]. 中国电力教育，2010(33).

[5] 曾顺鹏，李文华. 教学团队建设要从课程负责人制度抓起 [J]. 重庆科技学院学报：社会科学版，2009（6）.

[6] 吕致玲. 我国高校教学团队建设研究 [D]. 武汉：中南民族大学，2008.

课程改革篇

统计学课程教学中的几点思考

重庆工商大学融智学院经济系　　谭江蓉

摘　要： 高等学校的统计学教学远不能适应统计学发展趋势，同时，非统计学专业的学生认为统计学课程为非专业课程而不予以重视，再加上该课程难学难懂、枯燥无味，从而大大降低了同学们的学习效率，浪费了宝贵的教学资源，违背了设置统计学课程的初衷。为了解决统计学课程教学中存在的部分问题，本文尝试在案例教学、理论与实践教学、作业布置以及教考分离等方面提出几点思考。

关键词： 统计学　案例　实践　考试

统计学作为高等学校经济、管理类专业基础课程之一，对学生专业能力的培养起着不可或缺的作用。随着科学的发展，统计学呈现出以下几方面的趋势：统计学与经管类学科结合日益紧密，统计学为各专业学科提供现代数量分析方法；统计学与计算机科学结合越加紧密，统计分析软件的开发与应用使得复杂的统计计算与分析变得越来越简单；统计学的内容由以传统的描述统计学为主向以推断统计学为主转变，先进的统计理念和现代数理统计方法越来越多地被统计学所吸收，统计学的内容日益丰富。但是高等学校的统计学教学远不能适应统计学发展趋势，同时，非统计学专业的学生认为统计学课程为非专业课程而不予以重视，再加上该课程难学难懂、枯燥无味、提不起学习兴趣等，从而大大降低了同学们的学习效率，浪费了宝贵的教学资源，违背了设置统计学课程的初衷。究其原因，归根结底还是教学问题。本文在案例教学、理论与实践教学、作业布置以及教考分离等方面提出了几点思考。

一、案例教学

案例教学法就是指教师通过分析案例激发学生参与讨论、分析，让学生从自己的亲身体验中理解理论知识。这种方法在非统计专业的授课过程中运用得非常广泛，效果良好，具有很高的推广价值。但是要注意以下几点：

1. 做好准备工作，精心选择适当的案例

案例和所讲述的理论知识要有密切联系，难度适中，但要有综合性，不能只针对某个具体定义而编写。因为案例太容易就没有挑战性，不能让学生深入讨论而学到东西，太难就会让一部分学生知难而退，不参与讨论。尽量选择学生感兴趣的题材，所选的案例必须是真实发生过的事件，而不能是一个虚构的故事。比如对于金融专业的学生，可以设计用几何平均数计算投资的平均收益率，运用标志变异指标考察投资组合的风险大小等。要深入浅出地介绍这些方法的基本思想，并用 Excel 进行分析。

2. 组织好案例教学的课堂教学

教师的角色需要发生变化，要从教师的角色转化为一个普通学生，让自己参与其中。要充分调动学生的积极性、主动性和自觉性，放手让学生自由讨论。当学生提出问题时，不要直接作答，而是引导学生互答问题和辩论，让学生通过讨论、分析，自觉地运用所学的理论知识，自觉地归纳总结。

3. 在案例课结束以后，让同学写总结

把课上所运用的理论知识、在讨论中领悟到的东西以及自己归纳总结的东西书面化，只有这样才能达到好的教学效果。

二、理论与实践教学

当今社会对现代经济管理型人才所应具备的统计基本技能的要求概括起来主要包括：了解统计的基本知识，掌握各种社会调查和市场调查的基本方法，能够熟练应用 Excel 和 SPSS 等统计软件进行数据的整理和分析，掌握各种类型的调查报告和统计分析报告的撰写技巧等。开展统计学的实践教学是提高学生统计方面实际工作技能的重要途径。要加强统计学的实践教学，教师应认真研究，不断完善统计学实践教学的内容体系，进一步规范实训教学的方法和步骤，从而不断提高实践教学的质量和效果。

针对应用型人才要"强基础、重实践"的人才培养要求，统计学的教学模式也应做出适当的调整。首先，在统计学的教学计划中应当根据实际需要对理论课和实践课的课时做出合理分配。从教学计划看，以往学院的统计学教学以理论课为主，根本没有安排实训环节。近几年有了实践课程的安排，但是实践课所占的课时普遍较少。这种偏重于理论知识的传授、轻视实践技能训练的现状必须予以改变。切实的做法就是学院要从实训课时和实训条件上予以保证。从以往的教学经验看，非统计专业的统计学理论课与实践课的课时比重在3：1左右比较适宜。其次，教师还应注意理论课与实践课在内容上的相互配合与衔接，做好统筹安排，避免脱节。

三、作业布置

重视课外作业与练习的设计。对所布置的作业题也要精选，既要有以巩固课堂主要讲授内容的复习性习题，又要有一定量的扩展学生思考空间、举一反三的习题，还要有锻炼学生综合利用统计方法解决问题能力的综合性的习题。并且要注意，对于布置的作业，一是要尽量批改，二是要对集中出错的习题进行集中讲解。

四、课程考试

在课程考试方面，集中谈成绩构成、考试题目设计、教考分离几个方面的问题。

1. 成绩构成

改变传统"一卷定成绩"的考核方式，把综合作业、讨论课、上机训练、期末考试结合起来，同时注意不同专业的差异，综合评定成绩。比如，在平时的教学过程中，教师应结合章节的内容给学生布置思考题，组织学生进行讨论和小测试，并围绕讨论写出小论文，这样可以锻炼学生查找资料的能力并调动学生学习的积极性，同时减轻他们期末考试的压力，让他们不再通过死记硬背来完成期末考试。所以平时成绩应包括出勤、课堂提问、个人作业、小测试、小论文、上机操作等内容，同时要占最终成绩的一定比例；另外还要对期末考试的内容进行调整，加大考评学生的分析问题能力和逻辑计算能力，增加开放性和应用性题目的数量。

根据学院培养方案，专业基础课要有期中考试。统计学原理课程的期中考试可以为撰写调查报告。调查是统计的基础性工作，无论在政府机关或工矿企业，还是科学实验或调查研究，统计都是必不可少的环节。通过调查和撰写调查报告，可使学生直接面对实际案例，尝试应用所学知识解决实际问题。可以在期中时，给学生一定的时间（可以一个月）做准备、搞调查、撰写报告。调查报告可在学生之间传阅、互判，最后由教师评阅打分，该分数作为期中考试成绩与期末总成绩的一部分一并记入档案。这种考试方式给学生一次实际演练的机会，可以提高学生的学习兴趣，有利于将理论知识直接应用于实践。

2. 考试题目设计

为达到评价学生运用统计方法分析问题、解决问题能力的目的，我们对统计学课程的主观应用题进行了重新设计，设计出包括统计学的基本运算题、计算机处理结果分析题、统计方法综合运用题在内的三种具体类型题目。为此，我们根据统计学课程教学大纲的要求，确定各章需要掌握的基本内容，设计出各章基本运算题、各章计算机处理结果分析题，并且将部分章节知识点进行组合，设计出统计方法综合运用题。基本运算题、计算机处理结果分析题、统计方法综合运用题在试卷中所占比例分别为50%、30%与20%。例如在"数据的收集与图表展示"一章中，设计的题目有：调查表的设计，对计算机制作的调查表的评价与修改，品质数据分布表与分布图的制作，数值型数据的茎叶图、箱线图、分布表、直方图的制作以及品质数据或数值型数据计算机处理结果的评价与修改。又如在"相关与回归分析"一章中，设计的题目有两种：一是根据给出的资料绘制散点图、计算相关系数、拟合回归方程、进行统计检验与预测；二是给出不同模型的EXCEL处理结果，在给出的处理结果表中仅保留最基本的数据（如 n、SSR、SSE、Significance F、β_i 及 β_i 的标准误差和 P – value 等），其余的数据则删除，要求学生在 EXCEL 处理结果表中进行计算填空，然后利用 EXCEL 处理表做出各项分析、判断与选择。

3. 教考分离

实行教考分离的前提是要有试卷库。可以将设计题目按照章节、类型、难度、分值、使用情况等进行综合归类、编号，建立统计学课程试卷库，并且每年根据课程教学要求不断地增加、修改或删除题目，同时制定试卷生成规则与管理规则，为教考分离提供可靠保证。只有这样，教考分离才算是真正有效果。

参考文献

[1] 金恩斌. 经济类专业统计学原理教学内容改革刍议 [J]. 现代教育科学, 2009 (1): 60 – 61.

［2］李国凤. 统计学课程教学研究［J］. 教育论坛，2011（8）：202.

［3］邢小博. 统计学原理教学探微［J］. 鸡西大学学报，2010（4）：9－10.

［4］郁玉环. 统计学课程考试改革的思考与实践［J］. 经济师，2010（2）：124.

［5］赵先仓. 非统计专业统计学课程教学改革与创新［J］. 科学信息，2010（17）：670.

［6］郑葵. 独立学院经济管理专业统计学课程教学改革探讨［J］. 高教论坛，2010（6）：90－91.

基于土地管理专业的遥感概论
重点课程建设的探索

重庆工商大学融智学院管理系　　喻小倩

摘　要：遥感是土地资源管理专业的重要专业课。本文针对土地资源管理专业，探讨了遥感概论的课程建设，主要从课程教学环境、教材的选择、教学方法等不同方面进行了系统地阐述，对提高遥感课程教学质量，培养实践创新型遥感人才具有一定的指导和借鉴作用。

关键词：土地管理　遥感概论　课程建设

一、引言

遥感（RS）是20世纪60年代发展起来的一门新兴的综合学科，涉及现代物理、测绘科学、空间科学、电子科学和地球科学等众多领域，而且也是一门实用的、先进的、探测技术。近年来，随着地理信息系统（GIS）和全球卫星导航定位技术（GPS）的广泛应用，遥感在我国地方经济建设及社会可持续发展中的作用日趋重要，懂遥感应用技术成为不同专业工作人员的基本要求。自20世纪80年代以来，我国各高等院校土地资源管理都相继开设了遥感概论课程。但由于该门课程理论生涩难懂，技术性又强，学科本身知识更新又快，所以传统的"黑板＋粉笔＋书"的教学模式，即教师在黑板上讲解，学生在座位上听讲与练习，收到的效果较差，因此对遥感概论课程建设改革也就直接影响老师的教学质量。本文根据作者本身的教学经验，对遥感概论课程建设中的一些问题做了探讨。

二、课程教学环境建设

（一）师资队伍建设

加强师资队伍建设是课程建设一项最主要的内容，师资队伍建设的质量直接关系到课程教学的质量和人才培养的水平。基于这样的认识，应完善引进人才的优惠政策，积极组建遥感概论课程主讲教师队伍，构建在职称、学历、年龄、学术水平等方面相对合理的稳定的师资梯队。在遥感概论重点课程的教师队伍建设中，应主要从队伍结构、教育教学理念、教学水平和科研水平等方面构建适应重点课程教学需要的主讲教师队伍。

在队伍结构方面，主要注重专业结构和研究方向的优化组合。在人才引进和培养过程当中，应把遥感图像处理、地物信息提取、遥感应用等主要教学内容作为出发点，强调土地资源管理专业与本学科研究方向的互补性，从而为达到教学内容的合理分配，优势互补，扬长避短，为形成不同的教学风格奠定基础。

在教育教学理念方面，应根据高等教育的发展现状和发展趋势，在遥感概论的课程教学中渗透并不断扩展以人为本的理念、教育教学的民主理念、自主—探究—合作的学习理念、教即导的理念以及开放性教学等理念，寻找新的教学理念与教学内容的切入点。教师教学理念的与时俱进是教学方法和教学手段改革的基础和前提，既能给学生以思想上的感染，同时又能切实提高教学质量。

在重点课程师资的队伍建设方面，既要强调教师的教学水平的培养与提高，同时也要求教师拥有较高的科研水平，教学与科研相结合，并以科研促进教学，从而不断提高教学质量。鼓励教师积极参加各种科学研究和教育教学研究，并不定期组织年轻教师进行短期的学习和培训。教师也应积极参加各种科学与教学研究活动，为课程改革与建设奠定坚实基础。为了把科研工作与课程教学工作有机地结合起来，根据需要，可以吸纳一些专业素质较高的学生与教师一起从事科研工作。

（二）教学软硬件建设

遥感课程的教学特别需要使用多媒体教学技术，因为多媒体教学法具有信息容量大、表现形式多种多样、图文并茂、声像并举、动静结合、直观明了、能激发学生兴趣、提高效率等优势与功能，是一种不可多得的现代化教学方法。因此，应建立高配置的多媒体实验室。另外，实践教学基地建设是重点课程建设的特色之一，它是培养学生创新能力和动手能力的重要手段。实训条件不具备，学生的动手能力就很难提高。因此，必须加大遥感实验室建设的力度，开放实验室，购置教学与实验软件，构建网络学习平台，建立校外实习基地，开展外联工作，与当地企事业单位签订合同合作办学，积极开展相关科研活动并吸引学生参与等相关工作。

遥感概论这门课程的教学涉及许多种类型的遥感影像，这其中包括航空影像判读中频繁使用的黑白摄影航空相片、彩色摄影航空相片和彩红外摄影航空相片，也包括卫星遥感影像判读中经常使用到的 TM 遥感影像、IKONOS 遥感影像、MSS 遥感影像、SPOT 遥感影像和中巴卫星遥感影像等。除此之外，为了让学生了解并掌握高光谱遥感、微波遥感、热红外遥感技术的应用，在教学中也需要用到高光谱遥感影像、合成孔径雷达（SAR）影像和热红外遥感影像等多种类型的遥感影像。而遥感影像价格较昂贵，若专门购买这些遥感影像用于教学，则需要大量资金，比如一景 SPOT5 号卫星全色分辨率（5 米）遥感影像的市场报价为人民币 14 900 元，许多高校都缺乏足够的教学经费去购买遥感影像，所以在课堂教学中可用的遥感影像数量不多，影像类型相对也较少。不少任课老师反映在遥感概论教学中由于缺乏与教学内容相匹配的遥感影像，课讲起来比较累，学生听课时也感觉遥感概论内容枯燥、较难理解。因此，遥感影像库建设是提高教学质量的一个重要环节。

三、教材建设

教材是根据教学大纲和实际的需要，为师生教学之用而选编的，它系统地阐述了教学大纲规定的主要内容。因此选择好教材，内容是至关重要的。而不同的教材有不同的侧重点，比如有的注重遥感图像处理的整个系统过程，而有的则比较偏重实际领域的应用。由于本课程内容多、教学学时有限，在教学过程中不可能面面俱到，因此在教学模块确定后，应对讲授内容作必要的取舍，但要注重理论与实际应用的结合，基础知识与前沿技术同时兼顾。针对土地资源管理专业的学生，在实际教学过程中，一方面要让学生牢固掌握遥感图像处理的基本工作原理与方法，另一方面要让学生学会灵活地运用遥感图像来解决地理学中遇到的实际问题。

多年来，本课程在土地资源管理专业理论讲解当中，一直使用《遥感概论》作为遥感应用课程的教材，其特点是：内容层次安排合理，概念清晰易懂，实验内容以目视解译为基础，易于开展，但是部分内容老化。《遥感导论》是教育部面向 21 世纪课程教材，其内容丰富、原理很深，对学生来说显得有一定难度；对教师来说，在一定的课时内既要讲清楚深的基础知识，又要介绍遥感技术最新的前沿研究发展成果，实属不易。为此，在教学过程中先适当引用《遥感概论》的部分内容作为学生入门的内容，从地物反射光谱特性入手，逐步开展遥感目视解译、地物判读标志的建立，在此基础上再过渡到《遥感导论》内容上，这样既可保证学生在面上对遥感有全面地把握，又可在重点内容上有所深入。

在实验操作方面，目前国内尚未见到普适性较强的遥感上机实验课教材，所以各大院校使用的实验教材多为自编。目前土地资源管理专业使用的遥感课程实验教材应以多种教材为参考，并结合教学实验条件来自编上机实验指导书，再经过任课教师的共同努力，对教材内容不断地进行补充更新和完善，从而完成自编且符合自身实验条件（包括数据、软件、硬件、师资等）的实验教材，为实验教学提供服务。

四、教学方法的改革

（一）尽可能进行启发式教学

运用启发式教学，精选教学案例，有助于激发学生的学习兴趣和实际应用。案例教学侧重于教学内容的优化整合，使学生通过案例性教学"举一反三，触类旁通"，促进学生对知识的认知，加强理解，强化记忆，加强利用基本知识进一步扩展及综合应用的能力。

遥感技术课程理论相对抽象，但其应用性也比较强，几乎所有的内容都必须靠理解来学习。如果只是靠死记硬背教材当中的理论，则只能是事倍功半且容易被遗忘，日后在工作中运用这些知识时，就会感到相当的困难。因此教师应在备课中多花时间设计小问题（疑问），以便在课堂上通过提问题引发学生的想象、思考，然后让学生回答，最后是教师归纳总结，从而让学生达到理解、获得扎实的基础知识。要拓展学生的思维，培养学生的创新能力与独立钻研精神，在学习过程中让学生自己不断发现问题、积累问题，最终达到提高分析和解决问题的能力的目的。

（二）通过实验教学锻炼学生的能力

遥感技术实验课是教学的重要组成部分，是学生通过理论与实践的相结合来感悟抽象的理论知识的学习过程。教师需要对实验教学的内容体系、实验过程、实验方法等进行深入研究，发挥实验教学在培养综合能力方面的作用。在遥感实验教学中，首先根据教学内容研究制订实验教学大纲。要对实验内容进行精心的选择和调整，并不断地加以完善和更新，形成较为稳定的实验教学内容体系。引入研究性教学模式，笔者认为遥感概论实践教学可分为三部分：一是验证知识型实验；二是综合性方法实验；三是研究设计型。

1．验证知识型实验

这部分实验内容强调基础性和系统性，突出遥感的基本实验技术，这些知识型的实验内容以验证知识、帮助理解课程基本知识和实验基本技能为主。初步掌握和熟悉常用遥感图像处理软件 ERDAS、PCI、ENVI 系列等集成运行环境、主要工具、菜单命令的使用，理解遥感软件所应具备的基本功能，增加学生的感性认识。实验主要以遥感增强的方法的验证为主，通过学生的实验，使其对遥感图像增强处理的方法从理论到实践、从过程到效果，从而由感性认识上升为理性认识。

2．综合性方法实验

从简单的验证性实验向综合性实验过渡，将有关实验内容有机结合起来。在掌握遥感原理、概念及应用的基础上，利用遥感技术系统，并且结合目视判读的方法与野外调查的资料，对遥感影像进行融合、计算机增强处理、图像解译、判读和分类，提取专题分类信息、制作遥感专题图输出，提高学生判断、分析问题能力。这些综合型实验要求学生能系统地运用所学的知识和基本技能进行综合单元操作，为研究设计型实验打下良好的基础。

3．研究设计型

研究设计型实验难度较大，一般安排在遥感实验的最后一段时间来做，此时学生的理论课已基本结束，并已具备了基本的实验技能。这种研究设计过程既是理论与实践相结合的过程，又是自己进一步学习的过程。实验过程中要求学生相互讨论。教师要指点迷津，设法引导学生学会分析问题、解决问题，从而逐步培养学生的科研能力，为日后考研究生或参加工作打下良好的基础。

五、结语

随着遥感技术应用越来越广泛，各大院校的土地资源管理专业为适应社会人才的需求普遍都增设了遥感概论应用课程，但由于大部分院校对遥感实践教学环节重要性认识的不足、遥感实验硬件设备的配置和实习基地的建设相对滞后以及师资力量的薄弱等诸多方面原因，课程建设还很不完善。本课题在借鉴相关专业课程体系建设经验的基础上，针对土地资源管理的特点，提出了该专业遥感课程建设的基本模式，但由于还没有完全得到实践的检验，很多地方还有待完善和改进。

参考文献

［1］黄秋燕. GIS 专业遥感概论课程实验教学改革探索［J］. 科技信息，2008，27（2）：351－353.

［2］董芳，王晓军. 遥感课程实践教学体系建设浅析［J］. 安徽教育学院学报，2005，23（6）：47－51.

［3］奚秀梅，贺凌云. 遥感课程实验教学改革与设计［J］. 黑龙江生态工程职业学院学报，2010，23（3）：110－111.

［4］贾铁军. 坚持重点课程建设改革实践教学［J］. 黑龙江教育，2010，7（1）：62－63.

［5］郑文武. 高师地理专业遥感课程实践教学改革研究［J］. 中国现代教育装备，2010，17(11)：79－81.

［6］奥勇.《遥感图像处理》课程教学探究［J］. 测绘科学，2007，32（12）：190－192.

［7］霍群. 从重点课程向精品课程迈进的几点思索［J］. 高教论坛，2005，31（3）：85－86.

［8］王庆，魏薇. 地理信息系统专业遥感课程的教学改革探讨[J]. 长江大学学报，2009，13(6)：320－321.

［9］王亮. 遥感课程有效性教学的途径研究［J］. 林区教学，2010，16（2）：75－76.

金融工程学特色及课程设置刍议

重庆工商大学融智学院金融系　谢灵斌

摘　要： 金融工程是 20 世纪 80 年代出现的一门新兴学科，属于应用型的交叉学科。本文分析了金融工程学的特色，并提出了在学习该课程之前，需具备经济基础知识，同时还应重视实践教学体系和注意所选教材的应用性。

关键词： 金融工程学　实践教学　课程特色

金融工程是 20 世纪 80 年代在西方发达国家金融教学与实践中逐步发展起来的一门新兴学科，它将工程思维引入金融领域，综合采用数学建模、统计分析以及系统工程理论设计、开发和实施新的金融产品，创造性地解决各类金融问题。近年来，我国高等院校纷纷开设金融工程专业或相关课程，如何培养合格的金融工程人才，使学生快速、全面地掌握金融工程分析方法，是各大高校金融专业教学关注的热点。

一、金融工程学特色

金融工程的本质是金融和财务，在解决金融和财务问题时，它需要创造性地运用各种金融工具和策略，并借助数学模型和计算机来实现。

1. 金融工程学是一门量化特色的课程。帮助学生理解金融工程学理论中丰富的数学工具和严谨的定量分析方法，这些工具和方法可以帮助我们在金融日常管理中，尤其是风险管理上，寻求运用定量的理论和量化的方法去解决现实问题的。数学工具的使用是 20 世纪经济科学中最大的贡献，这是在金融工程学习中需要认识的第一个本质的特点。

2. 金融工程学是一门有金融高科技特色的课程。随着计算机技术水平的提高，金融工程伴随现代金融学早在20世纪末就已朝着技术方向发展了，现代的金融交易是在现代金融理论框架上已建立的，代理人在完全理性完全信息下或有限理性不完全信息下的决策行为的分析框架基础上进行交易。技术性体现和技术复杂性是金融工程学学习的第二个特点，学习金融工程就是学习"金融学的高科技"。

3. 金融工程具有应用交叉型学科的基本特征。首先，金融工程是金融科学的工程化，在本质上是金融科学从抽象的理论走向市场和客户的过程，是一门从实际情况出发针对实际问题的应用型学科。其次，金融工程集合了金融学的基础理论和工程学的基本分析方法，同时又具备自己的特征，强调学科间的相互渗透和交叉。除了把运用数学和统计学知识作为主要分析手段外，金融工程还引入了最新的计算机技术、仿真技术、人工神经网等前沿技术，也用到了决策科学和系统科学的有关理论。自然科学理论和工程分析方法的全面渗透使金融工程的分析手段更加丰富，大大提高了金融工程解决实际问题的能力和效率。

4. 金融工程学是一门训练金融创新思维重于简单使用数学工具的课程，"创新思维"与"头脑风暴法"相结合也是本课程的特色之一。金融工程学的核心概念是创新，基本手段是风险量化、收益量化，学习金融工程学必须把握该特色。

二、建立科学的金融工程课程体系

1. 经济基础课程

金融工程学的特色使得教学要重视让学生对交叉学科的知识结构的学习和现代金融知识导读，具备这些知识是学好金融工程的前提，也是形成创新思维能力的基础。在金融工程学的学习之前，学生应该更广泛地选修一些经济课程，如：①公司理财。这是学习金融工程学之前最先了解的基础课之一，其目的是教你如何使公司盈利变得更多，而这也是金融工程的最直接目的。②金融市场学。公司的财务活动和金融市场是密切相关的，金融市场学的学习可使学生对金融市场的各种运行机制、金融资产的定价方法、主要变量的相互关系有所认识和了解。③投资学。公司的财务活动需要通过股票市场筹集股本，并通过股票市场的运作来提高公司的盈利水平。投资学可教会学生如何去理解和把握股票市场。④货币银行学。其主要阐述货币市场和股票市场的相互关系，并介绍货币市场的运作。⑤固定收益证券。该课程主要介绍和研究债券，因为公司不仅要在货币市场上筹措和投放资金，而且要在股票市场运用股权工具，同时还需要在债券市场上发行债券或从事债券的交易活动。⑥国际金融。在金融市场体系中，外汇市场是必不可少的组成部分，公司的资产负债表中还会有不同的货币出现，在对外开放的市场经济中，公司的财务活动离不开将一种货币兑换在另一种货币的外汇交易活动。⑦衍生金融工具。衍生金融市场是派生于现货市场的市场，公司的财务活动不仅离不开现货市场，也离不开衍生市场。

2. 重视实践教学体系以及实践教学体系与理论教学体系的相互结合

在用金融工程学解决实际问题时，应重视理论与实际的结合，可用现实中的案例提高授课时效性，用事例启发学生，在总结模仿中培养学生的发散性思维。例如：金融工程由经济学科向工程学科发展，在中国的市场发展中发挥了重要的作用，我们的金融产品"越来越向个性化、多功能化、高附加值和自动化方向发展"，金融工程为客户"量体裁衣"，设计出"非标准现金流工具"和创新的财务金融方案等，不仅从金融新产品的开发中体现了创造性思维，而且运用了金融工程原理。如目前我国1 000多家上市公司推出的各种股权分置方案，每个方案都涉及对价安排的形式，如送股、权证、现金补偿和资产重组的选择，对送股、权证、现金补偿的数量或者金额的确定以及上市公司的非流通股东做出的承诺及为履行其承诺义务提高的保证安排等。由于每个公司的股权结构状况、营利能力、偿债能力、成长性、现金流状况都不尽相同，因此每家公司的方案都不完全相同。这些股改方案完全可以作为中国版本的金融工程教学案例，使同学们通过分析各公司的方案，深刻体会每家股改方案实质上都是适应每一家公司的个性化方案。

在教学中，教师不仅要深入浅出地讲授金融工程的基本工具的使用，更重要的是在教学中注意培养学生学习如何从个体的整体出发设计个性化的财务方案。

3. 加强实验室建设，重视教学的实验性，提高学生工程分析思维的培训

对实际数据的分析和运用是金融工程的一大特色，同时它还注重实验性和实证性研究。为配合金融工程的教学，高等院校可适当建立金融分析数据库和金融工程实验室，为学生提供便捷的金融数据获取渠道，并配备相应的计算机硬件和软件，通过模拟实验等手段使学生将理论知识与实践紧密结合，培养其定性和定量分析交叉综合的能力。金融工程作为一门应用型学科，培养该学科的应用型人才就需为学生创造理论教学和实践教学相结合的环境，同时，可加强校企合作，建立教学实训和实习基地。

4. 教材选择

所使用的教材在尽量使用最新出版的前提下，应考虑国内外的特点，可选择部分国外原版教材作为参考，但要避免直接从国外专业教材上摘选。要兼顾国内实际，对所采用的真实研究案例可，采取减少或增加变量的方法改变问题，以达到由浅入深的目的。另外也可广泛从报刊、网络媒体上选择内容丰富、难度适中、具有典型性的案例。这样既可使学生对国内外的情况有全面地了解，同时也可使

他们提高学习兴趣，主动参与课堂教学。当然，教学材料编制的总体原则为由浅入深、循序渐进、在对各门课程兼顾安排的同时突出应用性。

参考文献

［1］葛兆强. 简论金融工程学的理论内涵、发展动因和理论现实价值［J］. 福建金融管理干部学院学报，1997（4）.

［2］郭敏，刘立新，余湄. 财经类院校金融工程人才培养目标与模式［J］. 财经科学，2004(6).

［3］李志生. 财经院校金融工程教学的实践与思考［J］. 中国农业银行武汉培训学院学报，2007（5）.

国际商法课程在国际贸易专业
教学中的地位和作用及其教学改进

重庆工商大学融智学院思政部　王　冲

摘　要：随着我国社会主义市场经济的快速发展和对外开放的不断加大，我国对外经济贸易活动日益活跃，涉外经贸人才需求猛增，与之相适应，国际贸易专业在高校被广泛设置。在国际贸易专业学生的培养计划中，国际商法课程的设置有助于在国际贸易中防控法律风险、解决贸易纠纷。本文着重分析了国际商法课程在国际贸易专业教学中的地位和作用，同时对于如何提高国际商法课程的教学质量提出了一些具有可操作性的建议。

关键词：国际商法　国际贸易专业　教学改进

国际商法是在我国 20 世纪 80 年代高等院校国际贸易专业教学中开始出现的一门新兴课程。国际商法课程的设置主要是为了适应我国改革开放以来国际贸易快速发展的需求。在国外，这门课程大多被列为国际贸易专业的主干课程，尤其是在国际贸易比较发达的欧美国家，国际商法在各大商学院的教学体系中享有相当高的地位。然而，由于我国目前刚加入世界贸易组织不久，相关法律体系尚不健全，所以在高校教学中，对国际商法的重视程度远不及发达国家。目前大部分高等院校仅仅将国际商法作为国际贸易专业的一门专业选修课来对待，这种做法显然不利于国际贸易专业人才的全面发展。有鉴于此，本文系统地对国际商法课程的地位和作用以及教学改进加以阐述，并结合自己的教学经验提出了一些建议。

一、国际商法课程在国际贸易专业教学中的地位和作用

（一）国际商法应当被认定为国际贸易专业的主干课程

国际商法作为一个法律部门，发端于中世纪，经历了近千年的发展和完善。在欧美主要发达国家的商学院，国际商法课程都是作为国际贸易专业的专业主干课来设置的。而反观我国的情况，除了少数重点财经类院校将国际商法设置为专业主干课外，大部分高校都还是持一种观望态度，有的高校将其作为国际贸易专业的专业选修课来对待，更有甚者仅在国际贸易的专科教学阶段设置这一课程。笔者认为，这种忽视国际商法课程教学地位的做法对于培养高素质的国际贸易复合型人才来说是极为不利的。国际商法不仅有着悠久的发展历史，更是有其庞大、繁杂的结构体系。国际商法涉及国际货物买卖法、国际货物运输保险法、国际票据法、结算支付法等诸多方面，对国际货物买卖合同的签订、履行以及国际商事纠纷的解决都进行了详细的规定。如果仅仅将国际商法作为一门选修课加以设置，那么在课时分配上根本无法满足教学的需要。笔者在教学过程中发现，作为国际商法非常重要的一个组成部分，国际商事仲裁法在大部分教材中都是被放在最后一章，以极为简短的篇幅加以介绍。而事实上，在国际贸易过程中，绝大多数的国际商事纠纷是以国际商事仲裁的方式加以解决的。在课堂教学中，由于课时有限，对国际商事仲裁法往往无法详细阐述，所以，大部分学生在走向工作岗位后，都不了解如何在对外贸易合同中规定仲裁条款，更不懂得怎样判断仲裁条款的效力。因此，笔者认为，在国际贸易专业的教学中，应当借鉴发达国家的做法，将国际商法提升到专业主干课的地位，这样才能保证国际商法课程的教学需要，培养出合格的国际贸易专业人才。

（二）国际商法在国际贸易专业教学中的作用

国际商法作为国际贸易专业的一门重要主干课程，在国际贸易专业的教学以及国际贸易专业人才的培养过程中，发挥着极其重要的作用。具体而言，国际商法对于国际经济贸易的重要作用体现在以下两个方面：

1. 国际商法对国际贸易的各个阶段都进行了法律上的规制

国际经济贸易不同于国内贸易，国际贸易发生在不同国家的经济主体之间，是一种跨国或地区的经济交往活动。由于各国或地区的法律规定不尽一致，甚至大相径庭，因此，国际条约或国际惯例对于国际贸易当事人而言，起到了准据法的作用。目前，国际贸易过程中所涉及的各个阶段都已经有相关的国际条约或国

际惯例加以规范。在国际贸易的发生阶段，主要涉及国际货物买卖合同的签订、风险承担等问题，对此，1980 年的《联合国国际货物买卖合同公约》进行了非常详尽的规定。在国际贸易的履行和完成阶段，主要涉及货物运输、保险、支付结算等问题，每一阶段都有相应的国际条约或国际惯例加以规制。

2. 国际商法是解决国际贸易纠纷的法律依据

由于国际贸易涉及货物跨越国境或关境的流转以及各国或地区法律文化传统不尽一致，加之大多数国际货物运输是通过海上运输的途径予以实现，交易过程中不可避免的会出现一系列外来风险，给相关当事人带来损失，进而产生国际商事纠纷。国际商法在近千年的演进过程中，对于如何有效解决国际商事纠纷发展出了一套完整的争议解决法律体系，其中最为重要的就是国际商事仲裁法。国际商事仲裁以其解决纠纷的快捷性和裁决过程的公正性，越来越受到国际贸易当事人的青睐。目前，国际贸易当事人签订合同时，绝大多数都会加入仲裁条款，或者单独签订仲裁协议书，选择双方认同的仲裁机构解决贸易纠纷。

二、国际商法在国际贸易专业教学中存在的主要问题及改进对策

如前所述，国际商法课程对于国际贸易专业人才的培养具有举足轻重的意义。然而，在目前国内经管类专业的教学中，国际商法的教学存在着诸多制度和方法上的问题，严重影响了任课教师的教学工作以及国际贸易专业学生对国际商法的学习兴趣和热情。因此，国际商法课程的教学改进就显得格外重要。笔者通过对国际商法课程教学现状的分析，同时结合自己的教学经验，总结出国际商法在教学过程中应当在以下几个方面予以改进。

（一）教学安排上与其他课程的衔接问题及对策

目前国内各高校在制订国际贸易专业人才培养方案时，对国际商法课程的教学安排不尽一致，有的学校将其放在第三学期开设，有的则安排在大四专业实习之前。实际上，国际商法课程安排上的主要问题就是其与国际贸易实务课孰先孰后的问题。有的观点认为，国际商法是与国际贸易实务密切相关的法律法规，理所当然应该放在国际贸易实务课程之后开设。这种观点看似符合课程安排的内在逻辑，却没有考虑到教学实际中学生的学习心理。虽然国际商法课程与国际贸易实务有一定的关联，但是国际商法毕竟是一门法学课程，学习国际商法之前，并不需要全面而深入地掌握国际贸易实务知识。相反，如果在学生已经对国际贸易实务有了相当的了解之后再来学习国际商法，那么在教学过程中，学生往往会只

关注教学内容中涉及的贸易技巧和实务操作部分，而忽视贸易案例中双方当事人之间错综复杂的法律关系，从而无法有效地判断当事人之间的权利义务归属和承担。

综上所述，笔者认为，国际商法应当先于国际贸易实务予以开设。由于国际贸易实务一般都是在大三学年的第一个学期开设，所以笔者主张将国际商法的教学安排在大二学年比较合理。而国际商法作为一门法律课程，其先修课程一般包括法律基础和经济法。由于法律基础已经与思想道德修养合并，法律知识的讲授往往不被重视，因此，国际贸易专业学生学习国际商法的法学功底的主要来源就是经济法课程。所以，在课程设计上，国际商法必须放在经济法之后，在经济法课程结束后的下一学期或隔一学期开设。

（二）教材选用上的问题及对策

国际商法是 20 世纪 80 年代才开始出现的一门学科，国内对国际商法的研究尚处于探索阶段。目前国内关于国际商法的教材可谓种类繁多，质量良莠不齐。在国际商法教材的选用问题上，各大高校的做法相当混乱。笔者认为，国际商法教材的选取必须注意以下几个方面的问题。

1. 根据授课对象选用适当的教材

国际贸易专业作为一个热门专业，在全国各类不同层次的大专院校都有开设。因此，在国际商法教材的选用问题上，必须考虑到授课对象的实际水平。实践中，有些学校为了所谓的"面子"，不顾本校学生的实际情况，一味地追求教材的"高水准"，甚至出现了高职高专院校选用本科教材的错位现象。因此，国际商法教材的选用不能脱离学生的实际学习能力，必须因材施教。这里就存在一个独立学院如何选择教材的问题。笔者任职于重庆工商大学融智学院，作为独立学院的国际商法教师，笔者根据自己的教学经验认为，独立学院的学生虽然属于本科教学层次，但是其实际素质及学习能力并不是很高。针对这一特点，笔者认为，在选取教材时，可以放下所谓本科院校的"面子"，可对一些理论阐述虽然少，但实务操作层面的内容比较丰富的高职教材予以考虑。

2. 注意教材的新颖性

国际商法主要是由一系列的国际条约和国际惯例构成的，而国际条约和国际惯例的修订是比较频繁的。与之相适应，国际商法的教材往往三五年就要进行一次修订。因此，在选用教材时，必须在保证教材质量的前提下，优先选用最新修订的教材。以笔者在教学实践中发现的一个情况为例：国际贸易术语 2000 年通则在 2010 年进行了最新的一次修订，对原有的内容进行了比较大的变革。然而在 2011 年的国际商法教学中，仍然有大量学校还在使用旧版教材，这给师生双方都带来了极大的不便。因此，国际商法教师必须关注最新的国际商法动态，以其作为征订教材的前提和指导。

3. 重视教材的应用性

目前大多数国际商法教材主要是为法学专业本科生设计的，在教材的内容编排上，往往过于强化理论，实践操作层面的内容较少。而国际贸易专业学生学习国际商法则是主要侧重于法律实务运用能力的培养，对比较深奥枯燥的法学理论并不需要给予太多关注。因此，在选用教材时，应当尽量避免选用法学本科系列教材，而是在财经管理类系列教材中进行选择。在具体选取教材的过程中，要注意教材中案例内容与理论内容的比例，选取案例丰富、案例点评深入浅出的教材。

（三）实践教学环节的不足及对策

法律知识只有运用到具体的案件中，才能发挥应有的作用，才会转换为学生的实务能力。国际商法是一门实践性很强的学科，在实务中存在大量的经典案例。因此，案例实践教学是国际商法教学中不可忽视的一个组成部门。然而，目前国际贸易专业的国际商法教学基本上仍然停留在理论教学的层面，对于一些经典案例，也仅仅是在课堂授课过程中适当的展开一些讨论，这种做法显然无法使学生对相关法律知识的运用产生直观、形象的印象和感受。为了解决这一问题，笔者认为，可以在国际商法的教学过程中，适当地采取亲验式教学法。

亲验式教学法是指模拟实务中的真实场景，由学生实际扮演一定的角色，参与相关问题处理的一种教学方法。亲验式教学法在法律教学中主要表现为模拟法庭或者模拟仲裁庭的形式，在国际商法的教学中，可以引入这一教学方法。以国际商事仲裁法的教学为例，在亲验式教学中，任课教师可以组织学生模拟国际商事仲裁庭的仲裁活动。参与模拟仲裁的学生分为三组，分别扮演申请方、被申请方、仲裁员，其他学生作为评委，给参与模拟仲裁的各方表现打分。在模拟仲裁结束之后，任课教师可以综合考虑各方的实际表现，同时参考其他学生的评价，对各组学生作出最终评分。笔者认为，这种教学方法不仅可以有效地调动学生们学习国际商法的积极性，而且使学生们设身处地地对国际商法案件的司法处理有直观的认识，其运用法律解决实际问题的能力也会得到很大的提高。

（四）双语教学法的推广问题及对策

国际商法作为一门国际法课程，在教学过程中采取双语教学法是理所应当的。然而，考虑到我国目前高等院校学生外语水平的实际情况，全面的双语教学显然不能大范围地推广。根据笔者的了解，由于国内高校学生的英语水平相对较低，即便是在一些"211"院校，国际商法的教学也是以汉语教学为主，只是针对一些具体的概念和案例采取英语教学。这种有限的双语教学是符合目前国内经管类学生英语水平的实际情况的。反之，如果不顾学生的实际情况，片面追求所谓的"全面双语教学"，这并不利于学生对相关知识的实际掌握。据笔者了解，国内有些独立学院为了自我宣传的需要，过分地强调双语教学，导致学生学习起来非常吃力，学习兴趣严重下降。

综上，笔者认为，普通本科和高职院校国际贸易专业在双语教学中可取的做法是，对于各章节中所涉及的专业术语应当要求学生精确掌握相应的英文表述。在案例教学中，对于一些国际著名案例，可以直接使用英文原版资料，但需要在课前给学生充足的预习时间。除此之外，其他涉及具体法律理论和制度的教学部分，由于其内容的复杂性，仍然需要使用汉语教学，以保证学生的听课效果和学习兴趣。

三、结语

国际商法虽然是一门新兴学科，然而却对国际贸易专业学生了解国际贸易相关法律制度、提升我国外贸人才的综合素质起着不可替代的作用。目前，国内高校及学界对国际商法课程的重视程度不够，教学过程中也存在一系列的问题。本文着重分析了国际商法在国际贸易课程群中的重要地位及作用，认为国际商法应当作为一门专业主干课来设置。在国际商法的教学中，教学时段的安排、教材的选用、实践教学的加强、双语教学的推广等各个方面都存在诸多亟待解决的问题，对于这些问题，笔者从我国经管类高校国际贸易专业学生的实际水平出发，结合自己独立学院的任教经验，进行了一系列独立的思考，给出了一些不成熟的建议。希望本文能够为国内经管类高校尤其是独立学院国际贸易专业的教学改革有所帮助。同时，也希望自己以及全国各大高校的国际商法任课教师能够对国际商法的教学进行更为深入地思考，使这门课真正为国际贸易专业学生所喜爱，成为一门真正意义上的主干课和精品课。

参考文献

[1] 李秀丽. 经贸类专业《国际商法》课程教学模式的实践与探讨[J]. 中国教师，2007(S2).

[2] 张晓辉，蒋文杰.《国际商法》课程在国际贸易专业课程群中的定位及其教学 [J]. 高等工程教育研究，2010（S1）.

[3] 吴伟. 论案例教学与双语教学在《国际商法》课程教学中的应用 [J]. 武汉科技学院学报，2007（11）.

感受式教学在思想道德修养与
法律基础课程中的运用

重庆工商大学融智学院思政部　杨　飓

摘　要： 思想政治理论课教学的有效性越来越受到专家学者的关注。在思想道德修养与法律基础课中运用感受式教学就是对提升思想政治理论课教学有效性的一种新的尝试和新的探索，必将给思想政治理论课的教学注入新的血液，带来新的生机。

关键词： 感受式　教学　"基础"课

一、问题的提出

思想道德修养与法律基础课（以下简称"基础"课）是大学生必修的思想政治理论课之一，"基础"课以珍惜大学生活、开拓人生的新境界为突破口，以学习和实践社会主义核心价值体系为主线，对大学生进行思想教育、道德教育和法制教育，帮助大学生树立远大的理想，陶冶情操，培养健全的人格，增强社会主义法制观念，从而形成正确的人生观、价值观、世界观。

自从各高校实施 2005 年中宣部、教育部颁布的高校思想政治理论课课程设置方案（简称"05"方案）以来，对"基础"课的教学，各高校的专家以及一线的教师都做了相当多的探索和尝试，很多做法都取得了不错的成绩，对提升"基础"课的教学效果起到了积极的推动作用。但在现实的教学中，"基础"课的教学效果仍然存在不令人满意的地方，特别是教学方式上，还没有根本性的突破，采用的教学方式仍然普遍停留在教师讲、学生听的传统模式上。与以往的教学模式相比，只是把黑板加粉笔的方式转变为了黑板加粉笔加多媒体的模式，只是在教学工具上有所转变，在教学理念和教学模式上没有根本性的转变。因此，学生觉得"基础"课枯燥无味、理论性强、没有多大用处，从而不喜欢上"基础"课。感受式教学或许在一定程度上能改变这样的现实状况，通过一系列行之有效的课堂以及课外的教学活动，建立学生自身对教学内容的真切感受，转变学生的学习态度，把"要我学"转变为"我要学"。同时，感受式教学也能为把包括"基础"在内的高校思想政治理论课建设成为学生"真心喜欢、终生难忘、毕生受用"的课程做出有益的探索。

二、感受式教学的内涵

感受，有感才有受。它实际上阐明了教学的两个方面，一方面是学生接受教学信息的过程，也就是"感"的过程；另一方面是学生内化知识的过程，也就是"受"的过程。感受式教学就在于教师通过多种形式，比如讨论、演讲、欣赏等，使学生能更真切的"感"，从而由自身真切的"感"过渡到自身的"受"，形成自己的知识体系和思维认识。

（一）感受式教学强调学生真切感受

感受式教学与传统教学相比，其教学观念发生了根本性的转变——由教师讲为主转变为学生"感受"为主。实际上这是课堂主客体的转变，学生成为课堂中的主体，教师在课堂中转变为引导者的角色。教学理念的转变实际上带来的是具体教学模式的改变。具体说来，感受式教学的重点在于学生的感受，而这种感受应该是学生自己建立起的最真实的感受。这种感受的得来，一方面是教师引导的结果；更重要的一方面就在于学生能够对教师引导产生发自内心的感受，实际上这种感受也就是对知识的内化过程，但在感受式教学中发生的知识内化比起传统教学的知识内化更立竿见影，来得实在。原因在于，感受式教学不同于传统的灌输式教学或者"填鸭式"教学，它更多的在于引导学生去发现问题，最理想的状态是能把问题同自身的实际结合，然后分析问题，最终能够寻求到解决问题的措施。而在这一过程中，学生能感受到更大的成就感和满足感，又或许能够在思想上或者观念上得到真正的共鸣，碰撞出思想的火花。这也许就是感受式教学中需要追求的"极致"。

（二）感受式教学强化学生参与教学

感受式教学，就如同前面谈到的一样，强调的是学生对相关内容有自身真切的感受。在感受式教学中不仅要有感受，关键是要有自身真实的感受。怎样才能有真实的感受？关键在于学生能够参与到教学的过程中，只有"身临其境"才能有真情实感。因为只有亲身经历的东西，才是你感受最真切的东西。俗话说，师傅领进门，修行在个人。学生学知识也一样，如果仅仅接受老师口述的知识，掌握知识的程度是可想而知的，要真正参与到教学过程中，把自身变成教学的"主人"，这样才能够更好地去发现问题、分析问题、解决问题或者感受某一观点或者主张的正确性，达到思想上的一致。

（三）感受式教学注重教师创设教学情景

感受式教学的各个环节是相互递进的，具有极强的逻辑性。学生要有感受，就必须参与到教学中，要学生参与到教学中，教师就必须对教学环节，特别是教学情境进行变革。不能按照传统的教师讲，学生听的教学模式，在这种教学模式中会使本来理论性强的课程变得更枯燥乏味。感受式教学绝对不是传统教学模式简单加上提问式的互动，其关键在于教学情境的巧妙设计，教学情境的设计在很大程度上能够激发学生的学习兴趣，这是毋庸置疑的。学习兴趣的激发很大程度上提升了学生对相关问题的感受程度。据此，可以得出，教师在教学情境的设计上会直接影响到学生教学参与，也影响到学生对相关内容的感受。因此，可以说，教师在感受式教学中引导者的地位不亚于传统教学中教学主体地位。

三、感受式教学在思想道德修养与法律基础课中的运用

"基础"课作为一门大学生必修的思想政治理论课，有其自身的特点。虽然具有一定的理论性，但是在很多内容上与大学生的生活贴近，这就为在"基础"课中实施感受式教学奠定了客观现实基础；现代教学技术在教学活动中的运用，为感受式教学提供了必要的物质技术保障；教师教学观念的逐步转变与更新，为感受式教学埋下主观意愿的伏笔；学生对思想政治理论课要求的提升，为感受式教学提供了"生存"的空间。

笔者将以"基础"课中第一章《追求远大理想 坚定崇高信念》为例来介绍感受式教学在"基础"课中的运用。这一章主要讲到三个层面的问题，一是理想信念与大学生；二是如何树立科学的理想；三是如何才能使理想转化为现实。在这一章中所运用到的感受式教学的方式主要有以下几类：

（一）以流行歌曲建立学生的感受

在传统观点看来，流行歌曲与严肃的"基础"课肯定是完全不相融的，在"他们"各自的眼里，都会把对方当成是异类。但是，在"基础"课中创设流行歌曲的场景或许会收到意想不到的教学效果。比如，在这一章的教学中，课程开始

与以往教学不同，不是给学生介绍本章的内容、教学的重难点等问题，那样学生觉得还是"老三篇"，学习的兴趣一下也就没了，而是在幻灯片上放映出当今流行歌星张韶涵的写真。很多学生一看到，就感到非常惊奇，在头脑里便会思考：为什么这样的课还会有她的照片。当学生还没有完全想明白的时候，教师便开始引导并且和学生一起唱她的代表作《隐形的翅膀》。在这种相对欢快的气氛中，展开教学。在这个时候，教师设问引导学生感受情境，歌曲中这样说道"每一次都在徘徊孤单中坚强，每一次就算很受伤也不闪泪光，我知道我一直有双隐形的翅膀，带我飞，飞过绝望"，请学生思考，这里所说的"隐形的翅膀"到底是指什么？学生或许会给出"目标"、"希望"、"信心"等答案，然后教师说出自己的思考，也就是"理想"，从而引出本章节的话题。

（二）以诗歌建立学生的感受

诗歌是中国传统的文学形式之一，不管是古代诗歌还是现代诗歌，都用较为精炼的文字表达出作者的真情实感。正是由于诗歌的这一特性，把诗歌运用到"基础"课的感受式教学中是大有裨益的。比如，在讲到理想的含义与特征的时候，就可运用诗歌来建立学生感受的教学情境。为了让学生更好地理解理想的含义，特别是理想含义中提到的"是一种奋斗目标需要付出艰辛的努力"，在这里可以安排流沙河的代表作《理想》，具体做法如下：首先在幻灯片上放映出《理想》这首诗，然后分别请几位同学富有感情的朗诵这首诗，并配有比较柔和的音乐，其他同学边听边想这首诗告诉了我们什么，也就是在朗诵的氛围中思考作者所要表达的思想感情。最后，请部分同学与其他的同学分享他们的感受。通过这样的环节，使学生不仅能学到知识，更能引发他们主观上的感受，这样，对知识的内化就会起到较积极的作用。或者说，这一种感受称为唤起共鸣型的感受。

（三）以学生经历建立学生感受

最能唤起学生感受的，往往是学生所经历的事情或者事物。这些东西不仅能够很好的唤起学生的感受，而且往往是最真切的。比如，在讲到理想的时代性的时候，特别是从微观层面理解理想的时代性时，就设立这样的场景：在幻灯片上，出现儿童时期、少年时期、青年时期、中年时期、老年时期的人物画像，引发学生思考，在人生的各个时期，我们都有什么样的理想，并请部分同学发言，与其他同学分享他们在各个时期的理想。因为是他们在各个时期的理想，所以他们就能畅所欲言，同时，也是各自经历或者自己设想的未来的理想，他们的感受会更真切。做这一个教学情境的根本目的不仅仅在于去分享他们在各个时期不同的理想，其根本目的在于使学生明白，什么是理想的时代性，也就是各个时期由于年龄、知识、阅历的不同，我们会有不同的理想，这就是微观层面的理想的时代性。笔者认为，通过教学情境一步一步地深入的过程，也就是学生通过现象看到本质的认识事物的过程，这样学生感受更深，对知识的理解会更透彻。

（四）以自编情节培养学生的感受

自编情节特别是与学生关系密切的自编情节在很大程度上能够唤起学生的共鸣。比如，在讲到信念的时候，在课堂教学中就可以设计这样的自编情节：信念的建立不是一蹴而就的，往往需要通过认知、情感、意志等环节，才能真正建立起内心的信念。为了让学生更好地理解信念建立的环节，可以通过学生比较感兴趣的谈恋爱的事情，来把问题给学生阐述清楚。教师在教学过程中，就可以自编男同学去追求女同学的例子。比如，在认知层面，可以告诉学生，要去追求到心爱的女同学，首先得把女同学的基本情况搞清楚，这也就是一种认知。又比如，有了认知以后，才能建立起感情，也就是说有了了解，才能更深入的认识，这样才能产生"情人眼里出西施"的感情。然后，又引导学生思考，在男方产生了对女方的感情以后，要怎么才能让女方产生感情。大多数学生都会说"去追"。然后接着引导，如果女方不答应怎么办，多数学生会说"继续追"。这个时候，教师就可以在这种氛围中，把"建立信念的环节，需要意志"给学生点出来。在这一问一答的引导中，学生能够更容易的理解到信念是如何建立起来的，这也就达到了教师教学的目的，而课堂气氛也会变得异常活跃。笔者认为，这比空洞地去讲认知、情感、意志的概念来让学生理解信念是如何建立起来的效果要好得多，取得了事半功倍的效果。

除此以外，可以通过课堂小调查，比如在这一章中，笔者就设计了理想类型课堂小调查来帮助学生理解理想的类型，还可以通过欣赏先进人物事迹的视频材料，参观革命教育基地、爱国歌曲大家唱等情节来达到让学生感受内容的目的。

四、感受式教学在思想道德修养与法律基础课中运用需要注意的问题

感受式教学在"基础"课甚至是其他思想政治理论课教学中的运用应该还是新的尝试，不过，笔者相信，这种新的尝试必然给思想政治理论课的教学带来新的生机，注入新的活力。但是，正是由于感受式教学是一次新的尝试，在给我们带来机遇的同时，也给我们带来了极大的挑战，处理不好，或许会前功尽弃。因此，在运用感受式教学的过程中，需要注意以下问题：第一，教师要从根本上转变教学观念。感受式教学建立的主观基础是教师本身能够真正接受这一教学模式，如果教师的观念没有根本转变，还是停留在传统教学观念——"教师讲，学生学"的模式下，要想在感受式教学模式下有所突破那是比较困难的。换句话说，那仅

仅是让教学披上了感受式的"外衣"，而没有实际的变革。第二，在感受式教学中，对于教师来说，最困难的是如何让学生真正参与到教学活动中，使他们真正有所感受。如果教师能够在教学活动中真正突破这个问题，也就离成功实践感受式教学不远了。第三，教师在教学过程中，不仅要注意让学生感受而且还要引导学生，启发学生的思维。感受式教学只是教学的一种模式并不能完全等同于教学的目的，而要达到教学的目的关键还在于教师的引导，引导学生真正从内心感受知识、掌握知识。

参考文献

[1] 华丽. 高校思想政治理论课教学改革探析 [J]. 江苏教育学院学报：社会科学版，2008，1 (1)：16–17.

[2] 金井肇. 道德教学的基本结构理论 [M]. 东京：明治图教育，2001.

[3] 金鑫. 大学生思想政治理论课教学改革的成效和启示 [J]. 南京中医药大学学报：社会科学版，2010，12 (4)：228–231.

[4] 张亚能，况永贤. 基于情感内化的过程体验教学模式构建方法——以高校思想政治理论课为例 [J]. 科学文汇，2009 (5)：60–61.

构建主义教学理论
在土地管理学概论课中的应用研究

重庆工商大学融智学院管理系　宋桂君

摘　要：本文以构建主义教学理论作为指导，从土地管理学概论课程的
　　　　特点出发，阐述了在土地管理学概论课程中运用构建主义教学
　　　　方法的必要性；并以地籍管理一课为例运用构建主义教学方法
　　　　对其进行了教学设计；同时对教学设计的实施环节难点进行了
　　　　分析，提出了实施该教学设计应满足的主要条件。
关键词：构建主义　应用　土地管理学

目前，土地资源管理专业的学生对该专业学习的兴趣不浓，觉得该专业的学习枯燥、乏味，这已经严重影响了该专业学生对专业知识的掌握。而专业知识中，尤以宏观管理类的课程最让学生觉得难以理解和没有实际作用，这与学生没有相关的生活经验和社会经验有很大的关系，这就要求教师在授课的过程中采用与之相适应的教学理论和教学方法，帮助学生理解和运用知识。本文以土地资源管理概论这门课程为例，探讨适合该类课程的教学理念和教学方法，激发该专业学生的学习热情，提高学生的学习能力。

一、在土地管理学概论中运用构建主义
教学理论的必要性

人对知识的深刻理解往往来源于自己的生活经验和社会经验，而对于当今的大学生来说，应试教育的框架使他们缺少了对生活的观察，他们把学习知识同生活截然区分开了，失去了深刻理解知识的渠道。因此，如果想让学生学好这门知

识，就必须在充分分析该门课程的基础上，配以合适的教学方法，让学生能把所学知识同自己已有的经验联系起来，进而理解所学知识，并留下深刻印象。据此，本文从该角度先阐述土地管理学概论课程的特点和运用构建主义教学理论的必要性。

（一）土地管理学概论课程特点

土地管理学概论主要介绍我国土地管理工作，从管理目标的确定、管理资料的获取、管理的手段几个方面进行介绍，囊括了地籍管理、权属管理、利用管理、市场管理。这些知识所涉及的问题都是学生以往的生活中从未接触过的，它包含了以下几个特点：

1. 宏观性

土地管理是属于宏观管理的范畴，因此它的课程的角度也是非常宏观的，而学生连相关的微观问题都从未碰到过，对宏观管理就更没有概念。人对于自己从未经历的东西很难有较深的体会。如果老师只是讲授书本上的理论，即使学生把它背下来，也难免陷入纸上谈兵的套路，不能真正运用所学到的理论来解决碰到的问题。

2. 广泛性

由于该课程是概论性的课程，它必须从整体上完整的介绍土地管理所需的主要知识，这就造成该门课程的内容泛而不精。在本身就没有任何前期认知经验的情况下，要让学生能了解所有的知识构成，而又没有时间深入地分析，容易让学生产生空洞的感觉。

3. 难以实践性

学以致用是激励学生学习热情的最好办法，如果学生的学习成果能得到运用，将大大激励学生的学习热情。然而在土地管理专业学生的学习中，这种可能几乎为零。因为我国的行政机构与公民间缺乏沟通的渠道，学生的土地管理专业见解很难到达行政管理机构，更不用说运用到实际的土地管理工作中。这大大打击了学生的学习热情。

面对土地管理学概论课程的以上情况，教师在教学的过程中必须增进课程与学生的已有经验间的联系，进而帮助学生增强学习该门课程的兴趣和提高积极性，同时帮助学生深刻理解所学的知识，并把这些知识内化为自己的认知，而不只是对知识点的死记硬背。

（二）构建主义的内涵

构建主义理论是由瑞士认知发展心理学家皮亚杰提出的，他坚持从内因和外因相互作用的观点来研究儿童的认知发展。这种理论如今被教育学广泛采用，运用于教学过程中。构建主义理论认为，知识是学生在其生活的社会经济背景下借助于教师，利用各种学习资源，探索并发现所学知识的意义，最后通过意义构建的方式汲取知识，自主构建知识。因此，构建主义是一种以学生为中心的教学理念，它强调学生学习时的积极主动性。

（三）在土地管理学概论中运用构建主义理论的必要性

从土地管理学概论的课程特点中我们可以知道，该门课程涉及的知识是超出学生的原有生活经验之外的，这对学生来说是一门空洞的课程。如果就事论事的讲课程知识，那么学生就很难理解，因此传统的教学主义的方式难以达到理想的教学效果。而要学好这门课程，就必须让学生对该门课程的内容有自身的体会，形成自身对课程知识的意义构建。

二、构建主义方法指导下的土地管理学概论课程教学设计

在构建主义理论下对土地管理学概论进行教学设计，就必须让学生尽可能多地经历与所学知识相关的一些事件，让学生有构建知识的背景和可能。所以，该门课程的教学设计要体现更多的实践性。下面我们以土地管理学概论中的第四章第五节为例，探讨该门课程的教学设计。

（一）教学目标分析

对于管理来说，没有两个完全相同的管理问题，没有可以完全照搬的管理对策，而且管理是永无止境的。因此对于学管理的学生来说，最重要的是学会发现问题和分析问题。针对第四章第五节地籍档案管理这堂课，教学目标就是让学生深刻地理解地籍档案管理工作，并且能够对地籍档案进行科学的整理、归类、保存、提供利用，而不仅是知道现有的地籍管理工作是什么。

（二）教学情境创设

直接把前面课程中学生自己做的大量的地籍档案资料分发给同学们，让同学们把它进行整理、归类和保存。

（三）协作学习设计

给学生设计几个问题，让学生带着问题去思考地籍档案的管理。开始的时候为了让同学们能打开思路，可以把全班同学按5～6人分为一组，讨论并完成任务。要完成的任务主要包括：其一，在地籍档案整理好之后，要方便查询每一宗地的初始登记时间。其二，辖区内总共有多少宗地要一目了然。其三，方便统计相同用途的土地有多少宗，分布在哪些街道。

（四）自主学习设计

在讨论中完成任务之后，再让同学们独立完成类似的任务。这次要让同学们

在整理地籍档案时能方便以后查阅同时拥有多宗房地产的个人有哪些。加强每一位同学的独立思考能力。

三、在土地管理学概论中实施该教学设计的难点

运用构建主义理念，按照上述教学设计来进行教学，要求教师用贴近学生生活环境的知识来帮助学生构建所要学习的新知识，教师要对学生的生活环境和原有知识结构做认真地调研和分析，找出学生已有经验中跟所要学习的知识有共性的经验和知识结构，这是运用该理论进行教学实践的一个难点。

同时，在与学生讨论的过程中，教师需要通过对学生的构建做点评来修正学生的理解，帮助他们提高知识构建水平。这就要求教师具有对知识的高度驾驭能力和更广泛地知识积累，需要教师在所授课程上具有更高的水平。

四、构建主义教学理论在土地管理学概论课程应用中所需的条件

（一）合理的师生比

构建主义教学需要教师在教学的过程中，根据学生的情况做出及时地反馈和引导，并且让同学们有足够多的表达自身理解程度的机会，这就要求老师面对的学生数量不能太多，一个老师一次面对的学生最好控制在 30 人以下。

（二）情境设计所需的设备和仪器

土地管理学概论课程中有许多教学情境需要通过相关的设备和仪器来准备，比如地籍管理中地籍资料就必须通过测量仪器和绘图软件来获得。同时，学生利用相关仪器设备获取资料本身也是土地资源管理专业学生需要掌握的技能。

（三）适于讨论的教室布置

构建主义理念下的教学过程需要有学生相互之间的协作和讨论的过程，传统的教室不便于学生进行相互的讨论，教室布置最好是便于学生分成几个组，每个组的同学能够围坐在一起的教室布置能较好地服务于课程学习。

参考文献

[1] 何克抗. 构建主义的教学模式、教学方法与教学设计 [J]. 北京师范大学学报, 1997 (5): 74-81.

［2］刘宝存. 美国研究型大学基于问题的学习模式［J］. 中国高教研究，2004（10）：60－62.

［3］汤新华. 从美国老师的一堂历史课看其构建主义的教学实践——贴近生活是构建主义的灵魂［J］. 中国教育研究论丛，2006.

［4］王明金. 基于构建主义的项目教学法的拓展［J］. 安徽科技学院学报，2010，24（3）：73－75.

关于公选课对独立学院
培养复合型人才重要性探讨

重庆工商大学融智学院会计系　　肖　岚

摘　要： 本文以独立学院培养学生成为复合型人才为背景，提出了提高公选课在教学体系中的重要性和改进的探讨。在实际教学中，公选课的作用却由于种种原因没有真正地发挥，甚至被忽略。本文通过介绍教学中公选课的现状和问题，提出应从学生、教师和学校各方面入手，发掘公选课的优势和潜力；提出了改善公选课教学质量的措施和建议，以使公选课的开展真正起到提高学生个人竞争力的作用。

关键词： 独立学院　公选课　重要性　提高质量

在我国高校的教学课程体系中，以培养学生综合素质为导向的公共选修课（以下简称为"公选课"）扮演着特殊的角色。有别于专业课针对具体对应专业开设，以培养学生专业素养为目的，公选课是面向全校各专业的学生，旨在提高学生的综合素质的课程。独立学院作为大众教育化的产物，以为社会输送复合型人才为己任。在此前提下，学生的综合素质的提高和个人竞争力的提高，应该在教学环节中得到充分地重视，而公选课较之普通专业课正好具有了这方面的功能。

一、公选课对独立院校复合型人才
培养的重要作用

1. 有助于独立院校培养复合型人才

处于高等教育市场化前沿位置的独立学院，是以满足社会实际需要为导向来培养学生的，有研究者提出了对于社会所需要的复合型人才应具有的三个具体特征，包括：

（1）具有理论知识和实际操作技能。

（2）具有学习能力、人际交往能力、创新能力和实际动手能力，可以适应激烈的市场竞争。

（3）良好的人文素质和心理素质。

从以上要点我们可以发现，市场需要不仅要求独立学院的学生有具体的专业能力，更要有各种难以量化，而且难以在短时间具有，但在竞争中起决定作用的软实力。而公选课具有相对灵活的组织教学的功能，能提供丰富广泛的知识，配合独立院校申报特色专业的优势，可以完成向就业市场提供符合需求的复合型人才的任务。

2. 有助于帮助独立院校毕业生走出就业困境

在大学教育大众化之后，大学生人数逐年增加，大学生就业成为一个被关注的社会话题，而作为独立学院的毕业生的就业情况比普通大学的大学生就业情况更差一些，学生对工作的满意度也不高。其原因是多方面的，一方面是独立学院本身的办学软硬件不如普通学校完善，学校知名度不高；另一方面，学生本身相对素质也明显不足，自我培养的能力有限。

针对这样的现状，本身具有灵活性和创新性特点的公选课可以在制度内，为学生提供有针对性地提高个人素质、提高就业竞争力的机会。

3. 为学生今后长远发展打下基础

据调查结果显示，雇主对民办高校毕业生包括独立学院的学生是比较满意的，在曾雇用过民办高校学生的雇主中有93.7%的人表示未来两年仍有意继续雇用民办高校学生。对比在职场中民办院校毕业生和普通高校的毕业生的情况，在开始工作的几年情况来看，51.9%的雇主认为民办学生动手能力强，53.8%的雇主认为民办学生工作作风踏实。因为这些学生在学校时候接触社会就比普遍高校的学生多，并且专业定位明确，非常好用。但在工作数年后，民办院校的毕业生的发展就不如普通院校的毕业生。分析原因来看，主要体现在个人规划能力欠缺，学习能力有限，长远目标不明确等。这些能力是长期培养才能具有，而且都很难完全地从专业课的范畴内得到改善，那么也可以通过公选课的建设得到改善。

二、独立学院公选课的现状和问题

既然公选课的作用毋庸置疑，但在独立学院的现实教学执行中却很不能让人满意，没能发挥出相应的作用。我们可以从学生、教师和学校三方面发现问题：

1. 学生对公选课认识模糊。在选课时，往往以是否有趣、是否有用、甚至是否容易通过为选课标准。对公选课的内容不清楚，大多"望文生义"来想象课程内容，大多也不会对课程作预先准备工作。上课过程中，以各种借口逃课、"人在心不在"的现象十分普遍，很少有学生意识到公选课对自我培养的重要性，以凑够学分为目标的大有人在。

2. 教师对公选课教学不够负责。在独立院校的背景下，教师对学生的要求普遍不高，开设公选课的随意性很大，有的过分迎合学生口味，内容肤浅很难达到提高学生个人综合素质的要求。很多老师备课不足，多以少给自己找麻烦的心态来应付，有的甚至以放影音资料代替上课。另外考试方式也多以交论文和开卷来进行，评分标准也远不如专业课严谨。从老师的这个层面来看，公选课没能达到帮助提高学生综合素质的要求。

3. 学校管理上的忽略。独立学院教学管理部门对公选课的管理多停留在形式上。首先，由于公选课一般涉及多学科知识，备课难度相对于老师们熟悉擅长的专业课难度大，教学内容上监督难度也相应增大；其次，公选课面向全校学生，人数一般很多，教学监督难度大；再次，按照独立学院的教学计划，学生的基础课和专业课比较繁重，公选课不得不选在晚上和双休日开课，影响老师和管理部门人员正常休息；最后，公选课的报酬对比专业课没有优势，在独立学院主要以课时和工资待遇挂钩的现状下，老师不愿意上，管理部门不愿意多管的情况就很容易理解了。其结果就是，公选课成了课程体系中最没能发挥应有作用的课程。

三、改进公选课现状的探讨

在肯定公选课对独立学院学生培养具有重要意义的前提下，要发挥出其应有的作用，根本来说还是需要学校管理者的真正重视，从学生、老师和学校管理各个层面来做好调整。从公选课管理的层面来看，发挥独立学院办学制度灵活的优势，利用现有的教学系统建立一套有别于专业课的管理方式。

1. 在管理层面加强对公选课的统筹管理。首先要注意公选课的内容应该涵盖各个科学层面，而不是仅仅停留在以学科为类别设计公选课，可以用更宽泛的形式，如人文、科学等。组织对公选课有上课经验的老师，对学生接触多的辅导员，以及学生一起来对公选课的设计提出意见和建议，结合各方的经验制定出既能发挥独立学院的教学资源的作用，又能满足学院培养人才的需要，能激起学生学习热情的公选课表，而不是像现在这样完全依赖老师的兴趣和方便随便拼凑课程。

2. 建立更严谨和人性化的选课系统。首先，可以通过改进校方的网上选课系统，补充更详细的公选课介绍，或者在新学年开始的时候举办对公选课介绍的讲座，对本学期所提供的公选课的主要内容、学习方法和教学目的向相关同学进行说明，并介绍主讲老师的专攻方向、特长。这样选课的同学可以了解可选的公选课的基本情况，减少了选课的盲目性。同时，通过排名靠前的方法得到上课资格，如年级高、平均成绩好的同学可以在选课系统的筛选过程中占有一定优势。通过这样的竞争机制完成学生的选课，一方面可以改进现有选课制度先到先得，得到上课位置的同学又并不珍惜，甚至最后放弃课程的情况，减少教学资源的浪费；另一方面，也可以起到一定的鼓励作用，让平时认真学习的同学在学习系统内有更多的优势，可以容易地选到有帮助的课程，形成良性循环。

3. 在授课方式上，公选课可以不按照常规的上课方式，比如以系列讲座的形式进行，以独立学院依托母校的优势邀请母校和相关的专家学者开设各种讲座。对于独立学院可能很难请到这样的教授专家来任课，但提供讲座的可能性却是很高的。这些专家教授可以带来所研究学科的前沿信息，可以在较短的时间达到丰富学生知识的效果。更重要的是，通过与这些在自己领域的成功人士的接触，不但可以拓宽眼界，还可以提供正面的心理鼓励，使学生对自身未来的发展有更高的期望，甚至可以让学生对自己的未来学习重新定位，激发学习主动性的目的。

在授课时间上可以更加灵活，以保证讲课质量和内容合理的前提，并且可以不必拘泥于一般课程管理的形式，可以不跟专业课一样上同样的课时数，可以一次上课时间较长，或集中在几周内完成，甚至在可能的情况下在假期开课。

总的来说，在独立学院以培养复合型人才的前提下，通过利用现有资源，在现有教学体系下调整公选课的开设、管理和组织，发挥出公选课的独特作用，是形成独立学院自身的办学特色，同时提高学生的个人竞争力的重要途径。

参考文献

[1] 李艳平. 论高校公选课教学存在的问题与改进[J]. 常熟理工学院学报：教育科学，2009 (6).

[2] 陈文娟. 论民办高校复合型人才培养的实施策略 [J]. 继续教育研究，2011 (3).

[3] 张茜. 如何使公共选修课成为高校教学的亮点 [J]. 科学教育研究，2007 (2).

[4] 杨玲. 民办高校如何实施有效教学 [J]. 教法研究，2011 (1).

[5] 熊晟钰. 独立学院学生就业能力培养的不足及其解决途径 [J]. 就业指导，2011.

[6] 施媛波. 独立学院弹性学分制下的校公选课现状及对策研究 [J]. 科技创新导报，2011 (10).

信息化环境下独立学院
会计信息化教学改革探析

重庆工商大学融智学院会计系　罗　萍

摘　要：信息化是当今世界发展的必然趋势，随着信息技术的发展，会计信息化已成为会计适应当今社会经济发展的必然趋势。本文基于独立学院培养高层次应用型人才的目标定位，从独立学院的办学特色以及会计信息化人才培养的特点入手，对会计信息化课程教学过程中存在的问题，提出有针对性地解决对策，以提高课程教学质量。

关键词：独立学院　会计信息化　教学　改革

独立学院是指实施本科以上学历教育的普通高等学校与国家机构以外的社会组织或者个人合作，利用非国家财政性经费举办的实施本科学历教育的高等学校，是市场经济时代高等教育精英化向大众化转变的重要纽带和载体，其对于解决教育资费短缺与人民大众受高等教育需求增长的矛盾具有不可忽视的积极作用。现阶段，独立学院作为高等教育事业的重要组成部分，其定位已确定为教学应用型大学，培养的是生产、经营一线的应用型高级人才。

当前已经进入全面信息化时代，信息技术、网络技术的快速发展必定会带来会计方法、手段和功能的进步，信息技术的飞跃推动了会计学的飞跃，网络技术的飞跃促使会计电算化发展到了会计信息化。会计信息化作为国家信息化战略的有机组成部分，既是完善国家信息化总体布局的重要环节和基础工程，也对提高全社会信息化水平有着十分重要的促进作用。在信息技术时代背景下，会计只有与先进的信息技术手段相结合，才能充分发挥会计的管理职能，拓展会计的信息功能，实现会计信息决策的有用目标，提升会计在企事业单位和经济社会中的重要地位。

作为高等学校的管理类专业课程，会计信息化是一个实践性较强的课程，会计信息化的实践教学在独立学院实践教学中占有重要地位，具有应用性强、技术性强以及社会需求强的特点。独立学院在进行会计信息化课程建设的过程中，应将两者的特点相结合，充分发挥其优势，完善会计专业教学体系，以满足市场经济发展对人才的需求。

一、独立学院会计信息化的发展特色

（一）独立学院专业建设的特色

从独立学院的定位来看，一方面，独立学院是普通本科高校按照新机制、新模式举办的本科层次的学院，这就将独立学院的办学定位在本科层次上，以适应今后高等教育规模大发展的形势，提升大众化的教育水平而设立的。因此，是定位在第三个层次，即教学型大学，相应地专业建设就应该以应用型的本科人才培养为主。另一方面，根据生源的实际情况和社会需求来看，独立学院招生是在第三批次上，与一本、二本学生的分数有一定的差距，学生的学习基础相对较差，所以专业建设的着力点应更多地强调其实用性和实操性。

（二）独立学院会计信息化课程建设特色

我国会计教育的目标应定位是培养多层次的会计信息化人才，既要懂会计专业知识又要懂计算机技术的应用型、技能型、复合型专门人才。而作为办学机制较灵活的独立学院，专业的设置主要是以市场需求为导向。因此，在会计信息化课程建设中，课程体系、教学内容以及教学方法等方面可以与企业进行贴合，采用理论与实践相结合的多种方式，与企业进行深度合作，开展形式多样的会计信息化课程教学模式。

二、独立学院会计信息化课程教学中存在的问题

（一）课程设置和教材选用存在偏差

会计信息化是一门跨会计学科和计算机科学的边缘性学科，其对培养人才的要求是，必须同时达到既懂会计专业知识又懂计算机技术的复合型人才。为了满足社会对会计信息化人才的需求，作为培养应用型人才的各独立学院的会计类专业都开设了会计信息化课程，普遍设有会计信息系统或会计信息化课程，由这两门课承担学生会计信息化知识的培养，而没有设置信息技术、计算机课程等相关

课程。课程内容主要是讲财务软件的应用，简单地将手工会计的处理借助于计算机这种工具进行机械化的替代，还停滞于会计电算化的阶段，没有将信息时代的网络技术、大型数据库技术、电子商务知识等新内容融入到课程体系的设置中去，远远不能满足信息时代发展的需要。

目前会计信息化教材体系比较混乱，知识更新速度远远落后于会计软件业的快速发展。此外，各院校会计信息化课程使用的教材各种各样，定位极其混乱，针对性不强，培养效果很差。

（二）教学手段和方法不够灵活

会计信息化是一门实践性很强的学科，因此，会计教育要具有强烈的职业性、岗位性、针对性和实用性。相对于普通高校的学生而言，大部分独立学院的学生的目标往往更加明确，更加强调知识的应用性。但是目前大多数独立学院的会计专业课程教学方法比较单一，缺乏创新。在教学手段上，虽然很多独立学院的很多专业课程使用了多媒体教学，但在课件制作水平上很多还只停留在初级阶段。此外，教学过程中较少运用网络信息技术，课程显得枯燥无味，让学生失去学习的积极性，教学效果不佳。

（三）忽视实践性教学环节

随着信息技术、网络技术的发展，为了进一步推动我国的会计信息化事业发展，大多独立学院校纷纷开设了会计信息化课程，都分别设置了会计信息化实验室，但是在模拟实验教学环节中，主要还停留在手工模拟阶段，会计信息化模拟实验相对较少，且二者各自为政，数据、教材等资源不能共享，手工实验结果不能为电算化实验起到基石的作用，也不能通过计算机得到进一步验证，二者之间的有机联系完全被割裂。此外，在会计信息化教学中，受财力或课时量限制，大多数教师只采用某一个品牌的商品化财务软件进行教学演示，商品化财务软件的单一，使学生在于操作其他品牌的财务软件如"金蝶"时，就显得力不从心，达不到"举一反三"的实验效果。

（四）会计信息化实验课程缺乏师资力量

会计信息化实验课程是独立学院培养学生动手能力的主要环节之一。但是，该教学环节却严重制约于师资力量这个瓶颈。独立学院的会计专业教师绝大部分是学科型教师，一般是硕士研究生学历，成为高校教师前没有会计实务从业经验，缺乏对于具体经济业务环境的亲身经历，很难在实验教学中清晰、准确地讲授会计的应用，只能根据自己所掌握的理论知识，凭自己的能力来判断具体经济业务的处理方法，因此很难指导出实践操作性强的学生。

三、独立学院会计信息化课程教学的改革建议

（一）课程设置与时俱进，选择合适教材

独立学院应用型人才的培养目标决定了独立学院的人才培养方案，不仅要掌握扎实的基本理论和基础知识，更重要的是具有较强的实践能力。而传统的会计电算化已经不能完全适应企业管理的需求，并且滞后于现代信息技术的发展。因此，在课程的设置上应更突出信息网络知识，构建以信息化为灵魂的课程体系，加大会计与信息化的结合，做到与时俱进，满足企业信息化对人才的需求。例如，结合当前计算机和信息技术发展的需要，开设会计信息化系统管理与企业内部网（Intranet）、会计信息化系统分析与设计等课程。

在教材选择上，目前适用于独立学院特点的会计教材较少，大部分教材相对而言难度较大，因此相关专业教师可根据学院实际情况编写相应教材，以满足学生学习需求。

（二）改进教学方法和手段，提高教学水平

会计教学方法思路改革不仅要完善传统的教学方法，而且要根据课程特点和教学内容引入一些创新的教学方法。

1. "启发式"教学法。变"注入式"为"启发式"，教师先根据课堂要讲授的内容，结合案例设计悬念，提出问题，以引发学生的思考兴趣，启发学生的思维，培养学生独立思考和自行解决问题的能力。

2. 实验原型教学法

实验原型教学法是指在实验之前，教师根据教学要求与学生的实际情况，精心准备实验相关的原始凭证、记账凭证、账簿和财务会计报表等实物原型，并将原型中涉及的主要业务流程向学生讲解清楚，学生在实验过程中，通过阅读实物原型资料来理解业务基本架构并加以熟练。同时，可以由老师提供几种实务中存在的账务处理中心模型，分析其优缺点，然后让学生充分发挥自己的想象与创造力来完善、改进和丰富原有模型，最终形成自己的作品。

3. 案例教学法

案例教学是指以案例为教材，在教师的指导下，运用多种方式启发学生独立思考，对案例提供的客观事实和问题进行分析研究，提出见解，做出判断和决策。通过案例教学，学生由被动接受知识变为主动探索知识，既可以加强学生对基本理论概念的理解，又能提高学生分析问题和解决问题的能力。

此外，在实践教学过程中，应充分运用多媒体，发挥网络资源优势，建立和

运用现代信息技术系统，有针对性地切实改进和提高教学质量和教学水平。

（三）加强实践性教学环节，增强学生应用能力

随着经济全球化、社会信息化，企业获得和处理的信息越来越多，这也使得企业对会计人员信息技术和财务软件操作能力要求越来越高。独立学院应根据企业信息化发展要求，培养学生财务软件的操作能力，使学生掌握会计信息系统的控制和管理、计算机账务处理系统的流程以及系统的维护和使用，对整个信息系统中各个模块进行全面、系统的实训。通过信息化和电算化能力的提高，促使会计人员分析能力加强，能够利用计算机信息网络资源，得到及时可靠的经济信息，以此进行财务分析，作出预测、决策，进而实现利润的最大化。

（四）加强师资队伍建设，构建"双师型"师资队伍

会计信息化是一门操作性很强的学科。教师作为教学环节的核心，也就必然要求具有更高的素质和专业技能。因此，独立学院在逐步提高会计信息化专业教师的学历和职称的同时，要把主要精力放在构建高素质的"双师型"师资队伍上。首先，学院应积极提供给会计信息化专业教师各种进修和实践的机会，到与专业建设方向相关的单位参加社会实践，以提高职业素质和实践动手能力。其次，对于有较高职业素质和较强实践动手能力，且具备一定教师素质的会计信息化方面的专业人才，学院应当创造条件优先引进。通过对专业教师的培养、对紧缺人才的引进和兼职教师的聘请来完善师资队伍，构建一支高素质的"双师型"师资队伍。

参考文献

[1] 郑璐. 独立学院专业建设的若干思考 [J]. 企业导报，2010 (24)：99-100.

[2] 邹冬生. 独立学院教育教学研究与实践 [M]. 长沙：湖南教育出版社，2006.

[3] 赵馨燕. 提高会计信息化课程实验效果的新措施 [J]. 中国管理信息化，2011 (5)：70-72.

[4] 丁晶. 论会计信息化人才的培养 [J]. 会计之友，2011 (21)：126-128.

独立学院西方经济学课程设置
与教学体系存在的问题及改进措施

重庆工商大学融智学院经济系　潘　曦

摘　要: 本文主要阐述了我国高校西方经济学课程设置同美、英、日等国相比,存在缺乏基础课程、缺乏层次性等问题,独立学院西方经济学课程承袭了这些不足之处,并且在课程定位上不明确,与独立学院自身人才培养目标有冲突。另外,西方经济学教学体系中也存在着教学内容、教学方法、考核方式与独立学院人才培养目标不符合及对于独立学院学生不适宜的问题,最后给出了改进意见。

关键词: 独立学院　西方经济学　课程设置　教学

人才培养目标是构建课程体系的出发点和归属点,不同的培养目标其课程体系的构架是不一样的。独立学院的人才培养目标应该是"应用型"的人才,而不是研究型人才,也不是纯粹操作型人才。这种培养模式与"专才型"相比较,其知识面更加广泛,适应能力更强;与"通才型"相比较,其操作技能有所加强,在一定程度上体现了实用性。"应用型"人才的培养方式应强调把提高学生综合素质、适应时代发展要求、富有创新能力放在首位。然而作为经管类专业基础课程的西方经济学的课程设置,却存在着与培养目标不相符的冲突情况。

一、独立学院西方经济学课程设置的问题

(一)独立学院西方经济学课程设置定位不明确

在课程体系设置上,很重要的一个问题就是所设置的课程应当体现专业培养

目标的要求。独立学院人才培养目标是应用型人才，然而在课程体系设置上，尤其西方经济学的课程设置上并未体现这一目标，主要是沿袭一本与二本院校的课程设置方法。

独立学院西方经济学参照一本及二本院校的开设方法，重在西方经济理论的学习，尤其是数学基础和定量分析方法的学习运用。各高校逐步重视微观经济学、宏观经济学与计量经济学三位一体的课程设置，构成现代经济学学习的理论基础。而独立学院学生经济学素养的培养是旨在对经济学原理的了解与掌握，能用理性思维分析经济现象，而非遵循其他高校的方式重视运用经济理论研究经济问题的实证研究技能培养。故在基本人才培养目标上还存在定位不明确的情况。

（二）独立学院西方经济学课程设置缺乏层次性

1. 独立学院西方经济学课程体系缺乏基础课程

经管类专业学生在学习西方经济学课程前必须打下经济学入门的基础，美、英、日的入门课程是通过经济原理（日本称为经济原论）这门课程来完成。但我国的大部分高校包括独立学院几乎没有开设经济原理的课程，而是直接开设微观经济学和宏观经济学两门专业基础课。西方经济学内容量大，其中的理论、模型及数量方程式较多，由于没有相关的经济学入门课程，按一学期48学时计算的话，当学期勉强能讲授完微观经济学或宏观经济学基本理论，缺乏对于相关理论如何运用于实际的讲解及师生共同地对实际经济现象的探讨。这种设置使学生在理解西方经济学课程时存在较大的难度，且不利于其对经济学思维的培养。

2. 独立学院西方经济学课程设置缺乏层次性

美、英、日对经济学基础理论的层次性教育与我国形成鲜明的对照。"微观经济学"和"宏观经济学"是经济学学科中最基本的理论课程，美、英等国将"微观经济学"和"宏观经济学"分为"微观经济学1、2"、"中级应用微观经济学"，"宏观经济学"、"中级宏观经济学"以及"高级宏观经济学"三个层次；日本很多高校将"微观经济学"分为3个级次，将"宏观经济学"分为5个级次，尽管后两个级次的"微（宏）观经济学"的对象是研究生，但是完成必备课程学习的高年级本科生也可以选修。

我国高校包括独立学院只设立了"微（宏）观经济学"一个层次的课程，难度也存在较大的差异，有些学校使用的"微（宏）观经济学"教材的难度只相当于国外入门课程"经济原理"或"初级微（宏）观经济学"的水平。而教育部推荐的高等学校财经类专业核心课程教材的"微（宏）观经济学"的难度水平大体相当于国外的中级水平，但总的来说，皆在应用理论进行实证分析的案例介绍、政策分析等分析领域显得比较薄弱。

二、独立学院西方经济学教学体系的问题

（一）选用教材不合适

教材作为实现人才培养目标的载体，对独立学院的发展和人才培养质量具有举足轻重的作用。当前独立学院的发展已到了不断提高人才培养质量的新阶段，且其专业设置特点是市场性强、应用特色明确，直接套用二本高校教材，有悖于人才培养目标和生源特点，影响培养目标的实现。二本院校不强调实训、实验教材建设，其使用的教材的实用性差，明显不适合以技能学习为主的独立学院学生。其次，二本高校选用的国家规划教材、教育部推荐教材并不完全适合独立学院。教材理论性太强，内容过于抽象，缺乏配套的案例，学生反映学习难度大。最后，独立学院对教材建设缺乏研究，没有形成教材建设的指导思想和科学的教材评价标准，教材管理水平仍处于较低级的阶段。

（二）教学方法单一

首先，在西方经济学教学中，由于教师普遍年轻，缺乏工作经验，同时受各种限制，因此教师主要采用课堂讲授为主，缺乏必要的实验教学来活跃学生的思维。学生被动地听，没有主动地参与教学过程。

其次，在讲授一些较深理论时，较多地通过数学论证来说明，没有结合实际分析其应用。由于独立学院学生普遍数学基础差，因此他们不能弄明白数学模型与经济理论之间的关系，从而觉得课程远离实际生活，丧失了学习的积极性，最后只好死记硬背，勉强通过考试就算数。这不利于培养学生自主学习、获取知识、观察、解决问题的能力和创新思维的能力。

美、英、日在教学中有学术发表会或研究讨论会，而我们则没有。研究讨论会大体包括以下三个方面内容：一是学习讨论本学科具有重大影响学术论文；二是分析现实中重大的经济事件；三是对学生的研究成果（包括课题研究、毕业论文的前期研究内容等）进行分析和讨论。学术发表会或研究讨论会在美、英、日被作为一种规范的教学方式直接纳入教学计划，并给予相应的学分。学术发表会的教学形式不仅可以让学生学会如何阅读和分析学术论文，而且同学间可以分享学术观点，这对学生分析能力的提高具有非常重要的意义。

（三）考核方式单一

恰当的考核形式是检验学生学习效果的重要方式。独立学院西方经济学的考试与我国各高校大致相同，考核学生基本理论知识的掌握，往往采用单一的闭卷考试形式。期末总成绩以闭卷考试成绩与平时出勤、平时成绩综合计算。其中，

平时成绩占比不大，一般占30%。因此学生缺乏基本的习题训练，从而也就难以强化学生基本分析能力的训练。

三、独立学院西方经济学课程设置及教学体系改进措施

（一）明确定位，完善西方经济学课程设置

结合独立学院的人才培养定位，西方经济学的教学应注重学生运用经济学原理分析实际问题的能力，教育目标应与经济、工商、政治、法律等社会各界对人才的需求相适应。可偏重于提供给学生相对专业化的实用技能，不过分强调经济学本科毕业生的高层次性和专业性。

任何一门学科都有其最基本的核心理论，而专业课程（或者应用性课程）则是经济学基本原理在具体领域的应用与发展。就经济学而言，最为基础的理论课程主要包括"微观经济学"和"宏观经济学"两门，独立学院经济学专业的教育应借鉴美、英、日的经验，强化基础理论的学习，尤其是包括经济学原理入门学习，在此基础上区分课程设置的级次，对较高级次的课程，比如中级微观或宏观经济学，可采用让有较高学习能力和有需求的学生选修的方法。另外，还应增加课程的学时、开展多元化的教学方式。

（二）西方经济学教学内容与方法的改进

1. 营造开放性和实践性的教学氛围

多年以来，我国西方经济学教学的实践性极不足，开放性不强，学生毕业后难以较快地适应实际工作。因此在西方经济学教学中，首先要注重教学过程对社会、经济和生活的开放性，可以聘请相关部门专业人士结合实际授课，也可以创造条件让学生到实际工作部门去见习，让他们了解社会、掌握经济业务的最新发展状况。其次，为了培养学生运用所学理论解决现实经济问题的能力，西方经济学教学必须加强案例教学，以分析案例、提问题、举例子等方式引入新内容，这样更容易引起学生的兴趣和注意，从而启发学生思维，提高课堂学习的效率，培养学生的独立分析、解决问题的能力。最后，要善于借助网络、多媒体等现代教学手段提高课堂教学效率，指导学生通过经济学教学研究机构或国内外知名经济学家开发的经济学专业网站，接触到最前沿的经济学理论，体会经济学分析的精妙和乐趣。在目前我国没有一份权威性经济类报纸的情况下，老师要收集和要求学生收集社会经济问题和现象，在教学中对其进行分析，培养学生对经济问题和现象的敏感性。

2. 教学内容与方法的改进

首先，针对不同专业的学生所讲授的侧重点要有所不同。如对经济学专业的学生，注重理论模型的推导，要使其建立完整的知识体系；对于市场营销专业和会计学的学生来说，则应着重讲解微观经济部分，使学生能够充分掌握生产理论、成本理论、市场理论和要素理论等，为他们学习后续课程打下良好的基础。

其次，把握西方经济学教学内容框架。由于经济学内容庞杂，加之流派多，观点各异，因此学生学得朦胧模糊，把握不住其基本理论体系。西方经济学包含微观和宏观两部分，微观部分的中心问题是"价格决定"问题，解决资源有效配置，通过对消费者行为、生产者行为及市场结构的分析，讨论产品价格决定和要素价格决定；宏观部分的中心问题是"国民收入决定"问题，解决资源有效利用，通过四个经济模型（总收入—总支出模型、IS－LM 模型、AD－AS 模型、IS－LM－BP 模型）讨论国民收入决定问题。教师在教学中只要能把握住这两条主线，通过这两条主线把各部分内容串起来，就可以从整体上使学生把握住西方经济学的内容体系。另外，除了主流经济学内容的讲解，也应适当介绍非主流经济学的成果，以扩展学生的思维。

最后，培养学生的经济学思维能力。越来越数学化的经济理论让数学基础比较差的三本学生感到很困惑，但当剥去经济理论的数学外衣之后，人们会发现经济学思维的本质是非常浅显和生活化的。对于三本学生而言，模型化的经济理论本身并不重要，重要的是培养理论知识背后的思维方式。在课堂教学中，教师不应机械地讲解经济理论，而应启发学生思考，帮助学生摆脱教条，培养思维技巧，掌握思想方法。

（三）优化考核方式

完善考核方式，改变目前单一的标准试卷考核方式，把作业、课堂发言、小组讨论和期末考试结合起来。对试卷的题型要重新设计，计算题的所占比重不应该太大，要少而精。提高分析题所占比重，分析题不能总是从题库中选择，而是要不断加入一些对经济时事的分析。此外，还可以让学生以论文的形式来阐述对所学内容的理解，并对其进行评分记入总评成绩，以此来提高学生分析、解决问题的能力，做到学以致用，从而培养他们独立思考的能力和创新精神。

参考文献

[1] 王艳. 中日经济学类人才培养模式的比较研究 [J]. 现代日本经济，2005（2）：57－60.

[2] 鲍嵘. 美国学科专业系统分类的特点及其启示 [J]. 比较教育研究，2004（4）.

[3] 董宇坤. 应给西方经济学教学重新定位 [J]. 经济研究导刊，2009（16）：223－224.

西方经济学教学中存在的问题及解决措施

重庆工商大学融智学院经济系　彭子洋

摘　要： 西方经济学是高等院校经济管理类专业的重要的基础理论课。由于这是一门系统性和理论性较强的课程，不少学生有畏学和厌学的情绪，导致学习成绩的及格率较低。本文从教学目的、教学内容、教学方法和教学效果的反馈角度分析了在西方经济学教学中存在的问题，在此基础上，提出了西方经济学的教学改革措施与思路。

关键词： 西方经济学　中学　大学

西方经济学是适应市场经济发展需要而产生和发展起来的一门社会科学，至今已有两百多年的历史，自诞生之日起就一直被作为高校经济管理类专业核心课程和专业基础课。从内容上西方经济学课程可分为微观经济学和宏观经济学两个部分，其开设的主要目的在于培养学生对市场经济基本理论的认识，并锻炼学生一种全新的思维模式。如何教授好这门课程，使学生对西方经济理论中的基本原理和知识及其在经济发展中的运用有全面的认识和理解，是经济学教学面临的一个重大问题。西方经济学的授课对象主要是大一、大二的低年级学生，他们还保持着中学学习的方法和特点，因此，提高对中学与大学这两个既有联系又有区别的教学层次的认识，对提高西方经济学教学质量和西方经济学考试合格率非常重要。

一、存在的问题及产生的原因

通过调查发现，大部分学生对于西方经济学要么厌学、觉得枯燥无趣，要么是觉得学习难度较高、对其有恐惧心理，要么是上课听得懂、做起习题来就摸不着头脑，其结果就是绝大多数学生自我感觉没有达到较理想的学习状态和学习效果，与其他课程相比最终考试的合格率也较低。究其原因，中学教育和大学教育在教学目的、教学内容和手段、学习方式以及教学效果的反馈方式等方面存在着较大的差异，主要表现在以下几个方面：

（一）教学目的

中学是基础性教育，中学教育强调学生会用书本知识解题，让学生经过一系列的严格训练，顺利通过高考选拔，进入大学学习，最重要、最直接的目的就是高考。所以，中学老师的一大教学任务就是教会学生怎样在最短的时间内得到最确定的结果。但是对大学的西方经济学来说，其开设的主要目的在于培养学生对市场经济基本理论的认识，并锻炼学生一种全新的思维模式；同时，它还是进一步学习其他多门经济管理类专业课的基础，如财政学、货币银行学、国际经济学、投资经济学等。因此在大学阶段，简单基础理论的记忆不是学习的目的，真正的学习目的在于提供给学生与实际经济社会密切相关的、大量的概念和理论模型，让学生能对基本经济现象有比较透彻的认识和一定的分析。同时掌握该课程独有的逻辑分析方法，更有效地学习本科阶段的其他相关课程。

（二）教学内容

中学教育之中很多知识都是盖棺论定，学习的内容是基础性、广泛性的知识，学生往往认为书本上的知识点就是不可动摇的真理，所以他们强调死记硬背。而西方经济学主要给学生完整介绍西方经济学的基本知识体系与分析方法，内容广泛、实用，涉及经济生活的方方面面。既包括以个体经济为研究对象、以价格理论为核心的微观经济学，如供求理论、消费者行为理论、生产理论、成本理论、市场理论、分配理论、一般均衡理论、市场失灵理论等；也包括从整体经济角度出发，以凯恩斯宏观经济理论为核心的宏观经济学，如国民收入决定理论、产品市场和货币市场的一般均衡理论、经济增长理论、通货膨胀理论等。这些理论均具有较强的实用性，尤其在建设社会主义市场经济中，反映社会化大生产的经济学理论，如价格理论、消费理论、生产理论、市场理论等，对市场经济活动具有普遍的指导意义。这就要求学生除了掌握基础理论知识外，还需要能对其进行运用，并且解释、分析甚至预测经济现象。所以，实现学生顺利从中学"真理"到大学西方经济学的过渡,即由不变到变、由整体到局部、由"理想状态"到"真实状态",是大学学习转变的关键所在。

(三)学习方法

西方经济学的授课对象主要是大一、大二的低年级学生,初入大学的学生身上带着较深刻的中学印记,表现为对大学学习诸多方面的不适应。学生在中学时代的学习大多是被动的、"保姆式"的,是在老师和家长的监督、敦促下进行的。而在大学阶段却是自由的、主动的学习,完全靠的是学生的自制能力。特别是在学习方法上,学生还是惯承过去那种死记硬背、题海战术等方式,而从西方经济学课程教学内容看,该门课程具有理论比较抽象、图形较多且复杂、数学知识运用频繁等特点,因此,用中学学习方式学习西方经济学,其教学效果必然不尽如人意。因此,要提高学生对西方经济学的兴趣,使学生在课外能够积极主动学习经济学知识,这是大学西方经济学教学的另外一个重点。

(四)教学效果的反馈

西方经济学教学一般是采用大班授课,学生人数多则百人,教师一般是上完课就走,师生联系较中学时少得多。而西方经济学的教学任务重、课时少,课堂上的信息量更大,即使是功底较好的同学学起来也会感到吃力,如果没有有效的解决方法,长此以往,学生感到生疏的内容越多,对经济学的兴趣也就越低,学习效果也会越差。综上所述,学生如果没有完全从中学的学习中转变过来,对大学学习不能很好地适应,那么学习效果必然不好,因此帮助学生尽快尽好从中学的学习过渡到大学的学习,是西方经济学教学迫切需要解决的一个问题。

二、解决方法

(一)引导学生对西方经济学课程进行正确定位

对于西方经济学教师来说,不能一上讲台,就只是对经济知识进行讲授,更重要的是要正确引导学生对西方经济学课程的定位。大一上期开设的主要是大学英语、高等数学、马克思主义哲学等和中学课程关联度比较大的课程,学生发现按照中学的学习方法,也能够取得较好的成绩,因此,在面对西方经济学课程的学习时,容易按照多年的学习方式,将西方经济学视为一门只需要简单记忆的课程,因而出现平时上课走神,考前"临时抱佛脚"的状况。事实上,作为一门经济管理类核心基础类课程,西方经济学正是学生从过去的中学学习方式向大学学习方式转变的"敲门砖"。它要求学生改变过去认为课本的知识是真理的定位,它介绍了众多经济学派中占主流地位的经济理论,其中很多理论没有正误之分,也没有真理之说。西方经济学的学习关键是掌握学习方法，能用所学的理论知识解释生活中的经济现象，预测经济发展趋势。对所学知识只凭记忆，不深入思考、灵活运用，是绝不可能学好西方经济学，更谈不上为后续课程打下坚实的基础了。所以任课教师首先应加强学生对西方经济学课程的重要性、复杂性、实用性的认识。

（二）采用启发式、讨论式的教学方法，提高学生的学习兴趣

兴趣是最好的老师，有兴趣才能有热情，有兴趣才能变被动为主动。西方经济学作为一门专业基础理论课，它不像专业实务课那样具有技术性、技能性和趣味性，采用满堂灌式的教学方法，容易使学生失去对该课程的学习兴趣。满堂灌这种相对教条式的教学方法使学生只会死记硬背，孤立僵硬的掌握经济学知识，学习中缺乏自主性，没有足够的时间和空间去思考。同时整个教学过程中没有学生的积极参与，不利于培养学生自主学习、获取知识、观察分析和解决问题的能力和创新思维的能力。这就要求教师改变教师讲学生听的满堂灌的教学模式，不仅要不断地吸收新观念、新知识、跟上时代发展步伐，而且要在讲课时采取高超的讲授艺术，准确把握学生的求知焦点，调动学生学习积极性，把科学性、艺术性、知识性、超前性有机有效地结合起来，达到"有的放矢"。

（三）注重习题练习，强化学习效果

习题是把概念、原理转化为问题，然后再让学生运用经济学原理去解决它，从而达到学以致用的目的。通过做习题可以加深学生对课程内容的理解，并培养学生运用所学理论分析实际问题的能力。习题练习可以使学生熟悉生疏的概念、原理，纠正学习中的错误，巩固所掌握的知识。目前各类高等院校选用的西方经济学习题种类繁多，大都缺乏特色和适用性。很多习题集只有题目和简答答案，没有解题思路的讲解。针对于西方经济学课程课堂时间紧、教师课程来不及讲解习题的情况，教师在认真选取教材的同时，尤其应该注意选择一本适合本校学生层次的习题集。

参考文献

[1] 高鸿业. 西方经济学［M］. 北京：中国人民大学出版社，2007.

[2] 田艳君，胡德宁. 独立学院西方经济学教学内容与方法创新研究［J］. 科技信息，2009（17）.

[3] 鲁志国. 提升《西方经济学》课程教学质量的教改实践［J］. 吉林教育，2009（22）.

[4] 卢华丽. 浅议案例教学法在西方经济学教学中的应用［J］. 教育研究，2009（8）.

[5] 崔小敏，高银浩. 利用习题帮助学生完成从中学物理到大学物理的学习转变［J］. 科技信息，2009（28）.

教学方法改革篇

基于学生职场能力培养的
市场营销学教学探讨

重庆工商大学融智学院管理系　巫国义

摘　要： 随着高校近几年的扩招，每年毕业的大学生人数不断刷新，大学生就业已经成了一个社会问题，国家和社会对大学生就业极为关注，各高校也积极开拓就业渠道帮助大学生实现就业。本文则从职业能力的培养方面着手，论述了怎样提高大学生职场竞争力。大学生不仅要就业，而且还要提高职场的适应能力，因此本文重点结合了市场营销学教学工作，探讨了如何提高大学生职业能力。

关键词： 职场能力　营销教学　能力培养

一、引言

教育部部长袁贵仁在 2011 年全国普通高校毕业生就业工作视频会议上直言：当前我国经济社会发展形势总体是好的，但是国际形势继续发生深刻复杂变化，我国经济社会发展面对诸多可以预见和难以预见的风险挑战，在宏观就业形势方面，就业总量压力和结构性矛盾并存。袁贵仁强调，高校要以社会需求为导向，推动新一轮高等教育改革，各类院校都要合理定位，努力形成自己的办学理念和风格，在不同层次、不同领域办出特色，争创一流。注重大学生的专业知识和职业技能培训，帮助大学生尽快就业，适应社会需要。

面临高校毕业生就业情况的严峻，现在许多高校都开设职业规划和就业指导相关的课程，但从实际情况来看，该课程并没有得到大学生的普遍重视，很多学生仍然认为是可学可不学的一门课程，究其原因，很大程度上是大学生自身重视不够。很多高校都会在大一或大二就给同学们开设职业规划方面的课程，但这一阶段的大学生没有切身感受到实实在在的就业压力，对就业情况认识不够，就更谈不上对未来职业生涯的规划；而对大四学生进行就业指导时，他们目标很明确，希望找到一个"好工作"，而且他们往往只会更多的关注在简历和面试应聘方面的技巧，故就业指导对他们来说是有吸引力的。但是，仅仅找到一个好工作就万事大吉、就可以一劳永逸了吗？答案是否定的。据一项大学毕业生跳槽调查显示，2009届大学毕业生半年内的离职率分别为："211"院校22%，非"211"本科院校33%，高职高专院校45%。

对于大学生来说，在自己职业生涯的初期，如何实现从学生到职业人的角色转变显得更为重要，而要做到快速、华丽的转变，就要求我们的大学生必须具备相应的职场能力。有调查显示，现在社会中的雇主越来越倾向于雇佣有工作经验或者经历过职业培训的大学生，原因不简单表现为从业人员的工作能力方面，另外一个很重要的因素就是刚毕业的大学生的职场能力的欠缺。故，现在我们的高校除了要教授大学生基本的专业知识和技能外，还需要培养大学生职业生涯的软实力——职场能力。

二、职场能力培养概述

（一）职场能力与职场能力的培养

职场能力的概念没有一个明确统一的定义，陈宇在《职场能力是检验职业教育质量的主要标准》一文中认为，职场能力主要是指职场上熟练完成工作任务，创造性地解决生产中可能发生的意想不到问题的能力，它集中体现在三个方面：即职业核心能力、通用管理能力和通用生产能力。职业核心能力是人们在职业生涯中除岗位专业能力之外的基本能力，它适用于各种职业，不随工作岗位的变化而变化，是伴随人终身的可持续发展能力。它涉及表达交流、数字应用、信息处理、与人合作、解决问题、自我学习、创新革新、外语应用等。通用管理能力涉及自我发展管理能力、团队建设管理能力、资源使用管理能力、运营绩效管理能力。通用生产能力涉及熟练操作、安全生产、减少损耗、产品符合规格与创新等。对于职场能力的认识，我基本认同陈宇给出的定义，归纳起来主要是针对任一职业或职位，为胜任该职位，更好地发挥专业技能，处理职场中各种社会关系的综合能力，可以将其称为职场中的软实力，它是通用的、可以迁移的能力。

以前我国的教育体系主要注重专业知识的灌输，即专业能力的教育，而往往忽视了职场中软实力的培养，导致许多大学生虽然在学校获得较好的专业知识和技能的能力，但在自己的职业生涯中，并没有很好的将这种能力发挥出来，使其有"怀才不遇"的感觉，甚至在企业或单位中，连同事关系都没处理好，导致在职业过程中工作不顺。所以职场中的软实力同专业能力一样，对于从业者来说是同等重要的，而且现在很多企业也越来越重视这一点。

本文所涉及的职场能力培养正是指在职业生涯中普遍运用到的通用的软实力的培养。现在高校在培养大学生时，就需要打破传统的培养模式，在培养学生专业知识和技能的时候，还必须注重大学生职业过程中软实力的培养，让未来的大学生具备较健全的职业能力。

(二) 职场能力培养的意义

1. 有利于大学生构建较完备的职场能力。通过职场能力的培养，特别是在职场软实力方面的培养，能较好地弥补现行大学教育中的缺陷，使大学生在高校教育过程中，不仅仅掌握必要的专业知识和技能，同时还具备大学生在职场过程中的通用职场能力，这样可以使得大学生所获得的知识结构相对更为完备。

2. 有利于大学生迅速实现角色转变。学生生活与职业生活相差很多，很多大学生在毕业后的就业初期，往往很难适应工作要求，最主要的原因在于他们没能很好地实现从学生角色转变为从业者。我们可以通过职场能力的培养，缩短这种角色转变的时间，使大学生较快地适应职业生活。

3. 有利于发挥大学生所学专业知识。很多大学刚毕业的大学生在职业生涯初期不懂得职场关系的处理，没能建立好自己的职场环境，没有得到应有的支持，使自己工作开展不太理想，使得自己在大学所学知识不能很好地展现出来，总感觉自己有心无力，这往往就是由于职场能力的欠缺，而不能很好地发挥自己的专业优势，使自己感到有"怀才不遇"的感觉。职场能力的提高往往能得到领导和同事的支持，使自己所学专业知识得以充分展现。

4. 有利于构建和谐的职场环境。由于职场关系较为复杂，如果处理不好，可能会使办公室关系紧张，气氛凝重，导致工作不顺心。而职场能力中包括了语言表达能力、人际关系处理能力等软实力，通过职场能力培养，大学生能学会更好地与人沟通，理顺较复杂的人际关系，特别是与同事、上司的关系，这样才能使得你的职业生态环境较适合自己的发展，从而有利于构建和谐的职场环境。

三、市场营销教学与职场能力培养的关系

在进行职场能力培养过程中，有些高校已经在做一些尝试，比如开设专门的课程，或者请人力资源管理专家到学校做专题讲座等，并取得了较好的成绩。笔

者也在这方面做了一些思考，能不能将职场能力的培养贯穿于一些课程教学中，这样可以让学生在学习一些专业课程中，潜移默化地去体会，既能将职场能力的培养实施，又能增加相关课程的知识性和趣味性，同时提高课程的吸引力。通过多年的教学，笔者认为市场营销课程就是一门较好的课程，特别针对财经类高校，可以将职场能力的培养较好地融入其中的教学，主要表现如下：

（一）市场营销课程的性质（含开课率）

市场营销学是一门建立在经济科学、行为科学、现代管理理论基础之上的应用类学科，具有综合性、实践性等特点，属于管理学范畴。从市场营销学的课程性质来看，市场营销是一门实践性和应用性极强的课程，与人们的工作和生活密切相关，能在许多方面包括在职场中产生较大影响；另外市场营销学属于管理学范畴，也是财经管理类院校必开的一门基础课程，而且除了财经类院校在开，现在许多工科类院校中也将市场营销学作为选修课开设，故市场营销学在高校的开课率相对较高。所以将职业能力教育融入到市场营销学的课堂教学中是可行的。

（二）职场能力的具体表现

根据陈宇对职场能力的定义，职场能力主要涉及除职业技能以外的职场通用的软实力，所以我们这里所讲的职业能力主要表现为以下几个方面：

职场环境洞察能力。职场环境洞察能力主要是指从业者对职场动态环境准确、快速地认识和判断能力，具体表现为对职场宏观和微观环境的认识。前者主要是指从该行业、地区以及国家的层面对职场行情的认识，这有利于从业者对宏观政策、就业环境的认识。后者主要是对企业和从业者所在部门职场环境的认识，包括企业发展态势、企业文化、管理层变动、部门内人际关系状况等环境的认识，这有利于对企业内部职场环境的把握。当然无论是宏观还是微观，都离不开对信息的收集、整理以及分析的能力。

职场自我适应能力。职场自我适应能力主要表现为通过对职场环境的洞察，能够正确地做出分析和预测，对自己的职业生涯做出准确定位，以便使自己能够适应外部环境的变化和发展的能力。对于职场微观环境来说，适应能力还表现为人际关系处理能力，和上司、同事之间的关系处理，当然也少不了具备良好的沟通协调能力。另外除了职场的适应能力之外，还需要具备职场自我发展能力，需要在职业生涯中不断发展进步，提升自己在职场中的身价及品牌价值。

（三）市场营销教学中的能力要求

市场营销教学大纲对学生能力的要求主要包括：学生要有正确的营销思维，培养学生良好的市场营销意识，提高学生的市场营销理论的应用能力和实践创新能力。要求具体体现为，一方面要求学生具备营销的思维和意识；另外更重要的是，要让学生能将营销理论加以应用。而营销理论包括环境分析、定位理论、4Ps

理论和营销管理等理论，将这些营销理论与职场能力的培养有机结合起来，即满足市场营销教学需求，也能培养学生的职场能力。

四、职场能力在市场营销教学中的具体表现

（一）职场洞察能力（环境识别）

洞察能力是指人们对环境和事物的认知能力，而职场洞察能力则是指从业者对与职业和职场相关的环境变化和职场中的各类人际关系的判别能力。只有能够较准确地把握职场宏微观环境，从业者才能较好地适应职场，从而有利于自己职场生涯的发展。而在市场营销教学内容中，对环境的认识和分析是同学必须具备的知识和能力，所以在培养学生环境识别能力时候，能较好地将职场洞察力的培养融入进教学过程，培养学生在洞察职场环境需从宏观微观的角度分析，以及在识别环境因素的系统性能力。

（二）职场定位能力（市场定位）

通过对职场环境的认识和分析，能较好地看清从业者自己在职场中所处的环境，包括宏观大环境，整个国家经济发展和就业状况，整个产业（与产业属性相关程度大的职业）的发展前景，以及从业者在企业中所处的部门和职位。只有充分地认识了自己所处环境，才能更好地对自己做出准确的定位，确立自己未来职业生涯的目标，以及明白如何规划和实现自己的职业目标的路径，所以职场定位是让自己的目标更清晰，实现的路径更合理。而在市场营销学里的定位理论是很好的支持和应用，故在进行市场定位教学过程中，可以很好地结合职场定位来进行教学。

（三）自我塑造能力（产品策略）

有了明确的职场定位之后，要实现这样的职业目标，就必须具备一定的职业技能，主要表现在专业能力的培养和发展。对专业知识的训练，市场营销学固然不能代劳，但在专业技能的塑造方面，营销学理论里面的一些思想和理念是可以借鉴的。比如适销对路是指我们所学和掌握的专业技能，一定是企业所需和所求的，我们不能闭门造车；另外还包括培养品牌意识，打造从业者在职场中的品牌形象，提升自己的职场价值。当然职场品牌价值的塑造是一个系统和长期工程，需要多方面来支撑，比如过硬的专业知识和技能、得体的外在包装和语言风格等。

（四）自我评价能力（定价策略）

自我评价能力主要表现为根据自己的综合素质和在职场中所处的地位，对自己进行正确的综合性评价。现在很多企业在招聘过程中，往往都需要应聘者给出

自己所期望的工资待遇，其实这就是雇主希望了解到应聘者对自身的评价与自身价值的认知，同时也是企业希望了解其未来支付的成本是否与企业预期相一致。在现实中，特别是刚毕业的大学生，往往高估自己，好高骛远、眼高手低，导致自己不能很好地获得理想职位。所以，应聘者的自我评价是很重要的，评价时一定要客观，不能脱离环境和自身能力而漫天要价，也不能随意地降低自己待遇要求，尽力做到客观，让价格真实反映价值。这一能力在营销学里面表现为定价策略，在定价过程中，就要分析企业的需要、人才市场的供给以及自身专业能力水平等情况，合理确定自己的待遇目标。当然，如果应聘者能很好地把握企业情况和企业的待遇状况，则可以针对性地运用"认知价值定价法"来确定自己待遇要求，往往能达到较好的效果。

（五）自我沟通能力（宣传策略）

沟通能力是指沟通者所具备的能胜任沟通工作的优良主观条件，包括语言表达能力、争辩能力、倾听能力等。沟通能力在日常工作中运用的较为普遍，无论是从事什么工作，都会与上司和同事沟通，所以准确而艺术地将自己的想法、意见表达出来，同时捕捉别人表达的真实意思是至关重要的，是有效完成工作任务最基本的能力。在市场营销学理论里面，关于促销这方面的内容很好地与之对应。市场营销学上讲的促销，从本质来说，就是沟通，而且强调的是双向沟通，不仅仅是简单地将企业和产品的信息宣传出去，还需要从消费者那里获得及时准确的信息，所以沟通也是市场营销学所强调的一种技能。除了传统意义上通过沟通获取信息外，在职场中，还应具备营销学中的沟通意识——广告宣传。作为职场中的从业者，怎样才能被职场认识和接受，需要有一种宣传意识，当然，在宣传中要选择合适的时间、在合适的地点、通过合适的方式（媒体选择）将自己宣传出去，是积累职场品牌的一种有效手段。所以在营销学促销内容的教学过程中，可以将沟通能力的培养贯穿于此，提高教学过程的实用性和吸引力。

五、结语

职场能力的培养是一个高校值得关注、关心的问题，很好地将职场中所需要的一些通用能力传授给当代的大学生是非常重要的。很多人对职场能力的认识较为偏颇，他们往往将职场能力等同于职业技能，其实职场能力包括职场的硬实力——职业技能和职场的软实力——职场的通用能力，现在各高校往往非常重视职场中硬实力的培养，即专业知识和技能的培养，而忽视了大学生在毕业工作过程中，软实力对他们职业生涯有重要作用这一基本情况。本文则是通过对职场能力的认识分析，提出对大学生职场软实力培养的迫切需求。在寻找培养方法和路径方面，我们可以开拓思路，除了通过专业的职场能力培养课程教学以外，我们还可以将其融合在日常的相关课程教学过程中。笔者根据多年的市场营销学教学经验认为，可以将职场中的一些技能和理念贯穿于市场营销学的教学过程中，初步分析了市场营销学教学过程中实现职场能力培养的相通点，寻求职场能力培养和市场营销学教学的有机结合。

参考文献

［1］袁贵仁. 突出重点 狠抓落实 全力以赴做好 2011 年高校毕业生就业工作——在 2011 年全国普通高校毕业生就业工作视频会议上的讲话 ［EB/OL］. （2010－11－19）教育部网站，http://www. tech. net. cn.

［2］陈宇. 职场能力是检验职业教育质量的主要标准 ［EB/OL］. （2010－12－14）教育部网站，http://www. tech. net. cn/page/N002/2010121400002. html.

任务型教学法在独立学院
大学英语教学中的应用

重庆工商大学融智学院基础部　代迎春

摘　要：任务型教学就是指在课堂上采用让学生去完成所给予的任务的教学方法。教师在课内设计有意义的、有针对性的、切合学生实际并能被学生顺利完成的任务，经由前任务、任务环、后任务三个环节，让学生在做中学。任务型教学法可以充分调动学生的学习热情和积极性，使得学生在完成任务的同时转化为学习的主动者，这在独立院校大学英语课堂中具有积极意义。

关键词：任务型教学法　任务　独立院校　大学英语

一、引言

教育部 2001 年 7 月制定的《英语课程标准》在英语教学目的上强调：从学生的学习兴趣、生活经验和认知水平出发，倡导体验、实践、参与、合作与交流的学习方式和任务型的教学途径，发展学生的综合语言运用能力。在英语教学策略方面，明确提出"本课程倡导任务型的教学模式"，要求"教师应该避免单纯传授语言知识的教学方法，尽量采用'任务型'的教学途径"。而独立学院是我国高等教育发展的新鲜产物，由于其办学时间较短，教学体系还不够健全，所以结合独立学院学生的特点，探索任务型教学法在大学英语课堂中的运用，就成为广大独立学院英语教师的重要探索任务。

二、理论基础

教育部高教司 2007 年 9 月颁布的《大学英语课程教学要求》中明确提出大学英语的教学目标是：培养学生综合英语应用能力，特别是听说能力，使他们在今后工作和社会交往中能用英语有效地进行口头和书面的信息交流，同时增强其自主学习能力，提高综合文化素养，以适应我国经济发展和国际交流的需要。社会语言学家、交际功能的首创者赫姆斯（Hymes）也指出，语言的社会交际功能是语言的本质功能。因此，应用语言来进行交际应该作为大学英语教学的最终目标。

"任务型"教学（Task‒based Teaching）是 20 世纪 80 年代外语教学法研究者和第二语言习得研究者提出的有重要影响的学习理论。该模式"是在第二语言习得研究启示下提出的外语学习途径"，基于此理论的任务型教学法为越来越多地应用语言学家和外语教学实践者所认可。

（一）"任务"的界定（Task）

任务是任务型外语教学的核心概念。之所以称为任务型教学是因为从教学任务的选择到课堂教学的组织、实施、评价都是围绕任务进行的，这里的任务就是用目的语做事。任务型教学的交互性、真实性、过程性、学用结合、学习者的个人体验与主动参与等特征，都是通过学习者完成交际任务，即通过开展有目的交际活动体现出来的。不同学者对于"任务"的含义也有不同的理解，本文只引述课堂教学相关的"任务"界定。努南（Nunan）认为交际性任务是一项课堂活动，它要求学生用目的语进行理解、操练、使用或交际。在这一过程中，学生的注意力主要集中在语言意义上而非语言形式上。威利斯（Willis）在 1996 年指出，"任务"是有目标的交际活动或学生为达到具体某一目标而进行交际活动的过程。斯凯恩（Skehan）认为任务是与真实世界有某种意义联系的一项活动，在这一活动中，意义是主要的，并把任务的完成放在首位，同时根据任务的结果来评价任务完成的好坏。根据拜盖特、斯凯恩和斯温的观点，任务指需要学习者在注重语言意义的基础上运用语言来达到目的的一项活动。埃利斯（Ellis）指出任务是指以意义为中心的语言运用活动。简言之，"任务"就是"做事"。在做事的过程中，学习者始终处于一种积极的、主动的学习心理状态，任务的参与者之间的交际过程也是一种互动的过程。

尽管各家对交际学习任务的定义说法不一，但是根据斯凯恩的观点，任务作为课堂教学的一种活动至少应具备以下几点：首先，以意义为中心，而不是以操练某种意义不大、甚至是无意义的语言形式为目的；其次，任务的焦点是解决某一个焦急问题，这一焦急问题必须与现实世界有着某种联系。这种联系不应是笼统的，而应是具体的、贴近学生生活的学习经历和社会实际，以此引起学生的共鸣和兴趣，激发学生积极参与的欲望；再次，任务的设计和执行应注重任务的完成，即交际问题的解决。任务完成的结果是评估任务是否成功的标志。

（二）"任务型教学法"（Task－based Teaching）

斯凯恩指出，任务型教学就是"在课堂上，采用让学生去完成所给予的任务的教学方法。这种方法能（使学习者）获得接近自然的语言习得方式，使潜在的语际语系统得到拓展"。

英国语言学家威利斯提出的任务学习法的理论框架，概括地讲，分为以下三个步骤：第一，前任务（Pre－task），即准备阶段。教师引入任务，呈现完成任务所需的知识，介绍任务的要求和实施任务的步骤。第二，任务环（Task－cycle），即实施阶段。包含学生执行任务、各组学生准备如何向全班报告任务完成的情况、学生报告任务完成的情况三部分。第三，后任务（Post－task），即检验与提高阶段。由分析（学生分析并评价其他各组执行任务的情况）和操练（学生在教师指导下练习语言难点）两部分组成。这三个阶段相辅相成，互相作用。其中任务环（Task－cycle）是中心，前任务环（Pre－task）为其创造了有利条件，而后任务环（Post－task）则是前两个阶段的归宿，是促进学习者语言内化过程的具体手段。

由此可见，任务型教学法强调"在做中学（Learning by Doing）"，这与传统的以教师讲授为主导的教学法相比，学生在学习过程中由被动接受者转化为主动参与者，其学习主动性在任务的完成中被充分调动。这一点对于独立学院的英语课堂教学尤为重要，因为独立院校学生英语基础相对较薄弱，教师"一言堂"会使整个课堂沉闷不堪，教学效果甚微。而教师精心设计的、与学生密切相关的任务的完成则需要学生的积极参与，这一点也符合独立院校学生思维活跃的特点。在教师的指导下，最大化地保证全体学生参与课堂活动，通过任务型教学法三个环节的层层促进，学生的英语综合能力会逐步提高。

三、任务型教学法在大学英语教学中的具体应用

本文以《全新版大学英语综合教程》NewCollege English Book1 Unit 5，Part Ⅱ Text A A Valentine Story "A Valentine Story"一课为例，说明"任务"的设计以及在课堂教学中的应用。本文所选文章主题为"Romance"，文章所述故事生动，语言优美，更主要的是爱情是大学生活的一个永恒话题。面对现如今一些浮躁的价值观，本次课内活动还具有一定的正确引导和启发的意义。围绕本篇课文，笔者

参照丰玉芳、余芬蕾的研究，设计了以下几项活动。

（一）前任务（Pre - task）

上课前布置任务，让学生利用课余时间通过图书馆，网络等途径查阅资料，了解情人节起源、世界各地如何庆祝情人节以及中国的七夕节的相关英文表达，并思考自己日后的交友、择偶标准。教师在任务实施前的准备阶段引入本节课的主题——爱情，并且告知学生本节课的任务是谈论情人节以及七夕节的相关故事，讨论目前流行的一些择偶标准，任务目的是了解西方文化以及相关中国文化的对应表达（例如七夕节），并引导学生树立正确的价值观。教师可以利用多媒体展示相关内容以及图片等，激活相关背景知识，调动课堂氛围，并提出如下几个问题供学生讨论：

Q1. According to your understanding, what is true love?

Q2. What do you think is/are the most important quality/qualities that your ideal partner should have?

Q3. Do you believe in cyber relationship? Why or why not?

（二）任务环（Task - cycle）

1. 任务（Task）

本阶段教师按照教案设计，保证给予学生充分的时间完成任务，根据实际把全班分为7个大组，每组又细化为每组3人的2个小组，这样做的目的就是确保小组成员有充分的机会表达自我。教师应来回巡视、监控，鼓励学习者开展各种形式的交流，督促并帮助学生把要表达的思想组织成语言，但不要为了纠正语言错误而打断其交流。本阶段的主要任务是培养学生的语言流畅性。

2. 计划（Planning）

该阶段学生开始准备即将进行的汇报，汇报可以是口头、书面形式，也可以是录音、录像等形式。在这一阶段，学生得知要在全班及老师面前呈现任务的完成过程及结果，他们自然把注意力从关注流畅性转移到关注表达的准确性。此时学生为达到语言的准确性会向老师就语言项目提问，而老师应该巡回观察，指明报告的目的，帮助学生修改，提炼语言，并提供适当的表达形式。

3. 汇报（Report）

此阶段学生使用正式、精练的语言向全班展示他们的任务结果，或互换各自的书面成果。这可使他们接触更多的口头和书面语。在小组向全班汇报后，学生对各组结论进行比较。而后教师也应该对汇报的内容和形式作一个反馈，使学生的注意力集中到语言形式和准确性上。教师可以把学生对于所思考问题的理解用幻灯片展示，包括：

R1. Love is patient. Love is kind. It does not envy. It does not boast. It is not proud. It is not rude. It is not self－seeking. It is not easily angered. It keeps no record of wrongs. Love does not delight in evil but rejoices with the truth. It always protects, always trusts, always hopes, always perseveres, ect.

R2. Cyber relationship is not reliable. College students should not waste too much...

R3. When people select their partners, they inevitably assess the candidates by certain criteria, such as... （wealth, wit, ambition, intelligence, patience, reliability, ect.）

（三）后任务（Post－task）

威利斯认为此阶段的重点从语言意义转向语言形式上，应做一些语言形式练习。在分析过程中，教师帮助和引导学生注意任务中出现的新单词、词组搭配和句法分析，例如 St. Valentine's Day, Double Seventh Day/Chinese St. Valentine's Day, Cyber Relationship, Criteria, 等等。其目的是通过课内活动，创造生动的语境，而绝非教师讲解学生机械记录。最后的练习阶段可以让学生做些更易于接受的适量的教师控制型练习。在任务型教学法的指导下，教师应深刻了解教学大纲的内容、要求和目标，把握精髓后再设计难度适宜，具有代表性、扩展性、趣味性和生活性的活动，以便调动学生的兴趣，让他们积极主动运用外语知识在创设的语境中参与自由交流。教师也应该做到客观公正地评价学生讨论结果，评估标准应是教师和学生共同协商的结果，这样也可以保持学生参与的积极性与热情。

四、结论

任务型语言教学充分体现了以学生为中心以及注重学生"在做中学"的教学理念。它以具体的任务为学习动力和动机，以完成任务的过程为学习过程，以展示任务成果的方式来体现教学的成就。教师围绕特定的教学目的和语言项目，设计出切合学生实际的各种教学活动，学生通过这些语言活动完成语言学习任务，最终达到学习语言和掌握语言的目的。在任务型教学中，学生是活动的中心和主体，而教师由传统教学模式中的灌输者转变到学生学习的引导者、帮助者、促进者。由此可看出，这种全新的教学观使课堂上师生角色发生了根本的变化，能充分调动学生的学习热情，在做中学，这在独立学院大学英语课堂中显得尤为重要。

参考文献

［1］中华人民共和国教育部. 英语课程标准［M］. 北京：北京师范大学出版社，2001.

［2］ 教育部高等教育司. 大学英语课程教学要求［Z］. 北京：外语教学与研究出版社，2007.

［3］ 何安平. 新课程理念与初中英语课程改革［M］. 长春：东北师范大学出版社，2002.

［4］ 顾艳，乔立清. 灵活使用任务型教学法解决大学英语口语教学的尴尬［J］. 沈阳医学院学报，2006（3）：234－235.

［5］ Nunan. *Designing Task for the Communicative Classroom*［M］. Cambridge：Cambridge University Press，1989.

［6］ Willis. *A Framework for Task－based Learning*［M］. Harlow：Addison Wesley Longman Limited，1996.

［7］ Skehan. *A Cognitive Learning to Language Learning*［M］. Shanghai：Shanghai Foreign Language Teaching and Research Press，1998.

［8］ Bygate，Skehan. Swain.（eds）. *Researching Pedagogic Tasks*，*Second Language Learning*，*Teaching and Testing*［M］. Harlow：Longman，2001.

［9］ Ellis，Rod. *Task－based Language and Teaching*［M］. Oxford：Oxford University Press，2003.

［10］ 李荫华，等. 全新版大学英语综合教程Ⅰ［M］. 上海：上海外语教育出版社，2001.

［11］ 丰玉芳，唐晓岩. 任务型语言教学法在英语教学中的运用［J］. 外语与外语教学，2004（6）：35－38.

［12］ 余芬蕾. 大学英语课堂上的任务型教学法理论与实践探索［J］. 宁波大学学报，2006（5）：81－84.

关于独立学院高等数学教学改革的
几点思考

重庆工商大学融智学院基础部　江维琼

摘　要：在独立学院中，由于学生的情况差异较大，所以提高独立学院教学质量是当务之急。本文从目前实际情况出发，提出了几点提高独立学院高等数学教学质量的思考方向及建议。

关键词：独立学院　高等数学　教学改革

引言

　　独立学院是依托公办高校的教学资源，吸引社会资金创办的相对独立的本科层次的高等院校，俗称"三本院校"。独立学院的学生介于普通院校本科与专科之间，学生的基础离散度很大，作为高等院校各专业必修的高等数学，在教学中，如果照搬母体高校的教学模式、教学方法等，是很难保证教学质量的。如何提高独立学院高等数学的教学质量呢？下面谈谈我在这方面的几点思考。

一、教学模式需要改革

　　独立学院这几年发展非常快，招生规模不断扩大，但由于受到教学场所和师资力量的制约，使得很多课程都采用大班集体上课的方式进行。这不仅给数学教师造成了很大的工作压力，而且严重影响了高等数学教学质量的提高。首先，学生数学基础参差不齐，学习需求也各不相同，但同一个教师讲课，教学内容和教学要求完全一样，一些学生还没"吃饱"，另一些学生已经"吃不消"了，让教师无所适从；其次，学生人数较多使得独立学院数学教师普遍超负荷工作，几乎没有时间和精力进行教学方法和学术研究。

为了改变这一现状，可以根据实际情况，采用分级教学模式。分级教学的目的是为了适应学生不同的数学基础，使所有学生都能充分挖掘自己的潜能，学有所得。一般的做法是按新生的入学成绩或按新生入学后的摸底考试成绩或者综合这两方面的成绩进行分级，级别的数目以两级或三级为宜，但这要根据各学院的教学条件来定。若考虑到全院学生如果按统一成绩分级比较困难，则可以以系或专业为分级单元，然后按成绩进行划分，这样操作就比较容易。其中参加 A 级层次班级学习的学生约占学生总数的 20%，主要面对数学基础比较扎实，思维能力好，具有很大数学学习潜力的同学。本层次班级的教学在规定的计划学时内，除了让学生达到基本的教学要求外，还可以根据学生的实际接受能力和将来考研的需要，给他们讲授一些较难的题目，进一步开拓他们的思维，拓展他们的知识面，使他们在高等数学学习上能达到更高水平，为深造打下坚实的基础。

参加 B 级层次班级学习的学生应占总学生数的 60% 左右，主要面对中等基础的同学，其授课按正常教学计划和教学大纲进行组织教学，为后续课程奠定良好的基础。

参加 C 级层次班级学习的学生应占总学生数的 20% 左右，主要面对数学基础较差的同学，其授课只要求达到教学大纲的最基本要求。考虑到参加本层次学习的同学普遍存在数学基础较差、接受困难等问题，在教学过程中根据实际需要可以增加一些课时以便补缺补漏。这样做可以使每个学生有所收获从而提高独立学院高等数学教学质量。

二、教学内容和课程体系需要改革

传统的高等数学教学强调内容的完整性和理论的严密性，这已不适应现代科技发展对数学教育越来越高的要求，同时也造成高等数学教学内容多、课时少的矛盾。尽管多年来数学教育工作者们对高等数学教学作了许多尝试，但陈旧的教学内容和体系没有根本性地改变。目前独立学院高等数学改革仅限于内容上"机械性"地删减。比如，独立学院的高等数学教学中大多数定理的证明都被删去不讲，只教给学生定理结论及其一些简单的应用，这样做看似降低了学习难度，事实上，反而使学生陷入模仿和死记的深渊，根本谈不上能力提高和素质培养。独立学院高等数学教学内容和课程体系改革虽无统一的标准，但教师可以教学目标为依据，结合相应的教学模式，根据学生的实际学习情况来确定。

由于各专业的培养目标不同，所学课程中涉及数学知识及相关应用也会不同，因此各独立学院应根据所开设的专业制定相应专业的高等数学教学内容。例如，管理专业中涉及的税收、需求价格弹性、最小投入等知识，在专业课中涉及较多，所以应作为重点，而有关曲率、曲率半径、变力做功、旋转体体积等一些数学知识在其专业课学习中涉及的很少，因此这部分内容可以不讲授或者少讲授。

三、考核方式需要改革

多年来，大多数高校对高等数学的考核一直沿用"平时考核"加"期末考试"的方式，甚至有的院校搞教考分离，用学生考试的成绩来衡量学生的学习情况和教师的教学质量。这种考核方式存在不少弊端，一方面，学生为了获得比较高的"平时成绩"，"抄作业"和"找替身上课"的现象十分严重。另一方面，很多学生平时不重视，临近期末考试才紧张起来，并把希望寄托于教师划范围、压题甚至透题，还有部分学生铤而走险在考场上作弊。再者，很多教师为了应付考试，都按应试教学。这些，都不利于提高教学质量。

我认为高等数学要求体现"以应用为目的，重视创新，提高素质"的原则，高等数学考试可以采用学生出试卷的模式。学生害怕考试，似乎是天经地义的事，对考试的畏难情绪源于试卷的神秘感，正是这种对试卷的神秘感而引发了心理压力。学生出试卷的模式可以减轻学生的这种心理负担，可以激发学生考试的兴趣和复习的积极性，从而提高高等数学的教学质量。具体做法如下：

（1）教师告诉学生出题的模式。

（2）每个学生必须出一份试卷，并做好标准答案交给老师。这一过程可促进学生对知识点的复习效果，为了能出好试卷，并提供正确答案，学生不得不好好复习。

（3）考试的试卷题目将在全班学生试卷中抽取，全部内容是班内学生试卷的原题，可能是某些学生的原题，或是另一些学生的同类型题目，一份试卷最多抽一题。

（4）学生出试卷的质量记入本人的平时成绩。

这种考试模式可以增强学生的学习自主性和激发学习积极性，也可以增加学生相互学习的机会。

四、师资队伍建设需要改革

独立学院的数学教师来源由专职教师和兼职（外聘）教师两部分构成。专职数学教师一般工作都很认真负责，但是他们工作时间比较短，没有接受过正规地、系统地教学培训，缺乏教学经验。兼职数学教师来源比较混杂，有的是母体高校的教师，有的是其他高校的教师，还有一些是正在上学的研究生，兼职教师一般对独立学院学生了解不深，教学观念、教学方法上容易和独立学院的实际情况脱节，比如母体高校的教师常常按一本或二本的学生来教学，使学生学习吃力。

师资队伍建设改革成败的关键在教师。独立学院的专职教师首先应抓紧时间，加强自身的学习，尽快提高自己的教学水平；对外聘的兼职教师，应增强外聘教师对独立学院学生的了解，因材施教。

五、结束语

总之，教学是一门艺术，教数学是一门更高级的艺术。我们要在实践中不断总结数学教学的规律，积极探索符合独立学院学生特征的数学教学模式，为培养更多更好的人才做出自己应有的贡献。

参考文献

[1] 陆小华. 关于对高等数学课程实施分层教学的思考 [J]. 北京农业职业学院学报，2003 (17).

[2] 艾艺红. 二级学院高等数学课程教学法改革研究与探索 [D]. 重庆：西南大学，2008.

认知体验观与英语介词
AT－ON－IN 的习得途径

重庆工商大学融智学院基础部　　朱雪莲

摘　要：空间概念具有体验性，是人类认识之初。通过研究英语高频介词 AT－ON－IN 的语义扩展，本文发现，英语介词 AT－ON－IN 的习得要遵循一个普遍规律，即体验—体认—内部转化—语义拓展这四个不可或缺的步骤。这种以认知体验为先的英语介词习得有助于语言学习者更好、更快地掌握 AT－ON－IN 的各种概念结构，并了解这些概念结构之间的紧密联系。

关键词：认知体验　AT－ON－IN　习得

一、引言

　　英语介词形式简单、数量有限，比名词、动词、形容词等实词相对容易识记。但其用法之丰富、搭配之灵活、语义之翔实，是其他任何词类都无法比拟的。正是由于介词在英语语言中至关重要，其地位也非常特殊，英语因此又被称为介词性语言（Taylor，2007）。掌握好英语介词，有助于英语语法的学习和英语语言的运用，介词在英语学习中起着桥梁的作用。由此看来，英语介词习得在英语语言学习中意义非凡。如何讲授英语介词用法、引导语言学习者了解和灵活运用英语介词则成了语法教学中不可或缺的环节。

　　传统语法教学观认为，英语介词搭配丰富，尤其是介词与名词、动词的搭配，是识记的难点。介词搭配一般被当作介词词组、介词短语或介词习语来识记（亚历山大，1988；克罗韦尔，1984；张道真，1993；章振邦，1983）。传统语言学家克沃克（1979）等甚至提出了用"维度"的概念来区分介词的意义和用法，即 AT 表示 0 维度的点概念，ON 表示 1/2 维度的面概念，IN 表示 2/3 维度的体概念。的确，传统介词教学方法深受结构主义语言学的影响，着重强调介词的构词能力和搭配能力。然而，显而易见，传统介词教学存在以下三个弊端：其一，它忽略了介词的基本内核和核心意义，语言学习者虽能知其形，却很难会其义、辨其义、用其义；其二，它完全是一种填鸭式教学，教师耗费精力总结了大量的介词结构，学习者却只能记住少量的搭配，这种语言的输入和输出完全不成比例；其三，它忽略了英语介词内部之间的关系（如 AT - ON - IN 等），割裂了介词之间的丝丝联系。

那么，究竟应该怎样进行英语介词教学呢？怎样才能让学习者充分掌握、理解和运用英语介词呢？本文将以认知语言学和体验哲学为先导，以认知体验观为理论框架，以英语高频核心介词 AT - ON - IN 为范例，着重研究以体验为基础的英语介词 AT - ON - IN 习得途径和方法，以期突破传统英语语法中的介词教学模式，探讨英语介词教学的新模式、新方法和新步骤。

二、认知体验观

体验哲学和认知语言学认为，人类的心智、思维和概念结构是体验的，甚至整个语言都是体验的。语言的体验性是基本认知公式"现实—认知—语言"的直接要求，是语言的新性质，其体验性还具体体现在音义、词汇、词法、句法、语篇等五个层面上（王寅，2006）。认知体验观回答了语言产生的四个核心问题。第一，用什么体验？当然是用人类的身体器官（头、脸、手、眼、耳、鼻等）体验。古希腊先哲普罗塔哥拉（Protagoras）曾指出，"人是万物的尺度"。人们善于运用身体器官来表征客观世界，古人所说的"近取诸身，远取诸物"也正是这个道理。语言首先来自人类对客观现实的亲身体验，人类大多是用体验的方法认识和改造这个世界的。第二，体验什么？体验现实，体验客观世界，体验可能世界。人类的居住环境、生活环境、学习环境、工作环境等都是体验的理想场所。第三，怎样体验？互动体验，人与客观现实的互动。"体认"则是这种互动体验的直接体现，人类利用身体部位的语词来喻指客观现实世界中的万事万物，如山头、河口、树身、风眼、山脚、山腰、伤口、耳楼、地心、桌脚、瓶颈等。第四，体验结果是什么？体验结果就是人类对客观世界的认知和在此基础上形成的语言。人类有着基本一致的体验，如桌面、水面等，但由于个体的差异，个体体验下的语言表达式也有所不同，事实上既可以说 in the field，也可以表达为 on the field，因而体验也会产生个体差异。

那么，如何用认知体验观来习得英语介词 AT－ON－IN 呢？人类用身体各种知觉器官体验 AT－ON－IN 所表达的空间概念（包括地点、方向、运动等）。这是人类认识之初。人类的认识是基于对自身和空间的理解之上，沿着由近到远，由具体到抽象，由身体和空间到其他语义域的道路通过互动等方式逐步发展起来的（王寅，2007）。

三、英语介词 AT－ON－IN 的习得途径

传统意义上说，英语介词 AT－ON－IN 表达三个基本空间概念：点、面、体。空间点面体概念是人类认识的基本概念之一，是语言的基本表达式。传统语法认为，AT 表示点概念，ON 表示面概念，IN 表示体概念，它们是截然不同的三个空间概念。那么，客观现实真的是这样吗？其实，客观现实纷繁复杂，是不能这样臆断的。既然传统方法存在弊端，那么如何使用认知体验的新方法来理解 AT－ON－IN 语义微系统中各种复杂的概念关系呢？

（一）AT－ON－IN 的身体体验

说到"体验"，就离不开身体器官，包括各种感觉和知觉器官（眼、耳、鼻、口等）。身体器官是体验之根本，离开了身体器官，就无所谓体验了。人类可以通过眼观、耳听、鼻闻、口感等方法去体验赖以生存的客观世界。而对 AT－ON－IN 的空间感知来说，眼观尤为重要。人类主要是通过视觉器官来感受体验 AT－ON－IN 所表示的空间概念。显然，点面体空间概念都离不开眼睛的观察和确认。点概念是视线中的空间点，面概念是视线中的空间面，体概念则是视线中的空间体。一句话，空间概念关系是通过不同方式体验而来的（Lakoff & Johnson，1999：36）。

身体体验具有普遍性和共同性。譬如，大多数情况下，常把家、学校、教堂、车站等当作点概念，如 at home, at school, at church, at the bus station；把桌子、书、地板、天花板、墙等当作面概念，如 on the table, on the book, on the floor, on the ceiling, on the wall；把盒子、瓶子、房间、教室、城市、国家等当作体概念，如 in the box, in the bottle, in the room, in the classroom, in the city, in China，等等。这些都是眼睛观察、认知的结果。然而，这种身体体验也具有个体差异性，因为既可以说 at home，也可以说 in the home，既可以说 a picture on the wall，也可以说 a hole in the wall，既可以说 three dishes on the table，也可以说 three men at the table，这样的例子不一而足。因此，既要认识到身体体验的共同性，同时也要承认

身体体验的个体差异，要正确引导语言学习者知道身体器官在空间概念中的重要地位，并利用身体器官体验语言的奥妙。

（二） AT - ON - IN 空间概念的突显和体认

众所周知，客观世界有许多表示点面体空间概念的有形实体。在学习、工作和生活环境中，有大量表示面概念的实体（如 wall、table、desk、book、blackboard、door、window、floor、ceiling、playground、field、plate、bookshelf），有大量表示体概念的实体（如 classroom、library、dining hall、swimming pool、building、office、lab、cupboard、box、bottle、bowl、pot，），还有部分表示点概念的实体（如 school、bus station）。从人的视角出发，这些实体用以表示物与物、物与人以及人与人之间的空间点面体关系，都留下了人类生活的足迹，打上了人类活动的烙印，是人类认知世界的真实写照。大部分客观实体突显体概念关系，即包含与被包含的容器式关系，如 in the box、in the room、in their cells、in a hut、in theatre、in the classroom、in the church、in the bus 等。然而，这种"盒式"的体概念关系在现实生活中却是有限的，大部分表示体概念的实体如国家、城市、山脉、空气等，都不是这种典型的体概念关系，但在人类的视角中表示一种限定的范围，因而也表示体概念关系，如 in UK、in New York、in the mountains、in the air、in the flood、in the fog 等。

受人类视觉的影响，很多实体既可以体现体概念关系，也可以体现点概念关系或面概念关系。例如，home 表示体概念关系，因而我们经常说 in the home，但在实际语言运用中，我们常把 home 当作点概念使用，而少用其实际上的体概念，因此，at home 比 in the home 常用。Wall 常表示面概念关系，因而我们常说 a picture on the wall、a hook on the wall、a mirror on the wall、the writing on the wall，突显了实体之间的面接触关系，但我们也可以说 a hole in the wall、the nails in the wall、the bank machine in the wall，这些则突显了 wall 与 hole 等实体的体概念关系，强调他们几乎成了 wall 的一部分。交通工具常体现体概念关系，因而常说 in the bus、in the train、in the car、in the truck、in the taxi、in the plane，因为这些交通工具被当做容器，主体人则位于这些"容器"之中。然而，事实上，语言表达也常有 on the bus、on the train、on the car、on the plane，这些语言表达式则突显了其面概念关系，一种典型的面支撑关系。由此看来，点面体概念关系是由人的视角决定的，人类在选择其概念关系时具有主动性和个体差异。因此，在介词教学过程中，教师要正确引导语言学习者从不同的视角来判定空间概念关系，让他们能活学活用，更快更好地掌握 AT - ON - IN 所体现的复杂点面体空间关系。

在点面体空间概念的识别过程中，人体器官也自觉参与进来表征客观世界。身体各个部位都是表征客观世界最简单、最直接、最容易识别的方法，人类也善于通过自身认知客观世界。人体就是一个典型的容器，常表示体概念，而人体器官大都表示体概念，如 in the body, in the mouth, in the ear, in the eyes, in the head, in the stomach, in the cell, in the hands, in the flesh, in the nose, in the finger, in the heart 等。部分人体器官也可以表示面概念，如 on the face, on the back, on foot, on hand, on the shoulder, on the head, on her mind 等。也有少量表示点概念的，如 at his fingertips, at arm's reach, at heels, at heart 等。这种体认关系与空间介词 AT－ON－IN 相结合，展示了形态多样、复杂多变的空间实体位置关系，如 at the foot of the mountain, at his heel, on the back of the book, on the shoulder of the mountain, on the face of the table, in the mouth of the river, in the face of the sun, in the heart of the city 等。

在语言教学过程中，教师要帮助学生认识和掌握 AT－ON－IN 微系统中基本的点面体概念，帮助他们熟悉周围突显的点面体实体，并引导他们利用自身器官认知客观世界的有形空间概念系统。

（三）AT－ON－IN 中空间概念的内部转化

英语介词 AT－ON－IN 主要表示实体之间的空间位置点面体关系。但是在 AT－ON－IN 语义微系统中，这种空间概念关系不是一成不变的，其内部会产生微妙的变化，即实体空间到抽象空间的变化、静态空间到动态空间的变化以及点面体概念之间的相互转化。

AT－ON－IN 空间概念的转化首先体现为由实体空间概念向抽象空间概念的转化。AT 主要表示实体点对点的包含关系，也可以表示抽象的点对点包含关系，如 the comfort at home, the help at hand, the interest at heart；ON 主要表示实体面对面的支撑关系，也可以表示抽象的面对面支撑关系，如 responsibility on the shoulder, smile on the face, a punch on the nose；IN 主要表示实体空间体之间的包含与被包含关系，也可以表示抽象的体包含关系，如 the idea in the book, the pain in the neck, the danger in the dark, the joy in the paradise 等。

AT－ON－IN 空间概念的转化又体现为由静态空间概念向动态空间概念的转化。AT－ON－IN 主要表示静态的点面体空间关系，但也有动态性的特征，可以用来表示位置的移动，如 arrive at, arrive in, depend on, look at, mock at, come at 等。在这三个空间概念中，点概念特征词 AT 的动态性最强，与动词的搭配也最多，主要表示力量的汇聚点（如表示看的力量汇聚 look at, glare at, gaze at, stare at, peep at, glance at, peer at 等和表示笑的力量汇聚 smile at, beam at, mock at, simmer at, giggle at, chortle at）。

AT－ON－IN 点面体空间概念之间也会发生变化，如点概念转化为面或体概念，面概念化为点或体概念，体概念转化为点或面的概念结构。身体器官 face 和

back 主要表示面概念（on the face of my watch, on the back of the envelope），但也可用于表示点概念和体概念（in the face of difficulty, at the face of the crane driver, in the back of my mind, at the back of the room）；head 和 mouth 主要表示体概念（in my head, in his mouth），但也可用来表示点概念和面概念（hairs on the head, at the mouth of the river）。

因此，在讲授介词 AT - ON - IN 空间概念的时候，既要要求语言学习者掌握其基本概念和显著的差别，又要引导学生发现和理解点面体三个基本概念之间的内部逻辑联系。

（四）AT - ON - IN 中空间概念到非空间概念（时间、状态、数量等）

AT - ON - IN 三个空间介词既有各自独特的空间特征，又在一定情况下相互转化。同时，这三个密切相连的空间介词又能从基本的空间概念隐喻性地拓展到时间、状态、数量等非空间概念的表达。

时间是空间的隐喻。时间点即空间点，表示点性时间我们也采用介词 AT，如 at dawn, at sunrise, at noon, at night, at midnight, at dusk, at twilight, at sunset, at 7 o'clock 等。时间面即空间面，表示一段较短的时间段，如 On Sunday, On Tuesday, on the day, On July 4。时间体即空间体，表示一段较长的时间段，如 in a week, in a month, in Spring, in 2011 等。正如 AT - ON - IN 所表示的空间概念一样，它们也可以用来表示复杂的时间概念。因而，既可以说 in the morning，也可以说 on a rainy morning；既可以说 on weekends，也可以说 at weekends 等。

状态即位置，状态也是空间位置的隐喻。空间位置具有稳定性的特征，处于某种状态就是位于某个限制性空间，并被这个空间所包围。处于危险 in danger 就是被危险所包围，处于痛苦之中 in pain 就是被痛苦所煎熬，处于贫困之中 in poverty 就是受贫困所侵扰。什么样的状态就体现什么样的空间位置。IN 是其中最突显的状态词，表示处于某种状态就是被这个状态所笼罩，因而可以说 in anger, in smile, in peace, in war, in trouble, in trick, in joke 等。

数量即空间的数量，也是空间隐喻性的语义拓展。在 AT - ON - IN 系统中，显而易见，AT 最能喻指数量和数据，如 at the speed of, at the top level, at a cost of, at the height of, at the attitude of 和 at the price of，而 ON 和 IN 表数量时仅仅用于为数不多的固定搭配中，如 on average, on a smaller scale, in totality, in numbers, in part。

因此，语法讲解时，教师应该引导学生自主探索和发现 AT - ON - IN 在非空间中的具体用法和语义，即 AT - ON - IN 在空间中的点面体概念大体上可以隐喻性三位一体地转入非空间概念领域，这也是 AT - ON - IN 概念域的延伸和拓展。

四、结语

综上所述，针对传统英语介词教学的弊端，笔者提出用认知体验的方法来识解 AT‑ON‑IN 语义微系统中的语义扩展机制。通过研究英语高频介词 AT‑ON‑IN 的语义扩展，笔者发现，英语介词 AT‑ON‑IN 的习得要遵循一个普遍规律，即体验——体认——内部转化——语义拓展这四个不可或缺的步骤。这种以认知体验为先的英语介词习得有助于语言学习者更好、更快地掌握 AT‑ON‑IN 的各种概念结构，并了解这些概念结构之间的紧密联系。这种体验法不仅可以用于介词 AT‑ON‑IN 的习得，也可以推广到其他英语介词的习得，甚至是其他英语词汇的习得，是一种切实可行的、可取得实际成效的词汇教学方法。

参考文献

［1］ Alexander. *Longman English Grammar* ［M］. New York：Longman，1988.

［2］ Lakoff，George，Mark Johnson. *Philosophy in the Flesh：The Embodied Mind and Its Challenge to Western Thought* ［M］. New York：Basic Books，1999.

［3］ Quirk，Randolph. 当代英语语法（上册）［M］. 王中浩，等，译. 沈阳：辽宁人民出版社，1979.

［4］ Taylor. *Ten Lectures on Applied Cognitive Linguistics* ［M］. Beijing：Foreign Language Teaching and Research Press，2007.

［5］ 托马斯·克罗韦尔. 现代英语用法指南 ［M］. 张岱云，译. 上海：上海外语教育出版社，1984.

［6］ 王寅. 论语言的体验性——基于体验哲学和认知语言学提出的语言新性质 ［J］. 中国外语，2006（5）：22‑27.

［7］ 王寅. 认知语言学 ［M］. 上海：上海外语教育出版社，2007.

［8］ 张道真. 实用英语语法 ［M］. 北京：商务印书馆，1993.

［9］ 章振邦. 新版英语语法（上册）［M］. 上海：上海译文出版社，1983.

计量经济学教学的"深入浅出"分析
——基于财经院校本科教学视角

重庆工商大学融智学院经济系　叶发强

摘　要： 本文首先介绍计量经济学发展背景、学科特点及其在财经院校的发展现状。在此基础上，文章从财经院校本科教学视角出发，进一步分析实现计量经济学教学的"深入浅出"的四大途径。

关键词： 计量经济学　"深入浅出"　实验教学

一、计量经济学背景介绍

（一）计量经济学的产生与发展

计量经济学（Econometrics）一词最早由挪威经济学家、第一届诺贝尔经济学奖获得者弗里希（Frisch）于1926年在《论纯经济问题》一文中，按照"生物计量学"（Biometrics）一词的结构仿造出来的。将"Econometrics"译为计量经济学，通过名称强调这是一门经济学科。计量经济学是经济学的一个分支学科，是以揭示经济活动中客观存在的数量关系为内容的分支学科，是由经济学、统计学和数学三者结合而成的交叉学科。

1930年12月弗里希和丁伯根（Tinbergen）等经济学家在美国克里夫兰发起成立国际计量经济学会，该学会的成立标志着计量经济学作为经济学的一门独立学科被正式确立。第二次世界大战以后，计量经济学在西方各国的影响迅速扩大，发展成为经济学的重要分支。诺贝尔经济学奖获得者美国经济学家萨缪尔森（Samuelson）认为第二次世界大战后的经济学是计量经济学的时代。20世纪70年代以来，随着计算机的广泛应用和非经典计量经济学的理论有了新突破，使得计量经济学的理论和应用又进入了一个新的阶段。

（二）计量经济学在国内的发展

中国高等学校开设计量经济学课程已有 20 多年的历史，起初只是在部分学校的少数专业开设，1998 年经教育部全国经济学教学指导委员会讨论决定，把计量经济学纳入了高等学校经济学门类各专业 8 门共同核心课程之一。全国各高校不仅在经济学类各专业已普遍开设了计量经济学，而且一些管理类专业也十分重视这门课程的学习。

与此同时，计量经济学的学习不再仅限于理论层面，随着计量经济学理论体系的不断完善，计量经济学的运用层面更受到相关学者的青睐。计量经济分析在经济领域中得到一定运用，仅从经济学类期刊文章看，学者在探索经济问题的过程中，更希望通过对经济问题的定量分析来提升文章实用价值，它也成为文章含金量的一个重要尺标。据统计，在 1984—2007 年《经济研究》刊物上发表的近 3 300 余篇论文中，以计量模型作为主要分析方法的论文占到了 53%。

二、计量经济学的学科特点

从学科综合性看，计量经济学是一门综合性边缘学科。计量经济学的一个显著特点是它自身并没有固定的经济理论，计量经济学中的各种计量方法和技术，大多来自数学和统计学，但建立的计量经济模型需有相关的经济理论作为支撑。因此，在运用计量经济学的过程中，我们需坚持以科学的经济理论为指导，紧密结合经济问题所处的环境，选择适当的计量方法才能使计量研究成果发挥它应有的作用。

从方法论角度看，计量经济学是一门工具学科。作为方法论学科，计量经济学信奉"经验主义"，作为经济问题分析的工具，计量经济学需要通过对经济问题的数量关系，并从定量角度分析实际经济问题。因此，计量经济学通过自身的优势，将现实中的经济问题，通过计量经济方法并结合相应软件，将经济问题转化为可度量且具有实际经济意义的分析结果，并为后续政策的制定提供数据支撑。

三、计量经济学在财经院校的发展现状

财经院校在开设课程的过程中，更强调课程的实际应用而不是课程的理论推导，理论推导并不是其教学主要目的。虽然理论推导及证明不是其学生的强项，但学生具有较强的经济学基础。虽然计量经济学作为经济学门类各专业核心课程之一，且该课程在教学建设中越来越受到重视，但计量经济学在财经院校的课程开设中仍面临着许多挑战。

首先，课程具有课时少、内容多、实践性强的特点。目前，财经院校为本科生开设的计量经济学课时较为有限，而计量经济学是由经济学、统计学和数学结合而成的交叉学科，以微积分、线性代数、概率论与数理统计、微观经济学、宏观经济学和经济统计学等为先修课程。因此，计量经济学所涉及的知识内容广泛，内容较多。此外，计量经济学具有显著的实践性特点。如何在有限的时间内将内容多、实践性强的教学内容传授给学生，这一问题有待解决。

其次，计量经济学现有教学特点致使学生课程压力进一步加大。计量经济学要求学生在学习计量经济学之前必须具有宏微观经济学、微积分、线性代数、概率论及数理统计等先行课程的良好基础。但对财经院校而言，选修计量经济学课程的本科生其数学基础参差不齐，加之开设的时间正好为学生专业课最多的时间段。另一方面，计量经济学的学习是一个循序渐进的过程，前部分知识掌握的熟悉程度将直接影响后面知识的学习效果。

最后，教学方法仍以理论讲授为主，导致教学的"深入深出"。现行的计量经济学教材中充斥着各种数学公式，教师在教学过程中可能过分注重于数学理论推导，而忽视了财经院校学生知识结构背景，在课堂教学过程中缺乏对学生的引导与启发，使得学生对计量经济学的学习兴趣缩减。

四、实现计量经济学本科教学"深入浅出"的途径

如果在计量经济学教学过程中忽视定量分析，经济研究很难深入下去，对经济政策效应的验证也是一句空话，但如果不改变理论脱离实践的问题，我们将会看到从公式到公式的数字游戏，这将最终形成计量经济学教学的"深入深出"，教学效果难于达到最大化。从财经院校本科教学视角出发，实现计量经济学教学"深入浅出"的教学途径可以从以下几方面进行考虑。

（一）选择经典计量经济学部分作为本科教学重点

在本科阶段，计量经济学的教学目标应定位于让学生掌握计量经济学最基本的理论与方法，让学生具有运用计量经济方法分析实际经济问题的初步能力。其中，经典计量经济学应用最为普遍，也是学习更高层次计量经济学课程的重要基础，符合财经院校绝大多数本科教学的实际要求。因此，可以选择经典计量经济学部分作为本科教学重点，更多的非经典计量经济学的内容可以放入更高层次学生的教学或可以让学生根据自己个人兴趣爱好拓展非经典计量经济学知识。

（二）减少数学的理论推导，重视其分析思想及实际应用

计量经济学是一门经济学课程，并不是数学课。因此，教学的内容和教学过程不能过于数学化。尽可能地避免不必要的数学推导，使学生了解方法的基本思想即可。以学生扎实的经济知识基础为支撑，加强其计量经济学的实际应用。

（三）加强实验教学及启发教学

教师在教学实践中需适当引入案例调动学生的学习兴趣，增加教师与学生之间的互动。根据理论教学的进度合理安排实验教学的时间，通过案例演示及实验操作以提高学生解决实际问题的能力。在案例讲解的过程中，选择经济热点主题，同时案例内容紧扣教学大纲，改变教材中实例一成不变的情况，保持案例的动态更新。计量经济学的实验课程学习可以让学生更为直观掌握计量经济学的运用。在实验课案例讲解的过程中，各个步骤需要结合经济问题及计量经济软件讲解，增加讲解的直观性，培养学生综合运用知识的能力。

（四）增加同行间的学术交流，把握学术前沿发展动态

计量经济学是一门交叉性学科，虽然这门学科在中国发展仅20多年，但其运用领域在不断扩大。仅从目前权威的经济学类相关文献统计数据可知，越来越多的文献在分析实际经济问题的过程中涉及计量经济学方法作为辅助。计量经济学在中国的发展仍不成熟，并且其学术前沿问题也在不断更新，仅凭专业教师单一力量还略显单薄，因此，专业教师需增加专业间的学术交流活动，探讨专业领域相关困惑。通过学术交流活动，专业教师可以更为深刻理解计量经济学相关理论及学术前沿发展动态。教师在教学过程中可适当为学生讲解专业相关的学术前沿发展现状，增强学生自主学习能力。

参考文献

[1] 陈永伟. 计量经济学课程教学的创新性探索与思考 ［J］. 科教新报：教育科研，2011（4）：12 - 13.

[2] 陈岱孙. 陈岱孙文集（下卷）［M］. 北京：北京大学出版社，1989.

[3] 庄赟. 关于《计量经济学》课程本科教学改革的研讨 ［J］. 统计与咨询，2010（6）：46 - 47.

[4] 徐盈之. 研究型大学高级计量经济学课程教学改革探讨 ［J］. 东南大学学报：哲学社会科学版，2009（S2）：228 - 231.

[5] 高铁梅. 计量经济学分析方法与建模 ［M］. 北京：清华大学出版社，2006.

[6] 李子奈. 关于计量经济学课程教学内容的创新与思考 ［J］. 中国大学教学，2010（1）：18 - 22.

[7] 伍德里奇. 计量经济学导论 ［M］. 费剑平，译. 3 版. 北京：中国人民大学出版社，2007.

物流专业英语口语教学
存在的问题与改革措施

重庆工商大学融智学院管理系　　刘　玉

摘　要： 目前我国大部分高等院校都在进行专业英语教学方面的改革与实践。对于物流专业如何实现真正意义上的物流英语教学是当前急需解决的重要课题。物流英语口语区别于日常口语，有很强的专业性。本文从物流英语口语的特点入手，分析了物流专业英语口语教学中存在的问题及其原因，并提出了物流专业英语口语教学改革的措施：加强语音教学、合理设置英语课程、编写物流专业口语教材。

关键词： 高等院校　物流专业英语口语　教学改革

一、前言

近年来，随着我国改革开放的不断深化和经济的全球化，物流管理日益趋向国际化。英语也被广泛应用于物流活动的各个领域，从商务谈判、日常沟通、合同签订到单据书写、包装标识、信息传递等环节都必须使用英语。这就要求物流专业的学生具备一定的英语应用能力。因此，物流企业对物流专业毕业生英语能力的基本要求是：具备一定的英语口语与书面交际能力。但在高等物流专业基础英语的教学中，这两方面并没有受到同等的重视。由于多种原因，我们的英语教学往往重阅读与写作，轻听力与口语。口语教学成了物流专业基础英语教学中的薄弱环节。显然，我们的教学与学生的就业存在一定程度上的脱轨。英语口语差也成了本专业学生职业发展的瓶颈。要想办出高校特色，培养出优秀的具有可持续发展能力的物流管理人才，物流专业英语口语教学应以就业为导向，为专业服务。但物流专业英语口语教学，多年来没有进展，这已成为英语教师所面临的一个急需解决的重要课题。

二、物流英语口语特点

物流英语与普通英语没有本质的区别，它是为物流服务的专门英语，其学科知识涉及物流、经济、管理、法律等领域。其活动涉及国际运输、对外贸易、技术引进、商务谈判、经贸合作、国际支付与结算、涉外保险等。物流英语口语特点为不以华丽辞藻为表达目标，讲究语言的简洁、专业、准确和严谨。

（一）词汇特点

1. 物流英语口语中的词汇专业性强、语言平实。物流英语的词汇通常具有较强的专业性，和日常口语中的表达有较大的差异。例如："普遍性"用"ubiquitous"，而不像我们通常用的"universal"；"交货期"用"lead time"而不用"the period of time from placing order till receiving the shipment by the customer"；"按你方要求"用"upon your request"而不用"in accordance with your request"；"排序"用"rank"而不用"prioritize"等。

2. 物流英语口语中的词汇精炼，且常用术语和缩略词。物流英语口语中频繁使用商业术语（Commercial Terms），这些商务术语言简易明、容易记忆，使用方便，不仅是某个词组的缩写，而且含义丰富，涉及许多边缘学科的知识。如：集装箱货运站（CFS）英文为"Container Freight Station"；工厂交货（EXW）英文为"EX Works（Named Place）"；整箱货（FLC）英文为"Full Load Container"；COO（Certificate of Origin）产地证；FOB（Free on Board）离岸价格等。

（二）句法特点

物流英语口语中所使用的句子体现出语言的朴实无华、毫无矫揉造作；且长话短说，避免啰唆，常用简明的现代英语表达。

1. 具有较强的目的性。进行物流服务是物流英语口语表达的职责。在物流用语中，从业人员尽量用简洁、清楚、准确的语言描述需要确定的事宜，避免执行时发生任何歧义。因此，所用的句子精炼，客观性强。比如：Please send us the surrendered OBL immediately.（请立即将电放提单发给我司。）这句话目的性很强，没有任何多余的描述。

2. 句子精炼，表达有效，逻辑性强。物流业务中要用明白晓畅、语义连贯、逻辑合理的语言准确地把信息传达给对方。数据要求准确、术语使用应恰当，还要节省时间。比如：表示衷心的感谢用"thank you for"而不用"Express my heart felt gratitude to you for"。还经常使用表示逻辑关系的词语，比如："as result"，"for this reason"。

三、物流专业英语口语教学中的问题与成因

针对以上物流英语口语的特点，我们总结出我国高校物流英语口语教学中的存在以下主要的问题以及导致这些问题的主要原因：

（一）英语应试教育对口语教学的负面影响

当前，我国高等院校之间竞争激烈，考试通过率也是各院校竞争的指标之一。高等院校学生参加的高等学校英语应用能力 A、B 级考试的通过率也成为考核学校的重要指标。所以很多高等院校将 A、B 级考试结果与学生的毕业证挂钩，致使从学生到老师都十分重视考试的过级率。围绕着 A、B 级考试的教学内容就成了教学的重要组成部分。但是以应试为目的的教学方法完全不适用于培养学生的英语口语能力。而且在 A、B 级考试中不涉及口语内容。因此，物流专业学生基础英语课程中的口语教学微乎其微，英语口语仍停留在简单对话阶段。又由于就业的需要，很多学生要通过大学英语四、六级考试，以此作为找工作的"敲门砖"。四、六级考试的备考也成为学生课后英语学习的主要内容，致使学生们没有更多的精力与时间来提升自己的英语口语能力。

（二）教学内容缺少整体性和针对性

著名语言学家杰森认为，一个人要学会说一种语言，必须学会其几乎 100% 的语音，掌握其 50%～90% 的语法和 1% 的词汇。可见语音作为英语学习的三大要素之一在口语教学中有着十分重要的地位。但在应试教育的背景下，无论是义务教育阶段、高中教育阶段还是高等教育阶段，语音教学都备受冷落，我们的英语教学缺乏整体性。有些学生读不准音标、不会拼读单词，由于语音语调问题，说出来的英文别人听不懂、听不清。这也使得高等院校的英语口语教学举步维艰。

另外，由于教材的原因，口语教学内容多年以语言共核部分为主，缺少针对于物流专业学生的个性化口语教学内容。教学内容无法为学生就业打基础，也无法激起学生的兴趣。

（三）教学环境落后，教学设备陈旧

物流专业近几年发展较快，招生量逐年增加，通常高等院校此专业班级的人数较多。而大部分高等院校的基础英语基本上还是以大班为主，在这样庞大的课堂上，教师很难组织学生进行发言，一节课也只能是个别学生有机会。要想让大

多数学生在这样一节课里做口语练习基本上是不可能的。另外，由于口语教学的特殊性需要播放大量视频与音频素材，传统的播放工具比如录音机就很难满足教学要求，因此需要利用语音室资源。但很多高等院校语音室资源有限，无法满足要求，这也给口语教学造成了困难。

（四）学生本身缺乏英语学习热情

多年来，我们的英语教学让学生感觉学英语就是为了考试，这种不愉快的学习经历，使很多学生失去了学习兴趣。很多学生不愿读也不愿说英语。在这种教育环境下，他们也不可能意识到英语作为一种交流的工具，学习它的意义就在于使用它。虽然物流专业的一些学生已经意识到口语能力对于今后就业的重要性，但由于缺乏正确的引导，他们的学习成效甚微，渐渐也就失去了训练口语技能的信心。

四、物流专业英语口语教学改革的措施

（一）夯实基础，授人以渔，加强语音语调的学习

学习语音应遵循"理论—实践"的原则，在语音理论的指导下多听、多模仿、多读、多讲，培养正确的语音习惯。基于高等学生语音语调知识严重匮乏，此方面教学要全面系统。从正确掌握音素直至学会正确处理语流、语调，其间要不断地揣摩口形、舌位、唇位等要素，领会后大声地模仿。经过长期的练习，学生会逐渐掌握不完全爆破、连读、浊化、弱读等语音技巧。语音训练是一个相对乏味但又至关重要的英语学习环节。一方面，教师要在课上采取多种教学手段激发学生的兴趣。可以选择一些诗歌、绕口令、歌曲等，让学生练习或欣赏，在轻松愉悦的气氛中完成教学任务。另一方面，教师应将教学延伸到课外。要想掌握语音技能，必须经过一定的训练，但是课上时间有限，无法完成这项教学任务。所以教师有必要引导学生在课下实践他们在课上学到的语音知识。通过开展英语演讲比赛、电影配音等活动，为学生提供一个学以致用的机会，在学生中营造一个多听、多说、多练英语的活泼的学习气氛。课上课下相辅相成，从而达到最佳的教学效果。

（二）打好语言基本功

物流英语也是英语，很多同学们选择了物流英语后就不重视语言的基本功训练，以致在说话时句子结构经常出现错误，词汇也贫乏。因此到大学以后还要注重物流词汇的学习。对于学习物流英语的同学们来讲，要多背诵物流英语词汇，还要注重普通词汇在物流英语中的特殊意义。所以，学习者要熟练掌握各种语法

规则，不断扩大物流英语词汇量。

（三）调整基础英语课程，设置物流专业英语口语选修课

高等院校的英语课通常为一年，由于物流行业对毕业生英语口语能力有一定的要求，可以在入校第三学期设置英语口语选修课。学生可以根据个人的能力水平、兴趣爱好以及今后的职业规划来决定是否选择口语课程。这样不仅可以解决大班上课人多，老师难以掌控的问题，而且还可以缓解语音室资源紧缺的难题。在语音室小班上课的授课方式也保证了教学的效果。

（四）编写针对于物流专业的口语教材

根据物流专业学生就业的需求，整合传统的英语教材，补充货贷口语、商务口语等内容。精心挑选、编写对话，让语言环境接近学生今后真实的工作场景。同时为了保证学生有足够的有效语言的输入，教师必须补充与话题相关的语言知识，在理解的过程中不断吸收，从而形成知识的积累。这样学生在输出语言时，才不会感到无话可说。

参考文献

[1] 何阳. 我国大学双语教学的本质探析 [J]. 湘潭师范学院学报，2006（28）.

[2] 任良玉，李静雅，柳海红，等. 双语教学存在的问题及对策 [J]. 高等农业教育，2004(3).

[3] 严军，王典洪. 从专业英语到双语教学[J]. 中南民族大学学报：人文社会科学版，2004(8).

[4] 李利. 经管类课程双语教学模式的实践探讨 [J]. 高教论坛，2007（2）.

独立学院非英语专业学生
英语教学现状分析及对策研究

重庆工商大学融智学院基础部　李兴玲

摘　要：本文结合所学知识和自身教学实际，分析了针对独立学院非英语专业学生英语教学的现状，指出了目前独立学院非英语专业学生基础差、学习英语兴趣不浓、英语学习动机不持久，以及不能很好地利用上课时间等问题。文章还针对性地提出解决问题的对策及建议：举办英语提高班、通过改进教学方法（如多采用交际教学法等）来增强学生学习英语的兴趣等。

关键词：独立学院　英语教学　教学方法

近年来，随着我国经济、科技的不断发展，改革开放的不断深入，中外交流的不断增加，全球化进程的不断加快，英语作为一门世界语言，作为中国走向世界的工具，在我国已受到高度重视。在高校，不仅越来越多的学校开设英语专业，而且它也成为任何一个非英语专业学生的必修的基础科目。独立学院是我国教育领域近年来出现的一种新型、独特的办学模式，是我国高等教育体系改革的新生事物，它为合理、有效地开发和利用教育资源提供了新的思路和重大突破。独立学院学生是大学生群体中的一部分，他们既具有当代大学生的共性，又有其比较鲜明的特点。正是这种特点的存在，使独立学院英语教学工作更显艰巨和特殊。

一、独立学院非英语专业学生英语教学现状分析

（一）基础知识较差，教师难以施教

独立学院大多被确定在本科三批段次上录取学生，独立学院的高考录取分数线一般平均低于二本 20～30 分，所以学生入学成绩普遍较低，学习基础较差，学习效果不佳。学生的基础知识掌握较差，偏科现象严重，英语底子薄弱，非英语专业学生表现更为明显，部分学生因为成绩不理想在学习上缺乏自信心，对学习产生恐惧心理，焦虑感强，学习效果不佳。英语基础比较差的一部分学生，有的连音标都不会读，不会拼单词，他们要求从语音、基本词汇和基础语法开始学起。如果按这样的从基础教育开始的教学安排，学生两学年也只能学到二级，而且英语基础比较好的学生对此反映也十分强烈，他们中有的想通过大学英语四级、六级考试，有的打算考研深造，这种英语教学安排会使他们的梦想成为泡影。最终有的学生往往因为难度大、效果差而最终放弃了对英语的学习。

为此，很多高校在学生大一入学时，对学生进行英语分级考试，根据其考试成绩将学生分入 A、B、C、D 四种不同层次的英语教学班级。这种做法在实施的过程中也出现了很多问题，比如，容易导致成绩好的学生越来越好，成绩差的学生越来越差；差的学生容易产生自卑心理而放弃；分班也增加了教学、组织活动等的难度。

（二）学习兴趣缺乏，学习动机不持久

学习兴趣是引起和维持注意的一个重要内部因素。对感兴趣的事件，人们总会主动愉快地去探究它，认识过程或活动过程变得积极主动，从而获得良好的效果。学习兴趣浓厚的学生，在学习过程中热情高涨，自觉自愿并在充满愉快心理体验的过程中完成学习任务，不会感到学习是一种负担，所以它是人们去寻求知识和从事某种学习活动的一种精神力量。由于独立学院学生偏科现象严重，故相当一部分学生对英语不感兴趣，特别是非英语专业学生。

（三）学生对现代设备的过分依赖，而不利用好老师上课时间

随着教学设备的日益改进，高校英语教学一般都采用多媒体教学。多媒体的关键特征主要有信息、载体的多样性、交互性和集成性。多样性丰富了表现力，交互性增强了参与度，集成性表现出高效能。多媒体教学确实给英语教学带来了很多便利。但由于三本院校的学费较高，使得进入独立学院学习的学生普遍家庭条件比较优越，他们很多人自己拥有电脑，对电脑存在过分依赖而不认真听课。笔者曾经碰到过这样的一部分独立学院的学生，他们上课从不记笔记，课后找老

师拷贝课件；做翻译作业从不查字典，从电脑上查寻，翻译出来的句子经常面目全非。这部分学生的英语学习效果是很不理想的。实际上，课件上的内容一般是教学内容的梗概，老师会对其进行详细地解说，如果上课不认真听老师讲解，没有对课上内容加以理解，把课件拷贝下来也是徒劳的。这部分学生忘了学习一定是要付出艰辛的努力和汗水的。

二、改进独立学院非英语专业学生
英语教学的方法和途径

（一）举办英语提高班，提高基础薄弱学生英语水平

针对独立学院非英语专业学生英语基础参差不齐的现状，学校可根据学生的具体情况，开办不同种类的英语提高班。这里笔者讲的英语提高班，就是针对大一的英语基础比较差的学生的英语补习班，但把其叫做提高班更不会伤到这部分同学的自尊心和英语学习的信心。学校可开设口语提高班、语法提高班、写作提高班等。开这样的提高班的目的是，在一两个月比较短的时间内由专门的专业老师帮助这部分同学把高中落下的、没学好的英语知识补上，使其能跟上大学英语学习进程。这部分学生经过补习，英语基础提高后，也能提高其学习英语的兴趣，增强其学习英语的动力和信心，有助于以后大学英语及专业英语学习。

（二）改进教学方法，激发学生学习动机

1. 多采用交际教学法，增加课堂互动

20 世纪 60 年代后期，随着情景教学法在英国等欧洲国家的逐渐失宠，许多应用语言学家和语言教师接受了功能主义语言学和社会语言学的研究成果，开始重视学生语言交际能力的培养。交际法的语言理论基础主要来自两方面：一是海姆斯（Hymes）的交际能力理论；二是夏礼德（Halliday）的功能语言理论。布林（Breen）和坎德林（Candlin）（1980）指出，交际教学中得到学习者角色应该是自我学习过程和学习目标之间的协商者（Negotiator）……教师在交际教学法中有两个主要作用：一是协调和加强所有学生之间以及这些学生与各种活动和篇章之间的交际过程；二是在教和学的小组活动中充当一个独立的参加者。

在大学英语教学中，课堂互动作为一种语言交际活动，既是学生语言实践的极好机会，又可使大学生们的思想火花在得到尊重和平等的教学氛围中得以迸发，（大学生们独立的思想、见解逐渐走向成熟）实现了教学民主。课堂互动能丰富交流信息，培养学生的创新思维，激发学生学习英语的兴趣，在互动中增强自信，培养合作意识等。《国家英语课程标准》明确指出，此次英语课程改革的重点就是

要改变英语课程过分重视语法和词汇知识的讲解和传授；忽视对学生实际语言运用能力的培养的倾向，强调课程从学生的学习兴趣、生活经验和知识水平出发，倡导体验、实践、参与、合作与交流的学习方式和任务性的教学途径，发展学生的综合语言运用能力，使语言学习的过程成为学生形成积极的情感态度，主动思维和大胆实践，提高跨文化意识和形成自主学习能力的过程。"以学生为中心"的交际教学法是实现这一根本目标的有效途径。

2. 注重对英语国家文化的趣味性导入

众所周知，语言是文化的一部分，也是文化的重要载体。不了解英语文化，就不可能学好英语，无论是英语的词汇、阅读、听力、写作还是口语交流，都有文化贯穿始终。大多数学生对英美国家文化都是感兴趣的。但由于对独立学院非英语专业学生一般没开设专门的《英美概况》等文化课，这就要求英语教师在平时授课时随时根据教学内容进行文化的趣味性导入，这样学生才会对所学课文等的文化背景有清晰的认识，才能更深刻地理解所学内容。比如，老师讲到英美国家的主要节日时，教师就应让学生了解这些节日的来历等。当然还可以进行中西方文化的一些比较等。总之，在英语教学中进行文化导入，不但能激发学生学习英语的兴趣，而且有利于培养学生的世界观，从而加深对本国文化的理解与认识。

3. 注重教室语言硬件环境的合理利用

研究表明，长时间用同一种方式进行单调的工作，会引起大脑的疲劳，使神经活动的兴奋性降低，难以维持注意。前面讲到，独立学院学生对电脑的依赖性特别强，这就要求老师不能把所有教学内容都打在课件上，这既让学生觉得疲劳，又会出现"上课不听讲，下课拷课件"的情况，所以，老师应把多媒体教学与黑板板书教学、老师讲解等有机结合起来，当然，可充分利用好多媒体，多让学生接触一些视频材料等。总之，教师要采取生动活泼、灵活多样的教学方法，尽可能利用刺激物的特点来吸引学生对教学内容的注意，以达到最终提高英语教学效果的目的。

三、结语

在针对独立学院非英语专业学生的英语教学中，要真正改善目前学生的英语学习状况，需要学校、教师和学生的共同努力。学校需要从教学体制、教学环境、师资安排上进行一些有针对性的调整，教师也需要通过丰富多彩的教学活动和灵活有效的课堂教学形式因材施教。当然教师要做到这一点，更要从自身素质上（职业道德素养、业务素养等）进行提高。只有这样，才能真正提高独立学院非英语专业学生的英语素质和文化修养。

参考文献

［1］周济．促进高校独立学院持续健康快速发展［J］．教育发展研究，2003（8）：1－4.

［2］成云．心理学：本科［M］．成都：四川大学出版社，2004.

［3］邹檬，姜忠元，焦景林．现代教育技术［M］．北京：科学出版社，2004.

［4］束定芳，庄智象．现代外语教学：理论、实践与方法［M］．上海：上海外语教育出版
　　社，1996.

［5］王振业．实用英语语言文化［M］．保定：河北大学出版社，2004.

独立学院体育教学有效性的
现状及对策思考[①]

重庆工商大学融智学院基础部　　柏中娟

摘　要： 随着高等教育的改革和发展，独立学院已成为当前高校发展新事物，提高教学质量是我们面临的新课题。大学体育作为高校必修课，对调整学生体质健康水平起着关键作用，本文以重庆市独立学院为例，主要通过文献检索法、访谈法等来研究独立学院体育教学的有效性策略，在有限的教学时间里取得最大效益，使体育课真正见到成效而不是流于形式，达到培养终身体育的目的。

关键词： 独立学院　体育教学　有效性

随着高等教育的改革和发展，体育教学要全面贯彻教育方针，落实素质教育，以提高学生身心素质为根本宗旨。独立学院大学体育教育作为独立学院教育的重要组成部分，既是学生运动兴趣的培养以及运动习惯与参与意识的形成阶段，也是促进学生自主学习和终身坚持锻炼的前提，体育有效性教学是教学质量的直接体现。本文运用文献检索、访谈法等方法了解大学体育课存在的问题，结合独立学院体育教育发展的情况以及独立学院学生特点，找出提高独立学院大学体育教学有效性策略，使体育课真正见到成效而不是流于形式，达到培养终身体育的目的。

---

① 本文是重庆工商大学融智学院2010年度教育教学改革与研究项目"以终身体育为指导思想提升独立学院体育教学的有效性研究"（项目编号：2010012F）研究成果。

一、有效性教学的概念及体育教学有效性的标准

（一）有效性概念的界定

有效性主要指通过教师在一段时间的教学后，学生获得的具体进步或发展，学生有无进步或发展是教学有没有效益的关键指标。它包括如下三重意义：一是"有效果"，指对教学活动结果与预期教学目标的吻合程度的评价；二是"有效率"，即单位时间内教学效果大；三是"有效益"，指三维目标有效达成。这里的有效性，不仅指向学生的学习结果，而且还应体现能否调动学生学习积极性，能否促进学生主动建构知识的过程，体现师生个体生命的价值，以生命成长和发展为终极目标。

（二）体育教学有效性的标准

查阅相关文献以及问卷调查结果表明，上好一堂有效的体育课应做到以下几点：第一，教师具有良好的师德，理解新课程的理念，做好上课前的准备工作；第二，结合本学院的场地器材进行有效地安排；第三，有效的讲解和示范；第四，关注个体差异，因材施教；第五，师生课堂频繁互动，构建和谐的气氛；第六，关注学生兴趣爱好并满足学生需求，学生有所发展，达到终身体育的目的。

二、独立学院学生特点及体育教学的现状

（一）独立学院学生特点

在教学过程中对独立学院学生的观察和课后的访谈，发现独立学院学生在体育学习过程中有一些他们自己的特点：第一，个性突出，思维活跃。独立学院的学生一般是80、90年代出生的人，大部分学生的家庭条件都不错，在兴趣爱好方面都得到很好的引导，所以造就了独立学院的学生兴趣广泛，思维活跃的特点。第二，综合素质比较高，社会活动能力很强。独立学院的学生一般都有自己的特长，在电脑、书画、文体方面的人才很多，他们很乐意表现自己，对体育实践课也很感兴趣，在与人交往和与人沟通方面都很有天赋，社会能力很强。第三，文化基础不扎实，缺乏自信心，学习缺乏主动性。自信心方面，与公立学校的学生相比较，独立学院的部分学生的自信心要差一些，一方面是因为高考成绩的差距让他们产生了一定的自卑心理，另外有一部分学生是通过降分录取到独立学院的，他们对自己的前途和未来缺乏信心，也是他们产生自卑的另一个原因；独立学院

的学生在学习方面缺乏主动性，没有养成很好的学习习惯，学习凭兴趣，自觉性比较差，自控能力也不好，缺乏持之以恒的学习精神，这些方面也表现在体育技能的学习中。

从独立学院学生的特点可以看出，学生虽然在自信心和学习主动性方面有些欠缺，但是他们思维活跃，兴趣广泛，在与人交往和沟通方面都很不错，对体育实践课也很感兴趣，所以在独立学院体育教育的过程中，只要能正确引导学生的学习兴趣，开展适合独立学院学生的体育项目，培养他们对体育的兴趣，这对于培养独立学院的学生的终身体育锻炼的意识是很有帮助的。

（二）独立学院体育教学教学的现状

1. 教学目标不明确，教学观念陈旧

独立学院是近几年教学改革的新事物，独立学院沿袭公办大学的教学模式，但是独立学院的生源素质与公办大学存在着一定的差异，其效果并不尽如人意。如在制定教学大纲、教学计划和教学目前的定位时模仿母校的执行，没有根据独立学院的办学理念和本校学生的自身的特点来制定，如何寻求适合独立学院特点的体育教学模式，是我们面临的新课题。

2. 教学内容缺乏多样性，教学方法滞后

独立学院的学生大多是80后、90后，思维活跃，个性突出，特别是受广大的娱乐媒介的宣传，他们对新型体育项目更有兴趣，在走访调查中，希望开设新型体育项目的同学占48%，而希望开设传统体育项目的同学占23%，希望两种都开设的占74%。然而学院由于师资的缺乏，场地的限制等原因开展新型体育项目只是纸上谈兵。课堂结构永远是"开始—准备—基本—结束"，课堂教学方法都是"讲解—示范—练习—纠错"千篇一律的程序，教学安排上无视学生的能力差异、个性差异，忽视能力、意识、创新精神的培养，忽视学法的指导，只注重体育的生物学功能，忽视教育学功能和社会学功能。不可避免地压制了学生的情感，挫伤了学生的主动性和积极性，抑制了体育教学在素质教育中的功能发挥。

3. 教学课堂懒散，终身体育思想淡薄

由于体育课的特殊性在较开阔的空间里活动，教师在教学过程中有"做一天和尚撞一天钟"的思想，"放羊式、自由式"的课堂教学依然存在，这直接导致了学生学习态度的懒散，稍有出汗就喊累，稍有难度就不学，学习进步慢，永远都停留在最基础的技术动作上。轻视体育的重要性，没能把体育和身体健康结合起来，觉得体育锻炼可有可无，终身体育思想淡薄。

三、提升独立学院体育教学有效性教学策略

体育教学是体育教师依据体育课程标准的基本要求结合本地、本校及学生的实际情况，对教学内容和方法进行再创造的过程，应该从内部条件和外部条件进行考虑。

（一）内部条件

1. 课前做好准备，结合学生特点，确立教学目标

独立学院学生没有高中阶段的学习压力，加之思维活跃，体育课是他们挥洒青春激情的空间，每个学生的兴趣爱好、特长不一样，给每个学生自由的空间，如：采用"三自主"（自主选择项目、教师、时间）教学模式，在调查中学生希望能采用"三自主"教学模式达到84%，这样他们获得参与的满足感，展示了特长，恢复了自信。那么，体育教师在上课之前了解学生兴趣爱好、目前运动水平、学生希望达到的锻炼目的等方面，再结合新时期大学教学理念确立教学目标，做好课前的准备工作，如：购置教材、制定教学大纲、学年计划、学期计划、单元计划、课时计划、设计并撰写教案等。使体育课成为学生们渴望参与的课程，并亲身感受到运动带来的乐趣和满足，更加积极地参与到体育活动中，逐渐养成自觉自愿的运动习惯。

2. 课中充分发挥教师主导作用，优化教学内容和方法，合理安排时间

教师的主导作用表现在言传身教，用体育教师自身人格魅力感召学生。表现在精心组织课堂教学活动，使学生有收获；表现在提供学法指导，培养学生的自我锻炼能力；表现在活跃教学气氛，激发学习兴趣，提高课堂效率。教师在课堂教学中优化教学内容，着重培养学生的认识能力，使学生真正懂得体育锻炼的意义、作用和有关的体育理论知识，并多开展学生关心的项目，如：减肥、塑身、提升气质、保健方面等知识，充分激励学生的学习动机，发挥学生的主观能动性，调动学生的运动兴趣，促进学生锻炼的积极性、自觉性。传统的体育教学方法有很多，如：发现法、探究法、范例教学法、问题教学法、自主学习教学法等。但随着现代化多媒体教学逐渐渗透到各学科里，多媒体也可以引进到体育教学的课堂，体育方法的改革也随着教学教育现代发展而紧跟时代不断推陈出新，如用光、声、音像等多种手段取代传统的言传身教的教学方法。同时合理安排课堂时间，提高教学效率。

3. 课后听课评课，设计合理的评价体系

课后积极开展同行相互听课评课和学生评教制度，提高教学能力，促进教学

水平提高。在学生期末体育考核中建立合理的评价体系，改变多年来单一的技评和达标成绩等显性量化评价方式，以促进学生发展作为根本的评价目标。有效性教学不止体现一堂课的教学效果，大学时代是一个人意识能力成熟完善的重要时期，必要的健康教育和科学锻炼身体理论知识和方法的指导在人的一生中起着重要的作用，让学生养成自我锻炼的能力，达到终身体育才是体育教学有效性的最终目的。

（二）外部条件

1. 合理开发场地器材，优化资源配置

在走访中发现，重庆的大多数独立学院中，体育场地器材不足是普遍现象，作为基层教师无力改变，但是我们可以充分利用现有的体育场地器材资源精心组织活动，如：利用球场上的各种跑道线进行耐久跑，利用小垫子进行各种跳跃练习，利用同学相互之间做简单的力量训练等，让学生享受体育带给他们的乐趣。

2. 强调安全教育，落实安全措施

"健康第一"是体育课的指导思想，体育教师在课堂上一定把安全放在首位，要尽可能减少甚至杜绝伤害事件的发生。让学生养成良好的课堂常规的制度，对学生服装、鞋子要严格规定。了解学生病史提前做好防范，如：有心脏病、哮喘、高血压的同学不能参加剧烈运动。

3. 营造良好的校园体育文化氛围，贯彻人文体育思想

《全国普高校学校体育与健康课程教学指导纲要》指出：当代大学生在掌握体育人文社会学科知识的基础上，提高体育人文素养，培养体育人文精神与科学精神。学校教育要树立健康第一的指导思想，切实加强体育工作，加强校园体育文化建设，加大体育宣传力度，如开展各种各样的体育讲座、开辟体育小常识橱窗、指导学生收听广播、观看电视中的体育节目等等，使学生得到各种不同形式、潜移默化的体育影响，从而提高其对体育的认识，并转化为体育行为，获得良好的情感体验。当代大学生有自己的学习能力，在整个校园体育文化的熏陶下，体育成为他们茶余饭后的话题，成为他们生活中一部分，体育课的气氛活跃，教学效果更明显。

总之，培养和发展独立学院学生从事体育活动的能力和学习的主体积极性，提升体育教学有效性教学，是让学生在大学生时代学会有"一技之长"，养成与掌握终身进行体育锻炼的习惯和意识，让学生认识到体育的价值。生活中离不开体育，体育将给他们带来无穷的乐趣。

参考文献

［1］姚利民. 有效教学研究［D］. 上海：华东师范大学，2004.

［2］梁恒，张晓红. 高校公共体育理论课教学方法有效性调查研究［J］. 中国西部科技，2009（19）.

［3］姜丽. 普通独立学院体育课程改革的理论与实践［J］. 教育探索，2006（12）.

［4］张成贵. 独立学院体育教学现状与改革思路［J］. 科技信息，2007（20）：258.

［6］赵克峰，颉梦宁. 大学生终身体育意识和能力的培养［J］. 体育探索，2007（12）：31－32.

［7］朱瑚. 浅谈如何确保体育教学的有效性［J］. 音体美教学，2009（5）.

浅议案例在课堂教学中的应用

重庆工商大学融智学院金融系　　孙妙娟

摘　要: 案例教学作为一种教学方法在国外有着悠久的历史,尤其是在商业、管理教育中是一种十分有效的方法,被广泛利用。随着高等院校教学改革的不断深入,在课堂教学中不断引入案例,已经逐渐成为一种趋势。本文拟对案例的含义、案例的特点进行介绍,并对案例相较于理论讲授的优势进行分析,最后,根据教学实践,对课堂教学运用案例应注意的问题进行探讨。

关键词: 案例　教学　应用

一、案例概述

案例译自英语"Case"一词,原意为状态、情形、事例等,此词用在医学上译成"病例",用在法学上译成"案例"或"判例",用在经济类课程教学中译成"个案"、"实例"、"案例"等,目前国内译作"案例"居多。

所谓案例,就是为了一定的教学目的,围绕选定的一个或几个问题以事实为素材而编写成的对某一实际情境的客观描述。运用案例,其实质是在教师的指导下,根据教学目的的要求,组织学生通过对案例的阅读、思考、分析、讨论和交流等活动,引导学生把案例与有关理论相结合,运用有关的知识和理论对案例进行分析和探讨,从中得出经验和教训,解决案例中的问题,从而使学生更深切地理解理论的真谛,训练学生分析、解决问题的实际能力,从而加深他们对基本原理和概念理解的一种教学方法。

一般说来,运用案例进行课堂教学具有如下特点:

（一）案例教学是启发式教学指导思想在教学过程中的具体运用

案例教学着重在提出实例之后设问，在学生的共同参与下，分析案例得出结论，使教学过程中师生思维同步，有利于调动学生的积极性，从而提高教学效果。

（二）案例具有形象、生动、多样的特点

由于案例是经过精心筛选的，具有鲜明的时空状态、特定的人物、情节，比较生动，而教育学课程的概念和原则较多，表述上具有抽象性、确定性，比较枯燥，两者的有机结合更能调动学生的兴趣，激发学生的求知欲。

（三）案例易于理解，有利于学生的记忆

案例是深化理论教学、巩固学生所学的理论知识，课堂教学中理论联系实际的有效形式。案例教学以学生为主体、变被动听课为主动参与，有利于学生参与意识和创造精神的培养以及潜能的发挥。

（四）案例有助于教师发现理论教学的不足，实现教学相长

案例教学为学生主动参与教学创造了机会，同时教师也能从学生对案例的多视角分析、不同意见的争辩中发现新的见解，从而达到教学相长的效果。

案例的这些特点，决定了它正越来越得到广大师生的欢迎。

二、课堂教学中运用案例的优势

（一）帮助学生建立感性认识

教学的任务之一，是向学生传授书本知识。书本知识对于学生来说，是他人实践经验的总结和概括。为了理解和掌握这些知识，学生必须以一定的感性认识作基础。如果感性认识丰富、表象清晰、想象生动，理解这类知识就比较容易。反之，则困难。依据这一规律，我们在教学上就要选用一些感知教材来帮助学生建立一定的感性认识。案例具有真实可靠性和高度概括性，故具有感知教材的特征。将其作为感知教材运用于教学中，可以起到帮助学生建立一定的感性认识的作用。

（二）帮助学生获得理性认识

在教学过程中，感知教材是很重要的。但是，不应让学生的认识停留在感性认识上，教师还必须善于引导学生把感知到的东西与书本知识联系起来，使他们的感性认识上升为理性认识。在这里，案例分析起到了一个中介桥梁作用。就案例本身而言，它是一种感知教材。对其进行分析，实际上是借用分析的方法，将感知教材与书本知识有机地结合起来。分析是将这两者连接在一起的桥梁，在分析的过程中，学生要进行思维加工、形成概念，从而掌握基础知识和基本理论，

获得理性认识。可见，案例分析具有使学生的认识从感性认识上升到理性认识的功效。

（三）帮助学生综合运用知识

学习的目的在于运用，如何培养学生运用知识的能力呢？案例分析是一个有效的方法。我们知道，无论是对人或对物的分析都是以一定的理性知识为基础的。如果没有这个基础，分析就无法进行，分析就成为一句空话。分析是认识事物、解决问题的一种方法。在分析的过程中，学生可以把所掌握的知识运用于实践、利用知识去解决问题。分析的过程就是运用知识的过程，分析的方法就是运用知识的方法。所以在教学中，运用案例分析，可以起到帮助学生培养运用知识能力的作用。

（四）提高学生学习积极性、增强学生学习的兴趣、活跃教学氛围

案例是实践活动的反映，具有真实的表现功能。因而，对学生具有较强的吸引力和感染力。实践证明，真实的东西，学生才能相信。善良的东西，学生才能接受。美的东西，学生才去追求。这一切都有助于学习积极性的提高、学习兴趣的增强、教学气氛的活跃。

三、课堂教学中引入案例的注意事项

（一）应以学生为中心

以学生为中心是案例教学的基本出发点，也是一个根本的指导思想。"授人以鱼只解一日之饥，授人以渔可食一生之鱼"，案例教学必须改变以教师为主、以传授知识为主的教学方法，要通过设计具体的案例情景，鼓励学生探索和解决问题，在案例教学的整个过程和各个环节都能充分体现学生的主体地位。为增强案例教学在整个课堂教学中的地位和作用，要正确处理好理论讲授与案例教学两者的时间比例。

（二）根据教学对象的实际情况，有针对性地选择案例

高质量的案例是案例教学成功的基础和条件，好的教学案例必须满足以下基本条件：一是案例的内容尽可能体现（或涵盖）理论讲授的知识点；二是问题的难度适合学生的认知能力，做到小、中、大型案例循序渐进，尽量使难度呈梯度增加，使学生由简入手在逐步获取知识的过程中获得成功的喜悦；三是多选择贴近生活的案例，这样可以使案例与学生的实际生活紧密联系，从而增强了学生的学习兴趣，加大其投入程度，提高了教学效果。教学案例可以来自于专门的案例集，但教师更要善于从身边，如本单位、本地企业中去挖掘，越是学生熟悉的案

例越具有感染力，教学效果越好。

（三）做好充分的课前准备

提高案例教学的成效必须做好充分的课前准备，教师和学生都要进行适当的准备。课前准备得是否充分，对案例讨论的效果影响很大。以案例内容为主的准备工作包括了解案例事实、识别案例问题、确定教学目标、设计作业要求、设计课堂讨论、关于案例分析和解答的评论。可能的话，还要了解超出案例本身的内容。在案例教学课前，可布置相关的作业题，让学生通过上网查找资料进行必要的准备。

（四）对案例教学实施有效的控制

案例教学要实现预期的目标离不开有效的控制。教师在组织实施案例教学过程中，要根据案例教学的不同类型采用相应的控制方法。一般而言，教师可从以下方面进行控制：一是时间控制。如果采用以研讨小组为单位的结构化的案例分析，要合理安排小组讨论、班级交流（小组代表）、教师总结这三部分时间，确保小组讨论充分，班级交流精彩，教师总结精炼；如果采用的是非结构化的自由式案例分析，要保证让尽可能多的学生有发言的机会；如果采用班级交流发言的形式，教师应限定小组发言的时间。二是议题控制。教师应该启迪学生的思路，鼓励学生提问，提示观察、分析问题的各种可能的方法。对不肯发言的学生，教师要用事先准备好的问题设问，帮助其开动脑筋，积极思维；避免学生的人云亦云和"钻牛角尖"；对学生没有顾及到的方面，也要作适当提示，以使讨论更为深入。在班级交流发言时，要引导学生讲关键性的问题，抓住内容的核心，回答主要问题；在学生对问题争论较为激烈时，不要过早下结论，促使学生在争论中发现真理，获取知识。三是气氛控制。案例教学的氛围要活跃、热烈，不能太沉闷，也不能过于活泼，给人以乱哄哄的感觉，教师要控制好案例教学课的节奏。当讨论不够活跃时，老师要进行鼓动和激励；当辩论过于激烈，气氛较为紧张时，教师则要作适当穿插和总结，以缓和气氛。

（五）做好案例教学的总结

总结是案例教学过程必不可少的一个环节和步骤。在案例教学中，教师的指导要重点放在引导学生寻找正确的分析思路和对关键点的多视角观察上，而不是用自己的观点影响学生。教师对案例分析的总结，不是要对结果或争论下定论，而是对学生的分析进行归纳、拓展和升华。总结的时间不能过长，其内容包括：概述讨论的主要内容，强调教学内容的重点、难点；评述学生的发言，肯定成绩，表扬独创精神；指出学生讨论中暴露的错误，明确概念，澄清模糊认识。另外，由于学生们在案例讨论中常常情绪激动，所以下课前的总结要轻松和幽默一些，以缓解紧张的气氛。

　　总之，案例作为一种直观、形象的教学素材，运用得当，能够起到事半功倍的效果，但也切忌盲目用案例堆砌，会使学生产生"案例疲劳"，就事倍功半了。案例的应用是为教学服务的，把握住这一原则，能够很大程度上避免案例的滥用。

参考文献

［1］经柏龙，罗岩. 论案例教学及其运用［J］. 沈阳师范大学学报：社会科学版，2006，30（1）：38－41.

［2］张国平. 管理学课程案例教学中存在的误区与突破技巧［J］. 常熟理工学院学报，2006（5）：90－92.

［3］张丽梅. 案例教学法的研究与教学实践［J］. 黑龙江教育，2006（3）：51－52.

［4］张家军，靳玉乐. 论案例教学的本质与特点［J］. 中国教育学刊，2004（1）：48－49.

论 ESP 需求分析在独立学院
金融英语教学中的应用

重庆工商大学融智学院金融系

尹　丽　　高雪莲　　黎　莹

摘　要：金融英语属于专门用途英语，即 ESP。ESP 教学的灵魂和精髓就是需求分析，包括学习需求分析、学习内容分析和学习者分析三方面。本文在 ESP 需求分析理论的基础上针对独立学院金融英语课程展开具体的需求分析，以求指导金融英语的教学实践，提升学生的实际应用能力。

关键词：ESP　需求分析　金融英语

一、ESP 概述

ESP 是"English for Specific/Special Purposes"的缩写，即"专门用途英语"，在我国又被称为"专业英语"，最早起源于 20 世纪 60 年代，是指与某一特定职业或学科相关的英语，是根据学习者的特定目的和特定需求而开设的英语课程，如科技英语、法律英语、财经英语、工程英语、计算机英语等。有关 ESP 的定义，学界一直未有定论。在此，笔者选择了斯特雷文斯（Strevens，1988）给出的较为经典、详尽的定义。

Strevens（1988）认为 ESP 包括四个根本特点（Absolute Characteristics）和两个可变特点（Variable Characteristics）。四个根本特点包括：①它的课程设置必须满足学生的特殊需要；②它的课程内容（即课程的主题）必须与某些特定的学科、职业和活动有关；③它的侧重点应该尽量使句法、词汇、篇章结构以及语义结构等诸方面都适用于那些特定场合的语言运用上；④它必须与一般用途英语（English for General Purposes，简称 EGP）形成鲜明的对照。两个可变特点：①它可以只限于某一种语言技能的培养；②它可以根据任何一种教学法进行教学。正如英国学者保连·罗宾逊（Pauline Robinson，1980）所言，语言本身的教学并不是 ESP 的终结，而利用语言实现一个确定的目标才是 ESP 的真正目的。

较之 EGP，ESP 既是 EGP 的提高和延伸，更具有教学的针对性、实用性、专业性更强的特点。这就决定了 ESP 教学的灵魂与精髓——需求分析，是 ESP 的出发点和中心，是所有教学设计的前提和依据。程世禄、张国扬（1996）就曾在其《ESP 的理论与实践》一书中明确提出"ESP 的精髓是分析和满足不同学习者的不同需要，以提高教学效果"。

二、ESP 需求分析

ESP 需求分析主要包括三个方面：学习需求分析、学习内容分析和学习者分析。

（一）学习需求分析

所谓学习需求分析是指在课程设计和实施的过程中，设计人员和教师对学习者的主观、客观学习需求进行调查分析，以确定学生学什么和如何学的问题。从内容上看，学习需求分析主要包括目标情景分析（Target Situations Analysis）和学习情境分析（Learning Situations Analysis）两个方面。前者是指课程结束时学习者在目标工作情境中应能达到的水平或能力，后者则是指学习者当前的目的语水平、学习条件、个人期望、学习策略等与学习有关的事物。通过学习需求分析，设计人员和教师可以最大限度地收集到学习者有关学习需求方面的信息，便于设计人员和教师确定学习者的学习起点能力和学习目标，测量并了解两者之间的差距，为 ESP 教师制订教学目标和大纲计划，组织编写相应教材，有针对性地进行 ESP 教学作准备，也为课程结束后教学效果的评估提供依据。

学习需求分析属于前端分析，国内外很多教育专家学者都强调从学习者处直接收集有关意见的重要性，并将其作为分析学习需要的策略之一。一般认为，学习需求分析主要包括三个方面的工作：一是深入调查研究，分析教学中需要解决的问题是什么；二是通过分析该问题产生的原因，以确定解决该问题的必要途径；三是分析现有的资源条件和制约因素，明确设计教学方案以解决该问题的可行性。

（二）学习内容分析

学习内容是指为了实现终点能力，要求学习者系统学习的知识、技能和行为经验的综合（陈晓慧，2005）。其范围可大可小，大到可以包括整本教材、整个专业甚至是整个行业的系统知识；小到某本教材的一个章节、一个单元乃至一节课的内容。在分析学习内容的同时，一定要考虑到学习者的学习需要，以及行业、社会的实际需求，选取那些可以满足学习者学习需要以及行业、社会需求的知识、技能、行为经验，作为教学的重点。

陈晓慧（2005）认为，学习内容分析的步骤一般包括五个方面，即：①组织和选择单元。考虑学习者必须学习哪些内容，一般是从单元层次开始的。单元是一门课程的划分单位，不同的学科进行不同的单元划分，确定一门课程的基本框架。②确定单元目标。单元目标是指通过学习本单元后学生所能获得的知识、技能、行为经验的总的要求。确定了单元目标，课程体系就开始了具体化过程。③确定学习任务。学习任务是学习的具体内容，在确定的单元内进行学习任务分析有效地保证了单元目标的完成。确定了明确的学习任务之后，还要对学习任务进行分类。④分析学习任务。对列出的学习任务进行更加详细的分析，对不同的任务选择不同的任务分析方法。⑤对上面的所有分析过程进行评价，找出不足，删除与学习需要无关的内容，增补不足的内容。

（三）学习者分析

在教学系统中，学习者是教学对象的目标群体；在传授系统中，他们既是用户，也是潜在的资源；在接收系统中，他们的行为是关键因素（沈孝山、杨成，2005）。学习者的分析是保证教学具有特定针对性和有效性的重要环节。主要包括学习风格的分析、学习者起点能力的分析和学习者一般特征的分析三个部分。其中，学习风格是指学习者持续一贯的带有个性特征的学习方式；学习者起点能力是指学生在从事特定学科内容的学习前已经具备的知识技能基础，以及对有关学习内容的认识与态度；学习者的一般特征主要是指学习者在生理发展、认知发展和社会性发展三个方面的个体差异，是个体身心发展、生活经验和学习经历共同作用的结果。

三、ESP 需求分析在独立学院 金融英语教学中的应用

（一）金融英语的定位

按照约旦（Jordan，1997）的 ESP 分类图（如图 1 所示），可知金融英语属于专业学术英语（ESAP）。为满足学生的需求、提升教学效果，需要明确适合的教学方式和模式，应首先对独立学院层面开设的金融英语课程展开 ESP 需求分析。

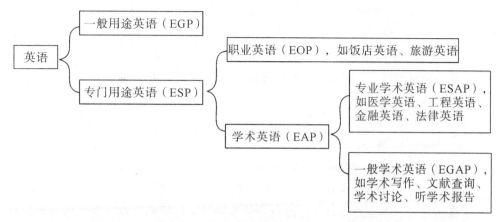

图 1　ESP 分类图

（二）ESP 三大需求在独立学院金融英语教学中的应用

1. 金融英语学习需求分析

如前所述，学习需求分析属于前端分析，其重要性不言而喻。基于独立学院应用型人才的培养目标，金融英语教学应以培养和提高学生解决实际专业问题的金融英语应用能力为导向，具体的学习需求和教学目标应包括以下内容：第一，具备基本的在金融专业领域中运用英语进行听、说、读、写的能力，即是英语应用能力在金融专业领域内的具体体现，也是本课程教学的主要目标。具体可根据教学计划和学时多少对金融英语听、说、读、写的能力培养有所侧重。第二，具备基本以英语为工具获取并处理金融信息的能力。这一目标是金融英语应用能力的自然延伸。第三，具备就业所需的金融英语能力，是金融英语应用能力在学生职业发展过程中的重要保证。

2. 金融英语学习内容分析

金融英语（English for Finance）是金融学专业高年级学生的专业必修课，具有内容广、专业性强、实用性强的特点。其内容涉及商业银行、证券、保险、投资等多个领域，旨在从英语的角度、用英语这一工具来对学生已经学习掌握的和尚未接触过的经济金融领域的一些知识加以整合和学习，使学生通过该课程的学习能在金融基础业务中较熟练地运用英语，熟悉基本的业务概念、术语及一般的业务程序与原理；听懂日常会话和一般的业务交谈；看懂与金融业有关的一般文字材料，提高阅读理解能力；掌握英汉互译的技巧；掌握金融英语口译的基本技巧，并鼓励学生利用英语来学习、了解国际上最新的、更加前沿的金融知识。因此，课程内容安排如下：

Chapter 1：About Money　（第一章 关于货币）

［教学目的］温习在《金融学》中已经学过的有关货币起源、特点、职能及类型的基础知识，掌握相应的英语词汇和表达方式。

［教学重点与难点］货币的特征、职能；货币发展的沿革。

Ⅰ．Origin of Money

Ⅱ．What is Money?

Ⅲ．Money in Modern Society

Ⅳ．Writing：About Money in My Mind

Chapter 2：Commercial Banking（商业银行）

［教学目的］本章是介绍商业银行的基本知识，包括私人业务和公司业务。熟悉基本的业务概念；掌握专业术语及一般的业务程序与原理；掌握英汉互译的基本技巧。

［教学重点与难点］重点：银行体系、私人业务（存款与贷款）和公司业务之贷款
　　　　　　　　　　难点：具体存、贷款业务中的流程和操作细节

Part Ⅰ The Banking System 银行体系

Introduction 导语

Section A：The People's Bank of China 中国人民银行

Section B：Bank of China 中国四大国有商业银行之一：中国银行

Section C：Bank of America 美国商业银行之一：美洲银行

Part Ⅱ Retail Banking：Bank Accounts 私人业务：银行账户

Section A：Deposit Accounts 存款账户

Section B：Foreign Currency Deposits 外汇存款

Section C：Deposits by Correspondence 邮寄存款

Section D：Deposit Collections in Different Places 异地存款

Section E：Loss Reporting 报失

Part Ⅲ Retail Banking：Loans 私人业务：贷款

Section A：Housing Loans for Individuals 私人住房贷款

Section B：Auto Loans 购车贷款

Section C：Education Loans 教育贷款

Part Ⅳ Corporate Banking：Loans 公司业务：贷款

Section A：RMB Working Capital Loan 人民币流动资金贷款

Section B：Fixed Asset Loan 固定资产贷款

Chapter 3：Investment Banking and Securities 投资银行与证券

［教学目的］本章是介绍投资银行和证券的基本知识，包括金融市场和股票交

易。熟悉基本概念，掌握专业术语及一般的业务程序与原理；掌握英汉互译的基本技巧。

［教学重点与难点］重点：投资银行、证券的分类（债务型、权益型）、股票交易

难点：债券、优先股及普通股的比较、股票交易

Part Ⅰ An Overview of Investment Banking 市场概览

Part Ⅱ Debt Securities 债务型证券

Section A：General Characteristics of Debt Securities 债务型证券的共性

Section B：Short – term Debt

Section C：Long – term Debt

Part Ⅲ Equity Securities 权益型证券

Section A：Preferred Shares 优先股

Section B：Common Shares 普通股

Part Ⅳ Trading 股票交易

Section A：Opening an Account 开户

Section B：What the Client Should Expect from the Securities Firm？证券公司提供的服务

Section C：Stock Symbols 证券交易代码

Chapter 4：Derivatives（金融衍生品）

［教学目的］学生通过学习本章能掌握包括远期、期货、期权在内的衍生金融产品的基本常用术语，能基本看懂较为简单的相关材料、产品介绍等。

［教学重点与难点］远期、期货、期权的概念

Part Ⅰ Basics of Futures and Forwards 期货与远期

Section A：Futures Contracts 期货合同

Section B：Forwards Contracts 远期合同

Section C：Similarities and Differences 两者的异同比较

Part Ⅱ Basics of Options 期权

Case Study：The Asian Financial Crisis（案例分析——亚洲金融危机）

Chapter 5：Insurance（保险）

［教学目的］学生通过学习本章能掌握保险方面的常用英文术语，能基本看懂较为简单的保单、保险品种介绍等。

［教学重点与难点］保险市场、寿险、财险（汽车保险）

Part Ⅰ Insurance Market 保险市场

Section A：Who supplies insurance？

Section B：Who buys insurance？

Section C：What do we pay for insurance?

Part Ⅱ Life Insurance 寿险

Section A：Classifications of Life Insurance 分类

Section B：What does it cost? 决定保费的因素

Section C：The Pay out 赔付

Part Ⅲ Property Insurance 财险

Section A：Insuring the Building 房屋保险

Section B：Automobile Insurance 汽车保险

课程将金融各分支领域的基本常识和业务作为学习内容，以商业银行存贷款、结算业务、证券及保险业务来组织教学过程，理论知识的选取也紧紧围绕工作任务的需要来进行，同时融合了金融英语考试 FECT（初级）对知识、技能和态度的要求。这就要求授课教师在教学过程中，教学方法应灵活多样，帮助学习者通过系统地学习、不断练习和实践，提高其在金融业务活动中的英语实际应用能力和工作能力。

（三）金融英语学习者分析

与其他 ESP 课程一样，金融英语课程的学习者一般都是大三或大四的学生，学习目的非常明确，就是要学以致用，能解决目标情境中的实际需要。他们自学能力较强，有一定的实践经验，多数学习者愿意独立自学，希望教师更多地扮演组织者、指导者的角色，在自己需要时能及时提供帮助。而独立学院的学生又有其自身的特点：一方面，学习能力弱于重点高校学生。独立学院的录取分数相对一本高校差距较大，而生源质量的差距则反映出独立学院学生学习能力、尤其是在英语、数学等科目上与重点高校学生的差距；另一方面，理论学习兴趣弱、应用实践能力强。学生对专业理论学习普遍缺乏兴趣，但思维比较活跃，对专业知识的应用较为关注和擅长。因此，教学过程中一方面要以学生的 EGP 水平为基础，适当增大词汇、语法等方面的讲述课时，让学生通过金融英语的学习实现提升 EGP 能力的目的；另一方面，金融英语课程内容安排要更注重时效性和实用性，力求通过运用多变的教学方式和形式激发学生对课程学习的积极性和主动性。授课教师还要注意聆听学生的教学效果反馈和意见，作出及时调整，以学生为本、以培养学生的应用能力为导向，实现课程的教学目标。

参考文献

[1] 斯蒂文斯，李慧琴，盛建元. ESP 教学二十年 [J]. 国外外语教学，1986（2）.

[2] 谷志忠. 专门用途英语课程教学设计研究 [D]. 上海：上海外国语大学，2010.

基于英语听力自主学习的
数字化外语调频台网站建设①

重庆工商大学融智学院基础部　罗南英

摘　要： 网络数字外语调频台是新时代网络技术和电化教育技术发展的产物，它本身所具有的特点使其在英语听力课程教学中有着十分重要的应用价值。本文探讨了建构主义理论指导下的数字外语调频台网站建设的必要性和网站建设的内容，应当遵循的基本原则及需要注意的事项，分析了网络数字外语调频台网站对英语听力自主学习的价值。

关键词： 网络多媒体　数字电台　建构主义　自主学习

一、引言

从 20 世纪 80 年代开始，为适应大学英语教学改革与发展需要，特别是全国大学英语四、六级考试需要，许多高校在校园内设立外语调频台，用于外语课堂听力教学，全国大学英语四、六级考试，学校的期中、期末考试和大学生课外自主学习。今天，全国高校几乎都有了校园外语电台，而且许多学校有 2~3 个频点，能够同时播放 2~3 套外语教学节目。

高校外语调频台作为广播的一种具体形态，具有广播作为大众传播媒介所具有的社会教育功能，在学校外语听力教学和人才培养中发挥着重要的作用，它是

---

① 本文是重庆市教育教学改革与研究项目"重庆市独立学院数字化调频台与听力课程的整合"（项目编号：103317）的研究成果之一。

不可替代的教学媒体，它是课堂教学内容的延伸，校园文化建设的载体，学生了解西方文化的途径。但是在教育技术和网络技术飞速发展的今天，传统的外语电台却面临着越来越多的挑战。

二、数字外语调频台网站建设的必要性

（一）外语调频台网站是当前网络数字多媒体时代发展的需要

传统外语电台的硬件设施落后，目前仍然使用的是简单的模拟设备，无法直接进行电台节目的编辑制作，外语调频台播放的节目源也仅仅局限于磁带等老式媒体，这样势必导致其内容量小，节目形式枯燥单一。作为新兴媒体的网络，正以其时效性、互动性、图文并茂等特点，对传统媒体构成极大冲击。与此同时，各高校都建成了自己的校园网，学校有关职能部门、院系、学生社团都可自办网站或主页，社会上令人眼花缭乱的各种网络媒体也在争抢学生们的"眼球"，对校园外语电台传播形成了极大的压力。另一方面，随着科技的发展和人民生活水平的提高，大学生自主学习媒体从最初的录音机、随身听、复读机，发展到今天的笔记本电脑、MP3、MP4播放器、带媒体播放器的手机、掌上电脑等数字化移动存储媒介。由于其便捷、时尚和存储方便的特点，在校园中日渐普及和受到学生的欢迎，学生可以随身携带，根据自己的兴趣和爱好随时随地进行娱乐和自主学习。这给校园外语调频台带来更大的冲击。因此，充分利用多媒体网络技术和数字化技术将现有的调频台资源与网络资源重新整合建设数字化外语调频台网站已经成为了时代发展的必需举动。

（二）数字外语调频台网站是适应大学英语改革的需要

2002年12月，教育部高等学校大学外语教学指导委员会在福州召开的年会上指出，在目前扩招和班级越来越大的情况下，解决问题的出路在于改革教学手段和教学模式，特别要重视运用现代化的网络和多媒体技术。从2004年的《大学英语课程教学要求》（以下简称《要求》），到2007年的对该《要求》的修订，都突出了"应大量使用先进的信息技术，开发和建设各种基于计算机和网络的课程，为学生提供良好的语言学习环境与条件"。而对于高校来说，建设数字化的外语调频台网站正是为学生提供了这样的听力自主学习环境和条件。

三、数字化外语调频台网站的建设

（一）理论依据

建构主义理论的核心在于以学生为中心，强调学生对知识的主动探索、主动发现和对所学知识意义的主动建构。建构主义认为，知识不是通过教师传授得到，而是学习者在一定的情境即社会文化背景下，借助其他人（包括教师和学习伙伴）的帮助，利用必要的学习资料，通过意义建构的方式而获得。在这种教学模式中，学生是知识意义的主动构建者，而非外部刺激的被动接受者；教师应该成为学生主动建构知识意义的管理者、组织者、促进者、指导者、征询者，建构知识的帮助者和督导者等多种身份而非知识的灌输者。学习过程的核心是学生，强调的是主动地"学"。学生、教师、任务和环境是整个过程的主要构件。教师要为学生创造良好的学习条件和环境，激发学生的学习动机，提供合理的学习策略，从而促进学生的学习。数字化调频台由于融合了数字化技术和计算机多媒体技术与音频技术，它已由数字设备、模拟设备混用的过渡时期转向构建真正意义上的音频节目采集、编辑制作出智能型数字音频的新时期。它的声音音质更清晰、播放质量更高、节目更多元、内容更丰富，操作管理更智能化。在网络环境下，数字化调频台更能满足多种听众的习惯，实现现实与虚拟听力的整合。传统电台过去一味只是配合教学进度和等级考试，播音时间和内容都是固定的，这势必影响一部分兴趣广泛学生的收听效果，但利用网络数字化电台可实现三种形式的收听。学生可在电台首播之后，利用校园网到外语数字电台的主页上通过数字交互式外语学习平台实现重播，并可参考节目相关的文字资料，也可以将无形的声音变成有形的文字以听力竞赛的形式提高学生的积极性、参与性，实现"播与听"的双向交流，实现有效的课外听力自主学习。

（二）数字外语调频台网站的建设原则

1. 发展学生主体性的原则

数字外语调频台网站建设应突出以学生为中心。以学生为中心是指以学生的目的需要为中心、以学生的能力拓展为中心、以学生的知识结构来进行网站内容的设计。重视学生的自主设计活动，并为学生充分展示其才能创设机会和条件，使他们在尝试、探究、交往等活动中，找到自己的"自由发展区"，获得生动、活泼、主动的发展，以此实现其主体的构建。

2. 交互性原则

网站不仅要有人机交互，更重要的是师生、学生之间通过网络实现教与学的交互。为了实现教与学活动的交互性，设计数字调频台网站时可依托论坛、留言板、博客、电子邮件、网络聊天工具等常规网络联系手段的优势，依托数字调频台网站扩展其交互性和同步异步交流的功能。打破时空的局限，构建师生交流的空间，把探究活动引向深入。

3．资源的丰富性原则

网站将大量的英语听力信息素材按知识点以文字、动画、图像、音频、视频等多种形式存储其中，并提供方便的检索功能，教师可利用它获得听力课程知识点的有关素材来组织教学，解答学生问题；同时学生也可在教师指导下围绕某一专题查找资料，自主练习听力获取知识。

4．可持续发展原则

外语电台网站建设不是一蹴而就的，它是一个听力资源逐步积累的过程。它可以根据实际教学进度逐步完善，根据教学改革的不断深入和需要，能及时地进行更新和补充，以保持内容的时效性和资源的可持续发展性。随着研究性学习的不断开展，网站包含的知识将会不断丰富和完善，并为资源的二次开发、信息增值留下相当大的空间。

5．专题与课程整合的原则

通过收集、整理与听力专题有关的文本、图片、动画、音频和视频等教学资源，围绕听说教学的特定主题，按一定的教学策略组织和设计，将知识点进行整合，形成一个统一的数字外语调频台专题整体。

6．及时反馈性原则

传统听力评价方式的静态性难以及时反映出每一位学生的听力学习状况。在英语调频台学习网站的设计中，要依据学习者的学习需求、特征差异以及学习者在学习过程中的表现，给出不同程度的强化练习并进行评价，及时反馈信息，充分体现出评价和反馈的动态性。

迅速及时地对各项练习提供反馈可使学习者随时了解自己的学习情况，及时调整学习策略。他们在纠正错误，克服不足，并通过正确答案进行反思的过程中，不断地检验和提高自我的认识。

（三）值得注意的问题

1．加强对教师的多媒体网络技术的培训

要对教师运用在线外语电台的知识和能力进行培训，让他们掌握这种在线电台的设计思路、编制过程、运用方法和在线评价原则等。只有掌握了这些理论和操作实践，才能编制出好的在线听力节目，迅速对学生的听写、评论和留言作出相应的回应，提高教学效率和教学质量，才不至于使这些先进的设备闲置和浪费。这是用好网络校园电台、发挥校园网络电台效率的关键。

2．节目要注意多样性和创新性的统一

节目内容应由说教型、播放课文和试题录音向外语主持人制作节目形式转变，在节目形式编排上要有创新性使之具有多样化、栏目化的特色，融新闻性、知识性、教育性、娱乐性于一体。目前各大高校所使用的大学英语听力教材的 MP3 格式文件都应收录，同时对这些听力课文作某些点评，这些都应该纳入在线外语听力网站的基本内容之中。这些点评可以是教师录制的，也可以是节目主持人录制的，甚至还可以是学生自己在寝室录制上传的。这样能极大地调动学生参与的积极性，使节目更适合学生的需要。

3．注意与其他网络媒体的资源互补

在网络化和专业化基础上，以播放端和媒资库为介入点，与校园内媒介进行业务融合，利用其平台、流量以及在其领域内的专业能力，扩大在线外语电台的传播渠道和用户体验。在线外语电台要尝试与这些主流校园媒介之间的融合，在时间上的相互配合，在内容上的相互补缺，共享节目资源，进而共享受众资源，借此来提升在线外语广播电台的影响力，开拓更加广阔的发展空间。

4．要注意加强对学生的适时监督和管理

教师要利用有效的方法加强对学生使用数字外语调频台网站的适时监督和管理。教师可以在网站上定期抽查学生的听力学习任务的完成情况，抽查时教师只需输入任课班级中的某个学号，就能查出他或她的学习记录，包括学习时间和学习成绩，还可输入班级号查出该班某项学习任务的百分比成绩以及某道小题的得分数据。教师也可以利用课间或课前时间在教室向学生演示 2～3 个学生的学习记录，这样可起警示作用，教师还可对完成得好或者上传资料的学生制定奖励机制以增强学习动力。

四、结语

基于英语听力自主学习的数字外语调频台网站为当前英语学习者的听力实践提供了一个有效的互动和资源平台，拓宽了传统课堂听力教学的空间和时间范畴。它创设了更为真实的、良好的英语学习环境，增强了学生的听力兴趣和参与讨论的积极性，对于培养学生的创造性思维和英语思维能力具有重要意义。然而，在实际教学过程中，为了保证网络外语调频台网站的实施效果，在网站的建设过程中必须要重视节目的多样性和创新性的统一，加强与其他网络媒体资源的共享和互补以及有效的监督管理机制。这些因素相辅相成，共同促进学习者提高听力学习兴趣和自主学习的能力。听力自主学习能力的提高促进了学习者的语音学习效果，也为学习者储备了丰富的情景实用的英语素材，并创造了更多的课堂内外使用英语的机会。

基于英语听力自主学习的数字外语调频台网站进一步改变了师生的角色，正如加纳德（Gardner）和米勒尔（Miller）（2002）所言：教师担负着管理教学、组织教学、提供咨询、即时反馈以及开发教材等职责；学习者则由被动变为主动，在学习计划、评估、自我鼓励、自我管理、自我学习安排等方面承担了更多的责任。师生角色的变化不仅有助于学生提高自主学习能力，丰富多样的听力课堂教学培养了他们的团队合作意识，提高了他们的交流能力。但是，实践证明基于英语听力自主学习的数字外语调频台网站对教师提出了更高的要求，教师需要不断提高网络多媒体技术水平才能对学生的听说提出即时反馈，而且，教师必须具备较强的责任心才会定期检查学习者的学习情况，才会反思并及时解决各种突发问题。

参考文献

[1] Gardner, Miller. Establishing & Access: From Theory to Practice [M]. Shanghai: Shanghai Foreign Language Education Press, 2002.

[2] 苏一. 大众化教育背景下高校外语电台现状与发展对策 [J]. 岱宗学刊, 2008 (4).

[3] 教育部高等教育司. 大学英语课程教学要求 [Z]. 教高 [2007] 3 号.

[4] 桑宇芳. 高校外语教学电台的数字化 [J]. 外语电化教学, 2003 (5): 65 - 67.

[5] 蒋丽萍. 英语视听专题学习网站的建设与应用 [J]. 玉林师范学院学报, 2005 (1): 133 - 137.

[6] 杨军娥. 论教师对大学生英语网络自主学习的监管 [J]. 丽水学院学报, 2009 (8).

[7] 邓星辉. 基于多媒体视角下的外语教学 [J]. 外语与外语教学, 2003 (9).

[8] 王玉雯. 多模态听力自主学习的设计及其效果研究 [J]. 北京电化教学, 2009 (6).

[9] 夏炎青. 互动式在线外语电台在大学英语听力自主学习中的应用及发展策略 [J]. 电化教育研究, 2010 (7).

独立学院大学英语学困生
问题成因分析及解决策略初探[①]

重庆工商大学融智学院基础部　石转转

摘　要： 大学英语学困生现象已成为高校独立学院一个不容忽视的问题。本文通过对重庆工商大学融智学院大学英语学困生的调查、访谈和个案跟踪研究，结合众多学者关于学困生的研究，对独立学院大学英语学困生的成因进行了分析、归类，并提出一系列相应的解决策略。

关键词： 独立学院　学困生　成因分析　解决策略

经济和文化的全球化使英语成为当代大学生进行国际交流、获取各方面专业知识、提升自身综合素质的重要工具。面对全球知识经济的挑战和激烈的人才竞争，如何培养综合素质高、英语交际能力强的人才是大学英语课程改革的热点及难点问题。而独立学院作为高等教育从精英教育转向大众教育的产物，有其自身的发展特点：学生成绩起点普遍较低，尤其是英语成绩普遍较差。因此，大学英语学困生问题已成为独立学院一个不容忽视的问题。

一、独立学院大学英语学困生的基本特征与行为表现

根据课题组人员的观察与近来课题组在重庆工商大学融智学院进行的问卷调查，独立学院大学英语学困生一般具有以下几个典型的基本特征：①学生对英语

[①]　本文是重庆市科委课题"重庆市独立学院英语'学困生'学能发展研究"的研究成果之一。

本身并无太大兴趣，家庭、就业及大学英语四、六级考试是其学习英语的主要原因；②学生在英语学习上投入的精力和时间不够；③部分学生花很多时间在英语学习上，但其最终取得的成绩与付出的努力不成正比；④学生的学习方法和学习策略存在较大的问题，问卷调查中，有88.7%的学生认为自己的英语水平提高不大，可能是英语学习的方法不对；⑤独立学院学生的自控能力较差，较难形成良好的学习习惯，在遇到挫折时，容易放弃，喜欢将自己的失败归咎于外界原因。

其具体表现为：①基础知识差，期末成绩不理想，且在通过大学英语四、六级考试方面有较大难度；②语音语调差，词汇量小，拼写能力差，且语言表达能力较弱；③对英语语法的理解不透彻，错误较多；④英语社会文化背景知识贫乏，知识面窄；⑤课堂表现欠佳，不愿参与课堂活动，与教师交流较少，英语交际能力较差；⑥英语学习比较被动，平时较懒散；⑦上课注意力不集中，容易走神；⑧对于考试成绩、老师的批评或劝告满不在乎。

二、独立学院大学英语学困生成因分析

根据对重庆工商大学融智学院大学英语学困生的问卷调查、学生访谈和个案跟踪研究，结合学困生的基本特征和具体英语学习表现，课题组成员将其可能的形成原因总结如下：

（一）初高中英语应试教育的影响

大学英语学困生的产生，在一定程度上与初、高中英语的应试教育有必然的联系。初、高中对升学率的一味追求使处于青春叛逆期的初、高中学生难免会对一些教育制度乃至学科本身产生厌恶心理，尤其是对自己不很擅长的学科。而且，英语考试分数较低的学生在教学过程中往往容易受到有意或无意的冷落，他们很少参与课堂教学活动。长此以往，自然而然地会产生一批英语学困生，而这批学生在经历了高考的考验进入大学后，大多都会延续初、高中时期对于英语的厌恶。升入大学后，大多数学生会认为大学是培养一个人的综合能力的阶段，学习成绩已经不再是衡量个人能力的主要标准，因此更加开始有意无意地忽视英语学习的重要性。

（二）学科特点的局限

英语属于语言类学科。如果学生在一开始没有培养自己对所学语言的兴趣，那么学习过程就变得相当无聊、枯燥。因此，英语这门学科本身与最初教师对学生兴趣的培养有着不可分割的联系。同时，大学英语要求学生把语言内容转化为听、说、读、写、译等具体的行为能力，它要求学生在课堂上与教师积极配合，变"被动"的接收为"主动"的练习。但在独立学院的大学英语课堂上，大多学生都不愿或不敢主动发言，他们的英语综合应用能力很难得到大的提高。

（三）教材因素

大多数独立学院教材更新较慢，且教材所选文章比较陈旧，无法迎合当代大学生的兴趣与口味以引起他们在感情和认知上的认同。学生在课堂上对所学内容提不起兴趣，注意力无法集中，最终放弃学习。问卷调查中，77.73％的同学表示自己对内容丰富、选材新颖的语言材料更感兴趣。

（四）教师因素

在课题组成员对不同学生进行访谈时，部分学生提出自己上课不愿意听讲跟教师的授课方法和教授内容是相关的。他们认为有些英语教师的教学观念和教学方法陈旧，教学缺少艺术性。还有学生认为他们跟英语老师的关系不融洽，教师在教学过程中缺乏对学生的感情投入，他们学习的积极性和热情受到了较大的影响。

（五）家庭因素

家庭教育是教育的重要组成部分，对学生的成长起着潜移默化的作用。不利的家庭环境对学生的学习会产生负面影响。家长对于英语学习的过分关注与过分轻视都会给学生的英语学习带来负面的影响。

（六）社会因素

受社会上"读书无用论"的影响，许多独立学院学生认为学历与毕业以后自身的发展状况无关，接受调查的学生 A 明确表示自己未来从事的职业与英语无关，即便是学院将英语过级与学位证挂钩也无所谓，因为自己拿不到学位证对以后的发展不会有什么影响。这类学生对学习英语没有兴趣，也没有心思去学习，当然不会取得好的英语成绩。除此之外，现在社会网络技术的发达使很多同学沉迷于网络游戏，而忽视了英语学习。

（七）同龄人因素

学困生周围的同学对英语学习的重视程度对学困生的形成也有一定影响。接受调查的学困生中，有40.64％的同学赞同或非常赞同同学的英语学习热情和同学对自己英语学习的鼓励对自己能否坚持学习英语有很大影响。

（八）学院因素

大多数独立学院都比较重视学生的英语学习。但由于独立学院本身存在的一些问题和基本特征，形成良好的英语学习氛围比较困难。虽然融智学院近些年来做了许多创造良好的英语学习氛围方面的工作，但调查问卷显示，认为学院创造了良好的英语学习氛围的同学仍只有约42％。究其原因，有以下几个方面：

1. 学院对已有设施，如英语网络学习平台、英语调频台的使用并无硬性规定，因此，这些设施虽已完善，但并未得到充分利用。

2．独立学院生源较差，学生英语水平普遍较低，而学院针对学困生的措施较少，90%的学困生认为如果入学时学院能够开设英语基础班，那么他们的英语成绩应该会得到较大的进步，不会成为学困生。

（九）学生自身的因素

1．英语基础差。大多数独立学院大学英语学困生是初、高中英语学困生的延续。他们对英语的厌恶和一些不良的学习习惯早在初、高中时期就已形成。这些同学基础薄弱，语法知识模糊，有些甚至连初、高中的英语知识点也不太清楚。因此，他们的转变将是一个十分漫长艰苦的过程。

2．由于学困生大多英语基础较差，因此大多缺乏学好英语的自信心。一旦遭遇挫折或考试失败，就认为自己根本没有学好英语的天赋或是能力不够，甚至认为是自己的运气不好，而产生消极的念头，最终放弃学习。

3．学生自身学习的努力程度不够。约70%接受调查的同学认为自己之所以英语成绩无法提高，是因为学习不够努力。

4．缺乏可行的英语学习计划和按照计划进行英语学习的坚强意志。接受调查的独立学院学生中，80%以上的学生认为良好的学习计划和学习目标对于英语学习很重要。但接近60%的学生承认自己并没有固定的英语学习计划和日程安排。部分学生有学习计划，但往往缺乏坚持下去的坚强意志。学习计划是有目标提高学习的前提，而学生的意志则是学生自始至终完成学习任务的重要保证，是学习成功的重要心理因素。因此，缺乏可行的学习计划和坚持学习计划的坚强意志是学困生始终无法提高成绩的一个重要原因。

5．缺乏良好的学习方法与习惯。一般人认为影响学生学习成绩好坏的因素是学生的智力水平，以及学习动机的强烈程度，但是科学的学习方法和良好的学习习惯可以在一定程度上弥补学生智力上的不足，不少英语差的学生缺乏科学的学习方法和良好的学习习惯，比如学习自觉性不强、害怕困难、不爱思考等。在接受调查的学生中，有62.9%的学生表示他们并不是不想学好英语，而是根本不知道怎么去学，怎么学好，也没有完整的英语学习计划。如果有明确的方法，他们会尝试改变目前的状况。

三、独立学院大学英语学困生问题解决策略

笔者在问卷调查和学困生访谈之后，就独立学院大学英语学困生的成因进行了分析、归类，并与课题组成员探讨了学困生问题的有效解决策略。随后，笔者

进一步与接受访谈的学生联系，分析了各种因素对他们英语学习的影响，并针对他们各自的不同情况提出了解决方案。一段时间后，笔者再次联系受访学生，他们均表示在找到问题的原因并对症下药后，其英语水平较以前有了较大的提高。现将具体解决策略列举如下：

1. 教师应与学困生加深交流，了解并帮助他们分析其英语水平一直无法提高或提高较慢的原因，提出相应的解决策略，采取正面激励的方式，使其重拾学好英语的自信。

2. 教师应引导学困生了解英语学习的真正意义。与学困生家长和朋友的有效沟通可以帮助教师引导学生认识到学习英语的重要性。英语在 21 世纪是非常重要的交流工具与学习手段。学习英语不应是为了应付考试或家长，而是为以后自身的职业发展做准备。

3. 教师应加强对学困生学习方法和学习策略的指导。多数学困生的英语水平提高缓慢是由于其学习方法不当或根本不知道该如何学习英语。一提到英语学习，他们只知道背单词、读课文、翻译句子，无法摆脱汉语思维的影响。有的学困生甚至生搬硬套别人的学习方法，脱离自己的实际，导致学习效果差。因此，这就要求教师不但要"授人以鱼"，还要"授人以渔"，引导学生学会如何学习，如何有效、牢固地记住单词，帮助他们逐步养成课前预习、课后复习等良好学习习惯。

4. 针对多数学困生对英语课堂缺乏兴趣的现状，教师应该改变传统的"讲解—接受"的教学模式，多动脑筋设计课堂活动，鼓励学困生参与课堂。

5. 教师还应该优化课堂教学。传统的课堂教学采取统一的要求、内容、进度、教法、练习等，无法满足各类学生的学习需要，大大影响了课堂教学效果，产生了很多学困生。在独立学院的大学英语教学中，教师要因材施教，分层教学，使学困生在每节课的学习上都有所收获，不断增强他们学好英语的信心，消除自卑心理。

6. 学院和教师应随时关注并监督学困生的学习进展。大多数学困生虽承认英语学习不好是因为自身努力程度不够，承诺会加大学习力度并坚持下去，但他们往往无法坚持下去，学习意志不够坚定，容易半途而废。因此，学院和教师应该适时地对学困生实施监督，对他们的学习情况加以了解，鼓励他们不畏艰难，坚持努力，提高自己的英语水平。

7. 针对独立学院大多数学生英语基础较差的现状，学院在征订教材时可以考虑选用内容更加有趣，基础知识更多的教材。这样不但可以提高学生对英语的学习兴趣，而且可以增加他们学习的成就感和学好英语的自信心。其次，学院在学生入学之初可增开英语基础课和语法课等，帮助学困生补习基础知识，而不至于越落越多。

8. 学院的已有教学措施，如英语调频台，英语网络学习平台等是学生提高英语水平的良好手段，应该被有效利用。学院可制定相关制度督促学生使用现有资源帮助自己的英语学习，达到事半功倍的效果。

四、结语

综上所述，独立学院大学英语学困生成因是多方面的，有外部因素，也有学生自身的因素。当然，本次调查仅限于重庆工商大学融智学院的在校生，可能有一定的局限性，但它仍旧说明了独立学院大学英语教学中的一些问题。如果不及时采取有效措施来解决这些问题，不帮助学生正确地认识到学习英语的重要性和他们自身的一些问题，那么这些学生就无法发挥他们可能存在的潜力，将会成为以后激烈的社会竞争中的失败者。在教学工作中，教师除了给学生传授知识以外，还必须注意到自己的言行对学困生的影响，要多给予他们情感支持和鼓励，多关注他们的学习进展情况，多与他们的家长和朋友沟通，对学生形成全面、客观的认识，争取对其提供切实可行的有效的帮助。同时，学院乃至相关部门也应该认真分析学困生的现状，找出导致这种结果的原因，对症下药，提出有效的解决措施，帮助学困生形成良好的英语学习环境，树立正确的英语学习态度，寻找高效的学习方法，使其在英语学习中找到乐趣，走出英语学习的困境。这样才能使独立学院大学英语学困生问题得以切实、科学、有效地解决，独立学院的发展才能上一个新的台阶。

参考文献

［1］陈文堂. 转化英语学困生的尝试［J］. 中学课程辅导教学研究，2009（11）.

［2］林格伦. 课堂教育心理学［M］. 昆明：云南人民出版社，1985.

［3］刘海华，朱禹龙. 大学英语学习后进生成因分析［J］. 吉林广播电视大学学报，2009（2）.

［4］徐采娥，郑卫政. 大学英语"学困生"的成因及对策［J］. 考试周刊，2010（31）.

［5］宗瑶. 英语学困生成因及解决对策分析［J］. 教育视野，2009（3）.

基于科学发展观的大学生体育教育研究

重庆工商大学融智学院基础部　陈勇芳

摘　要： 体育基础课教学是高等学校课程的重要组成部分。用科学发展观的理论指引体育教育的开展，使其达到以人为本，全面、协调、可持续的发展，这对高等学校培养全面发展的大学生具有重要的意义。在教学实践中，教师应该树立健康第一的指导思想、重视对学生体育兴趣和爱好的培养、广泛开展群体性的学生体育活动、重视学生心理素质养成、加强对学生课余体育训练、竞赛活动的指导和支持是用科学发展指引大学体育教育发展的有效途径。

关键词： 科学发展观　大学体育教育　全面发展

一、前言

大学体育作为当代大学生一门必修课程，是大学所学课程的重要组成部分，对培养身心健康、德才兼备、全面发展的现代化人才具有特殊的作用，历来都受到党和政府的高度重视。2003 年 10 月，党的十六届三中全会提出了科学发展观，并把它的基本内涵概括为"坚持以人为本，树立全面、协调、可持续的发展观，促进经济社会和人的全面发展"。因此，用科学发展观指导大学体育教育，不仅可以圆满完成高校在大学生德、智、体、美等方面全面发展中担负的重要使命，而且还可以进一步深化"特色鲜明、研究型、开放式"的理念，使我国高校在接近国际知名高校的道路上不断加速前进。

二、科学发展观对大学体育教育发展的要求

（一）落实以人为本，全心全意为学生服务

"以人为本"在教育工作中，既是一种价值判断，又是一种方法论。高等教育要以育人为本，以学生为主体，体育教育更要强调以人为本的教育理念。要深刻认识大学生全面发展的内涵，坚持以学生为本，在大学体育的实践过程中全面实施素质教育，充分利用体育的特殊教育功能和社会性的特点，不断满足大学生个体身心发展和社会发展的需要，做到有机结合、协调发展，完善大学生的健康体育思想、观念和行为，为终身体育打下坚实基础。

（二）强调全面协调发展，培养学生综合素质

全面协调发展是科学发展观的重要内容，这要求大学体育教育不但在学生健康成长方面进行引导、培养，更要通过体育教育模式，在潜移默化中提高大学生的德、智、体、美等素质。各个方面在发展中都是相互协调的，在实际工作中还要处理好大学生心理与生理之间的关系，做到心理与生理健康两面都重视。同时，在大学教育体系下，尽量统筹兼顾大学生体育知识学习与专业课程学习的协调发展。要树立"育人为本，全面发展；以生为本，面向全体；终身体育，持续锻炼"为培养目标，既重视培养学生的学习能力使学生学会学习，又重视学生的身体锻炼习惯的养成使学生的素质得以全面的发展，既具有良好的学业，又具有崇高的人格；既能够学好学业，又能具有强健体魄。使学生成长为真正适应社会主义发展新要求的"四有新人"。

（三）重视可持续发展，指引学生茁壮成长

科学发展观强调可持续发展，它是指既满足当代人的需要，又不对后人满足其需要的能力构成危害的发展，强调了发展进程的连续性、持久性。大学体育教育强调可持续发展，不仅要求大学生在高校成就健康的体魄，更重要的是养成科学体育生活方式。将健康的、科学的生活方式融入大学生的终身生活，是大学体育教育的一项重要任务。通过良好生活习惯的传承，可以让大学生在自我的人生规划上得到可持续的发展。身体是革命的本钱，强健的体魄、充沛的精力是一个人能够做好一项工作的基本条件，而体育本身就是指导人们强身健体的一门学科，这也正是体育能够促进学生可持续发展之所在。

三、当前我国大学体育教育中存在的问题

（一）高职院校与本科院校体育教育思想差距渐大

研究发现，由于受传统的体育教育思想和观念的影响，目前部分院校的体育教学采用的仍然是"以教师为中心，以课堂为中心，以教材为中心"的传统教学模式，片面强调传授体育知识、体育技能、增强体质的重要性。传统的体育教育思想，忽视了对学生进行三维健康观的教育，忽视了对学生进行科学健身提供理论和方法的指导，忽视了学生的主体需求，忽视了对学生进行体育意识，体育能力和体育习惯的培养。当前，体育教育思想的滞后性，严重影响了大学生人才培养目标的顺利完成，致使大学生中一部分走向社会后难以形成坚持体育锻炼的意识和能力。

（二）体育教学目标不明确

当前体育教学目标大同小异，没有突出各院校的专业特点和办学特点。目前，一些中专学校升格成了高职院校占了高等职业教育的50%以上。但在体育课程建设上仍沿袭中专学校的课程体系。高职院校的生源组成比本科院校要复杂得多，他们既有由原来的中专学校直升到学校的，也有通过高考进来的学生。本科院校学生相对来说比高职院校学生思想上更重视终身体育观。面对教育主体的变化，体育教学目标应进行改革和调整，但绝大多数学校在这方面做得并不够。

（三）教学内容重复，没有开设与专业相适应的教学内容

备受非议的教材内容阶段性重复问题，在大学生体育教学中同样存在。在小学、中学阶段已经被重复多次的教学内容，很难激起大学生的学习体育的兴趣，学习的积极性就会降低。学生上体育课的动机只是为了应付体育课考试，一旦体育课结束了，他们的体育生涯也就随之结束。76%的学生对现在的体育课的项目设置不满。作为教育课程体系的重要组成部分的体育教育，应与专业教育培养目标一致，体现专业教育特点。在教学内容的设置上，应考虑学生未来职业需求，树立体育教育为未来从事专业服务的意识，推行实用性体育教学内容，这样既提高了学生参与体育活动积极性，又为终身体育打下了坚实的基础。

（四）体育教学软、硬件条件落后

体育设施是体育教学的硬件。它是影响体育教学的重要因素，学校体育设施是否充实、完善、往往会影响学校体育的实施。近年来高校教育办学规模不断扩大，加之过分追求经济效益和领导对体育教育重视不够等因素的影响，导致体育场地、器材严重不足。一项"影响学生参加体育活动的因素"调查显示：37.6%

的学生认为体育场地器材设施无法满足其进行体育活动的要求。根据《普通高等学校体育器材设施配备目录》，校内体育场地生均活动面积应不少于 5 平方米。在所调查的八所院校中，只有一所学校生均面积达标。有些学校虽然能完成教学需要，但每班四五十人的规模，教学效果可以想象。体育场地设施的不足严重影响了体育教学的质量和效果。

四、用科学发展观指引高职院校
大学生体育教育发展的主要途径

（一）树立健康第一的指导思想

大学体育是提高大学生健康素质的关键环节。大学生的健康是一个民族健康素质的基础，关系到千家万户的幸福，关系到民族的未来和国家的竞争力。大学体育教育是促进大学生全面发展的重要内容，对大学生的思想品德、智力发育、审美素养的形成都有不可替代的重要作用。加强大学体育工作、提高学生健康素质是学校教育全面落实科学发展观、坚持以人为本、促进青少年学生全面发展的必然要求，是把提高教育质量作为当前教育工作重点的必然要求，因此，各级教育行政部门和高校必须充分认识加强学校体育工作健康第一方针的重要性。

（二）重视学生心理素质养成

加强对学生心理素质的培养，是社会发展的需要，也是深化高校体育教学改革的必然。现代社会需要有健壮的体魄和健康的心理的人才。因此，要充分利用体育这一独特的教育形式，加强对学生心理素质的培养。通过丰富多彩的体育活动，培养学生顽强向上的精神、良好的心理品质及坚强的意志，发展他们的想象思维和创造能力；指导帮助学生建立正常的人际关系，培养他们自尊、自爱、自信。

（三）加强大学生体育能力的培养

大学生体育能力水平集中反映了大学体育教育的质量。为了使大学生适应现代社会进步的需要，高校体育教学要突破单纯运动技术教学，加强培养体育能力，提高每个大学生的素质，包括每个人对自己的身体能够自行培育、锻炼和养护的能力，具体包括身体锻炼能力、运动能力、开拓创新能力、组织管理能力、保健能力。如何培养大学生的体育能力，必须引起高校管理部门和体育部门的高度重视。各高校需在自身条件允许的情况下相应地开设身体锻炼、组织管理、健康保健的课程，切实提高大学生的体育能力。

（四）重视对学生体育兴趣和爱好的培养

高校体育教师要高度重视对学生兴趣的培养，并使之贯穿在整个教学活动中。

在指导和组织学生进行体育活动时，应充分挖掘学生对运动的内在潜力和乐趣，以良好的教学形式、丰富的教学内容、灵活的教学方法，培养学生的兴趣，并把稳定的兴趣培养为自我锻炼的习惯，使学生学有所得，受益终身。同时，在教学过程中，教师应注意加强体育基本知识教学，开阔学生视野，教会学生运用知识技能的方法及科学的健身方法，增强学生自我锻炼的能力。

（五）广泛开展群众性的学生体育活动

学校要把开展丰富多彩、形式多样的课外体育活动作为日常教育工作和校园文化建设的有机组成部分，并纳入教育教学活动安排，形成制度。各级教育、体育行政部门和各级各类学校要积极行动起来，开展人人参与、个个争先的群众体育活动，探索学生有兴趣、学校有特色的群体活动形式，不断增强广大青少年学生的体育健身意识，激励他们自觉参加体育锻炼，掀起校园青春健身活动的热潮，形成生动活泼的校园体育文化氛围。高校体育部门要加大依托学校创建大学生体育俱乐部或体育兴趣社团工作的力度，组织和吸引广大学生积极参加体育活动。

（六）加强对学生课余体育训练、竞赛活动的指导和支持

开展课余体育训练是高校普及体育人口和培养、选拔优秀体育后备人才的重要基础。大学体育教育要把面向全体大学生的群体活动与提高课余体育训练水平有机结合起来，通过更加广泛的群体、竞赛体育形式夯实课余体育训练的基础，通过课余体育训练、竞赛活动带动大学生群体活动，激发学生参加体育锻炼的热情。

参考文献

[1] 曲宗湖，顾渊彦. 大学体育课程改革 [M]. 北京：人民体育出版社，2004.

[2] 郭清泉. 教育科学发展观的实践与思考 [J]. 当代教育论坛，2004（7）.

[3] 秦婕. 普通高校体育选项课发展现状的研究 [J]. 北京体育大学学报，2005(6)：816-818.

[4] 王志苏. 普通高校体育课程设置的几个问题 [J]. 体育与科学，1999（2）.

对我学院体育教学工作改革的思考

重庆工商大学融智学院基础部　丁　鼎

摘　要： 通过对我院现行体育教学模式进行分析，研究体育教学的实际效果，针对性地提出改革思路。以此加快改革进程，稳步提升体育教学质量，构建适合我院实际情况的有效教学模式，切实培养学生树立终身体育的观念。

关键词： 体育模式　改革　兴趣

一、引言

我院体育教学都围绕着培养学生掌握单项运动技能的观念开展体育教学，与21世纪对人才所提出的"知识、能力、素质全面发展"目标要求相比较，我院体育教学模式有必要重新思考和改进。以重庆市委、市政府构建"健康重庆、健康校园"的指示精神为依托，本文拟对我院目前体育教学模式改革的对策进行分析讨论。

二、我院体育教学改革存在的主要问题

随着学院教学模式改革的不断深入，各学科的教学改革都得到长足发展，体育课的教学思想和观念也有一定程度改变。由于之前学院运动场地和运动设施硬件不足等现实条件制约，体育教学场地比较拥挤，无法开展多元的、受学生喜爱的教学内容，只能因地制宜地开展教学活动。受之前授课方式影响，教师在授课过程上暴露出教学手段单一教学方法保守等问题，比较严重的影响教学模式的运

用。其中存在着诸多弊端，比如教学方式方法枯燥，课程设置多为运动技术的实践，而忽略了对学生传授相关的体育文化知识。体育教师多将单项体育成绩考核作为衡量学生体育教育的标准，忽略了成绩不好学生参与体育运动的兴趣等因素，打击了学生学习积极性，由此造成学生厌恶体育课的现象，削弱了体育教育在学院中的作用，影响了体育教育的功能，不利于培养学生树立终身体育观。现阶段我院体育教学模式面临问题如下：

（一）体育器材、设施不够完善

增加群体活动设施，充分利用大面积场地，完成对学生参加体育锻炼的要求。更新旧体育器材，激发学生运动兴趣。如没有较多的专项教学场地，例如排球场和健美操教室等，教师很难有效组织体育教学活动，得不到良好的教学效果。此外旧体育教学器材也无法适应新教学环境下的使用，应多考虑购买一些新的体育教学器材，如跳高和跳远器材，瑜伽等项目的教学用品。

（二）教师教学手段单一，不能有效激发学生学习兴趣

思考如何运用多种教学手段来提高教学质量，培养学生参与体育锻炼的兴趣。鼓励学生在课外进行各项体育运动，大力支持学生发展多样化的兴趣学习小组，并对学习小组进行课外指导。在课外参与体育运动以及发挥个人爱好参加的兴趣小组在综合测评上给予奖励制度。营造热烈的户外活动，让一部分人带动大部分学生加入到课外的户外活动中来。

三、目前我院体育教学现象研究分析

（一）研究对象

我院 2007—2009 级学生。女生 200 人，男生 85 人，总人数 115 人。

（二）研究方法

1. 调查问卷法、文献法。

问卷法：根据我院体育教改相关问题，设计调查问卷，发放 200 份，回收 196 份，回收率 98%。文献法：通过借鉴相关体育教改文章，为本文提供理论依据。

2. 研究结论分析

调查问卷情况分析

调查内容	分析结果%		结论与建议
体育设施	30.23 完善	69.77 欠缺	增加体育锻炼场地，如排球场等
理论课程	15.63 足够	84.37 不足	增加体育理论课时
必修内容	42.71 有兴趣	57.29 无兴趣	调整目前必修课内容
选项内容	79.16 有兴趣	20.84 无兴趣	调整目前选项课内容
教学手段	45.84 合理	54.16 不合理	运用多样灵活教学手段
体育兴趣	39.58 有	60.42 无	思考并运用体育教学改革方法

从上表可以看出，传统教学模式曾发挥出了应有的作用，但已无法满足当前新形势下教学的要求。应该从增设体育场地设施，调整教学内容设置，提高教师教学方法和手段三大方面来提高体育教学质量。

四、对我院体育教学工作模式改革的思考

体育课的本质任务是增强学生身体素质，提高学生体能，培养学生树立"锻炼健身、终身体育"的指导观念。因此，我院体育课教学模式的改革思路应围绕该观念进行。

（一）树立正确教学观念

体育教师要正确理解一般体育教学和单项运动技能教学的区别，改变一般体育教学和单项运动技能教学模糊不清的情况，避免出现体育课就是学习单项运动技能的错误观念。在考核中，应该从多维度考量学生掌握体育知识的能力，不能以学生单项运动成绩作为衡量学生体育考核的唯一标准，应全面客观地作出评价。

（二）教学内容和教学手段的改革

现有教学内容比较枯燥和教师教学手段单一，很难激发学生学习兴趣，体现在体育课教学中。教学大纲在必修课内容设置方面没能充分考虑学生心理、生理特征等要求。目前大多高校的体育课项目安排，沿袭了小学至高中阶段的体育课内容，如：田径、乒乓球、篮球、羽毛球等项目。各级学校体育教学中都出现着内容重复，使得学生对体育课失去兴趣。因此，我们不能简单的对教学大纲规定内容进行简单重复讲授，我院体育课教学内容的改革，应当充分考虑到大学生青春期的心理及生理特点，补充一些有利于发展大学生个性，提高学生参与体育学

习兴趣和提高学生身体素质的教学内容，比如开设定向越野、武术、体育舞蹈等项目，让学生根据自己的兴趣爱好进行身体锻炼。此外，教师教学手段运用单一，也从一定程度上影响着学生的学习兴趣。从整体上观察，仅仅依靠单一的教学手段来完成的教学不会收到良好的教学效果。因此，教师应该运用丰富教学手段来引导学生学习，提高教学效果。例如：课堂教学中，教师可以先布置学习内容，然后设计多种学习思路，提供学生选择，学生通过自身思考和自由练习逐步完成学习内容。注意要避免沿袭小学至高中阶段体育课中教学内容重复学习的现象，这样可以培养学生个性和参与体育锻炼的兴趣。

（三）完善学院体育设施、确保各类体育活动正常开展

能否真正落实"健康重庆、健康校园"的指导精神，有效开展我院体育教学工作改革，很大程度上受学校体育基础设施所制约。根据调查发现，我院学生普遍认为现有体育设施只能基本满足教学需要，还无法满足多数学生体育活动需求，如：田径场内设施不完备，某些学生感兴趣的项目没有相关专职教师，缺少健身器械等问题，影响了学生参与体育学习和锻炼健身的积极性。学院应重视学校体育设施建设，加大投入力度，确保正常教学和群体活动的正常开展。

五、结论与建议

认真做好我院体育教学改革工作，培养学生树立"锻炼健身、终身体育"的指导观念。

找到适合我院的体育教学模式，改进教学内容丰富教学手段，如增设定向越野、武术、体育舞蹈等课。改革体育考核中的评分方法，激发学生参与体育学习和健身锻炼的积极性。借助学院评估，找出工作中的薄弱环节和不足，建立完善的体育工作体系，达到"以评促建"的目的。增加体育设施，促进学院体育教学改革的顺利发展。

参考文献

[1] 程琨. 素质教育与体育改革的思考：现代体育论 [M]. 合肥：安徽人民出版社，2002.

[2] 罗世全，等. 独立学院课堂教学质量的现状与改进思路 [J]. 民办高等教育研究，2006(1).

[3] 教育部. 全国普通高等学校体育课程教学指导纲要. 2006 - 6.

浅谈当前我国体育教学中
存在的问题及对策

重庆工商大学融智学院基础部　　贺小卫

摘　要：体育与健康课程改革已历时 10 年，其成果固然令人欣慰，但还是存在问题和不足。本文指出了当前我国体育教学中存在问题，并对问题出现的原因进行分析，提出要从把握管教学生的尺度，点面结合，个性化教育与整体教育相结合，加强体育术科教师技术教法创新和合理运用，增加体育教学内容、方式，注重在教学中提高学生的实践能力，创造最优化的教学环境这几个方面来解决问题。

关键词：体育教学　存在的问题　对策

一、前言

当前，我国的基础教育正在由应试教育向素质教育转变，这一变革极大地推动了学校体育的改革步伐，扩展了学校体育改革的前景，启迪了人们对"以人为本、健康第一"思想的认识，为学校体育进行全面系统的改革提供了良好契机。然而，伴随着体育教育改革和社会需求的不断变化，体育教学中存在的问题越来越明显，严重阻碍了我国目前体育新课程教育教学的发展。所以，研究体育教学存在的问题及解决的对策，为今后我国体育课程改革以及体育教学朝着科学化发展提供参考和建议有着重要意义。

二、我国当前体育教学中存在的问题及分析

（一）学习的短视性和功利性

体育教学内容的短视性是指以竞技为中心的体育教学内容在教学实施过程中存在"为考试而提高"的现象，它以某学期学生的运动技术和体能是否得到了较大的提高作为体育教学效果明显与否的衡量标准，但这种评价标准是短视的。在高校体育教学中，我们应该放远眼光、讲求长效，使大学生在毕业后能够继续参加体育锻炼，积极参与社会上的各项体育活动，这就需要在高校体育教学过程中将长效、发展作为首要问题，解决高校体育教学内容的改革问题。考核测评标准偏低，使得学生学习无压力，大部分学生在最后考试的时候感觉挺容易及格的，因而在平时的学习中不用心。在实际工作中，无论是教师还是学生对体育教学评价目的的认识都存在着不足。有的教师认为评价就是针对学生的，当学生考得不理想时可以把标准一降再降，降到大部分学生及格或达标为止。不少学生把评价当作获得学分的一种手段，你考什么，我就练什么，由于不及格就可能评不上三好学生、拿不到奖学金，因此体育教学评价的反馈作用没有得到体现，反而成了学生功利性的目标。

（二）教师技术教学过于轻淡

教师为了突出快乐体育，常常让学生体育课中玩得过多，技术动作却不怎么教。有的甚至采用"放羊式"的教学方法。教师在快乐体育、个性化教育、健康教育、素质教育的思想指引下，在整堂体育课教学之中给予学生更多自由活动空间，技术教学时间相对较少，集中教导的次数也少了很多，这是实施素质教育过程中的错误偏差。部分老师对某部分具有个性化又行为散漫的学生不怎么管，担心学生对自己的教学评价不好。这种情况的出现都会影响到体育课技术教学效果。许多老师之所以不严于管教，还因为他们存在技术学习要靠学生的自觉性，学不学由个人选择，管多了反而不好的思想。这样的想法是实施素质教育过程中的一种错误偏差。

（三）缺少宏观调控，个性化教学服务成为空谈

由于目前高等学校人数扩招，大多数学校资源条件跟不上发展，特别表现在体育场馆设施缺乏、师资力量不够。在有限的资源条件下，平均一个教师面向一个班30～50人甚至60人进行体育课教学，要做到个性化教学实在很难，只能是体育课堂上宏观调控，尽可能满足人人快乐体育运动的愿望。

（四）体育课堂重视实践教学，忽视理论知识的传授

长期以来，体育教师以上好实践课为本职，大部分时间和精力都用于研究技

术与技术教学方法上，很少受到主讲理论课的专门训练。大部分学校的理论课是在考试之前上一两次课，而上课的内容大部分与考试内容有关，这样使学生很难受到系统的专业理论的学习。在教学形式和手段上，目前虽有部分高校开始试行主讲教师上大课与任课教师上小课相结合和采用声像、图文并茂的电化教学，但大多数高校主要还是采用过去传统的教学形式、手段，比较枯燥、单调和有较大的随意性。

（五）高校体育教学中实践性环节薄弱，学生对教学实习不够重视

对于目前高校中体育教材教法的课程设置和教学，无论从教材还是教学方法来看都明显老化，跟不上基础教育改革的实际。学生在相对集中的时间内学习的教学法内容很有限，而且其中教法课程理论的东西讲得多，纸上谈兵，实践机会少。大多数高校的体教专业较少有见习和听教学讲座的机会，更少有机会接触基础教育改革，对上课的技巧、上课的心理等缺乏训练和借鉴，很多都得依靠自身去了解，得不到系统地学习和训练。图书馆也没有这方面的资料，新书上架、流通速度慢，实习的时候才去适应新课程、新理念，过于仓促，需要改进。

很多学校的实习工作抓得不严，导致许多学生根本不实习，到实习总结的时候随便找个单位盖个章就算过关，从而使很好的系统锻炼的机会丧失。

（六）学校的场地器材不足

高校扩招造成各高校场地器材的不足，这是现实普遍存在的问题，这些问题不只出现在中小学的教学中，也出现在大学的教学中，尤其是部分院系的体育教育专业学生中，部分学校因为场地的限制，相应地缩短了教学课时数，或者干脆将原来的分小组上课改为大班上课，试想一个体育教育专业的班级40多人在两片网球场上同时上课，学生的练习密度和强度又怎么能保证呢？高校场馆商业化情况严重，尤其是最近比较流行的羽毛球网球项目，大部分学校都收费，且收费的金额有些偏高，学生到学校学习本来都交了不少学费，还要在平时的练习中交多余的费用，这令人感到不解。由于场地的限制，学生课下的练习质量和水平很难得到提高。

三、针对上述问题所采取的对策

（一）把握管教学生的尺度，点面结合，个性化教育与整体教育相结合

快乐体育、素质教育并不意味着让学生"放羊"随心所欲地活动。放任学生不管不行，管得太严也不行，教师一定要把握好尺度，耐心引导，善于灵活地把技术教学融入快乐体育运动中，让学生在轻松、相对随心所欲的活动中学习、掌

握技术技能。在进行体育运动技术教学时，使学生乐意接受技术教学指导。教师在培育人的同时更需要多一份责任心、耐心并勤于辅导，既要顾及全体学生，又要尽可能满足不同差异的个体需求，体现体育课中学生主体的意识，发挥体育尖子的榜样作用，以点带面，扩大技术学习的良好氛围。注重个性化、合作创新教育，使学生体育运动技术的学习与运用取得更好的体育效果。

（二）加强体育术科教师技术教法创新和合理运用

加强体育术科教师技术教学的正确思想认识，提高技术教法创新能力，结合新时期学校体育教育指导思想，立足现在，着眼未来，把技术教学重视起来，通过合理运用教学手段令其融于快乐体育、健康教育、素质教育之中，有利于完善学校健康体育教学，提高教学效果，缩短与教学目标的差距，使技术教学在体育课实践中真正落到实处。

端正教师在体育课技术教学中错误偏差。在体育教学思想转型时期，高校体育课技术教学出现滑坡现象，学生厌学，老师厌教。这是体育课实施素质教育过程的一种错误偏差所致。体育术科教师出现体育课技术教学观念过于淡化的教学行为表现，这可能与新的体育指导思想的正确理解有偏差。因此，在体育课实施素质、健康教育的过程中，必须明确竞技体育并不等于不重视基础技术教学，提高教师的思想认识，强调学生掌握一定的基础对激发兴趣、爱好持久、习惯养成，特别是对科学健身运动、终生体育具有现实意义。

（三）增加体育教学方式

不要只在操场学习技术、增强体质，可以多增加体育理论课学习，学习体育的价值功能、运动健身原理、提高身体素质理论依据、科学锻炼身体的原则与方法等。还可以经常与学生探讨体育技术对人终身运动健身产生的效果、对人的健康发展，使学生明白掌握体育运动技术的道理，激发学生的内需动力，从"要我学习"完全转变为"我要学习"的观念上来。让学生认识到通过体育运动能展现个人的外在魅力使自己人生变的美好而具有积极现实意义。还可以进行生活模拟、课堂表演、娱乐活动等，可以培养学生适应社会的能力。

（四）教学内容的选择要突出全面化、终身化

高校体育理论教学受当前其他学科快速发展的影响，使我国普通高校体育理论教学的形式和内容面临两种选择：其一是彻底改变现有的体育教学形式，重新构建一种统一模式的理论教学内容和体系；其二基本上保持现有的教学内容与形式的相对稳定，同时又作出积极地调整和适度地补充，以解决现有理论教学内容与整个体育教育发展不相适应的矛盾。从实际操作的角度来看，我们认为以选择后者为宜。即在现有的基础上，各学校根据自己学校的发展水平灵活地选择和扩展符合本校和本地区学生的实际来制定教学目标、内容和形式。教学内容的选择

既要考虑大学生的实际，扩大知识面，注重内容的实用性，加强体育的科学性和多功能效应的教学，进一步提高学生对体育的认识水平；又要强调身体锻炼的原理、原则、方法等的教学，为终身体育奠定基础，运动项目的理论内容以球类和健美运动的训练方法、技战术理论、比赛规则及裁判法为主要内容，适当增加民族传统项目和娱乐项目的基本常识介绍。

（五）教学中注重提高学生的实践能力

高校应加强对学生的教育，让学生意识到教学实习的重要性。从学生入学开始，利用多种形式和方法，对其逐一进行教学基本功、基本方法、基本环节、基本技能和教育技术等单项及综合的训练与考核。在专业教学中，除了进行带操、单项实习、讲座外还可通过采用微格教学法和分组轮换形式让每个学生将一些技能运用到准备活动中去，以便提高教学技能，组织好学生旁听有教学经验的教师或高年级的学生实习的经验报告。进行多次中、小学教育见习、评课、看（听）课、最好每学年一次，每次有不同的目的、不同的重点、不同的内容和要求。在以后的几学年中经常组织学生观摩实习年级的优秀实习生汇报课，旁听他们的实习总结报告，参阅其优秀的中学体育工作调研报告等，增强学生的实践能力。

（六）创造最优化的教学环境

体育教学效果的好坏既与教师和学生对教学的准备状态有关，又与场地、器材、环境等外部条件有关。高校扩招造成各高校场地器材的不足，这是现实存在的问题，解决这一瓶颈需要一定的过程。但是，体育教师可以通过主观努力来改善教学条件，按照最优化的理论，所谓"最优"并不等于最理想的，而是指在现有的条件和实际可能的前提下使学生的发展达到最优。可以通过合理交错安排授课项目和授课时间，以使学校已有的设备和场地得到最优化地利用，提高教学水平。学校应从长远的角度和学生的利益着想，减少场馆的收费标准或者对学生免费开放。教师应该以提高教学质量为目标，杜绝形式化现象，使学生在有限的上课时间内掌握尽可能多的专业知识，而不是疲于应付检查，使本末倒置。

四、结束语

本文所揭示的当前我国体育教学中存在学习的功利性和短视性，教学中个性化教学服务和理论教学时数不足以及教学的形式化和场馆的商业化等问题仅是体育教学中存在问题的一部分，有待我们去进一步揭示的还很多。随着改革开放的深入，人们对体育教学中传统经验的认识正在产生巨大的改变，当然，问题的发现才只是改革的开始，要使改革得以完善，就需要我们在体育教学实践中不断地挖掘问题，寻找体育教学改革的突破口，才能进行有的放矢的改革，从而使体育教学中的问题得以解决，有利于体育教育改革以及我国体育教学水平得到切实地提高。

参考文献

[1] 黄小平. 感悟、反思、展望对体育新课程改革中若干问题的审与思 [J]. 体育教学, 2006(6)：11－12.

[2] 陈华东, 等. 高校体育课技术教学的现状及探讨 [J]. 解放军体育学院学报, 2003, 23 (4)：111－112.

[3] 张华莹, 韩传来. 我国高校体育教学中问题及对策研究 [J]. 湖北体育科技, 2010 (3)：235－236.

[4] 梁春. 高校体育教育存在的问题及对策分析[J]. 湖南城市学院学报：自然科学版, 2010(4)：74－77.

[5] 李永灿, 等. 课改中应关注的几个体育教学问题及建议 [J]. 首都体育学院学报, 2008 (3)：95－97.

[6] 毛振明. 好的体育课必须有好的教学目标 [J]. 体育教学, 2007 (1)：38－40.

营销策划情境式教学模式初探

重庆工商大学融智学院经济系　　胡　欣

摘　要： 情境式教学模式非常适合在营销策划课程教学中运用，它能够有效培养信息采集与分析能力、形成创意的能力和策划的表达能力。本文从设计营销策划课程教学模式的基本指导思想，营销策划课程教学内容体系的设计，情境式教学法在营销策划课程中的实施过程，以及成功实施情境式教学的保障四个方面探讨情境式教学模式在教学中的具体应用问题。

关键词： 营销策划　情境式　教学模式

营销策划是为培养学生策划与营销能力而设置的一门专业课程。从课程本身的性质来说，它是实践性、操作性很强的课程，旨在培养应用型人才，让学生在走上工作岗位之后能够尽快适应社会与工作环境，在面临复杂的问题时果断而正确地决策。

为了帮助学生更好地掌握课程中的理论知识，能够将理论知识运用于实践，结合本院校学生的特点，笔者在教学过程中采用情境式教学法，把课程中的理论知识和营销策划者所面临的工作情境相结合，模拟某位营销策划者面临的工作环境和接受的工作任务，将理论与实践联系起来，提高学生解决问题的能力。学生表现出极大的学习兴趣，收到了较好的教学效果。

一、设计营销策划课程教学模式的 基本指导思想

营销策划课程设置的主要目标是培养学生学以致用的策划能力。策划能力包

括信息采集与分析能力、形成创意的能力、策划的表达能力，笔者以这三种能力的培养为基本指导思想设计教学模式。

（一）信息采集与分析能力

做一项策划，首先是要采集相关信息，分析当前面临的宏微观环境，了解市场现状和需求。为后面的策划方案制定提供信息支持。拥有的信息量越大，则策划越成功；信息越具有时效性、针对性，则策划越成功。如何采集信息？如何对信息整理分析？让学生学会在有限的时间内尽可能多的收集信息，提高学生的信息判断能力，传统的课堂讲授法对这两种能力的培养效果不好，这就要求教师对教学方法进行改革调整。

（二）形成创意的能力

创意是策划的灵魂，是思维运动的创造性成果。形成创意的能力是最重要的能力。创意的形成是大脑创造性的处理有效信息思维运动的结果。因此在营销策划课程中教师要对学生进行创造性思维训练。这种创造性思维训练，需要教师摆脱传统的教学方式，尽力营造轻松的课堂氛围。

（三）策划的表达能力

创意形成后需要表达出来，即策划的表现形式。策划的表现形式有文字形式即策划文案和口头形式即策划分析报告会。一份完美的营销策划报告是营销策划成功与否的标准；策划分析报告会，也就是口头提出策划思路并说服决策人，引导操作执行人。这需要教师在课程中培养学生懂得文字表达和口头表达两种能力。而这两种能力的培养仅仅通过课堂讲授是很难做到的，主要是学生在实际操作中不断的领悟，为此教师需要在营销策划课程设计中强化实践教学环节。

以上三种策划基本技能的培养需要对教学内容和教学方式进行完善和创新。

二、营销策划课程教学内容体系的设计

营销课程的教学目标是培养学生的信息采集与分析能力、形成创意的能力和策划的表达能力这三种能力，那么教学内容也就是围绕着这三种能力的培养。可以通过一条主线带动整个课程。由于市场营销策划按实际操作过程，首先是采集信息，调查企业所处的宏观环境和微观环境，再以数理统计的方法把调查内容进行分析，以达到了解市场的现状和需求的目的；第二步根据调查结果，进行市场细分，根据市场特征、产品特征等因素选择目标市场，确定本企业的市场定位；第三步从营销策略组合4PS入手，分别进行产品策划、价格策划、渠道策划和促销策划，最后资金预算。本课程的理论内容就按实际策划操作的程序进行教授，具体环节再展开分支，一点一点地进行细节讲解。这样，学生学习时课程框架清晰、条理清楚，学生对课程内容就很容易理解了。

三、情境式教学法在营销策划课程中的实施过程

为了培养学生的上述三种能力除了课程内容的设计，教学方法的合理运用也十分重要。为了调动学生的积极性，在教学方法上笔者采用了情境式的教学方法。

（一）成立营销策划公司

为了充分调动学生课堂上学习的积极性，在本门课程开始时，让学生 4～8 人自由组合，成立"营销策划公司"。每个学生可以根据自己的兴趣爱好选择公司里的职位。

（二）情境教学体系设计

情境式教学体系是一个系统工程，涉及课程规划、材料准备、情境故事编排等内容，具体包括：

（1）课程的整体规划。笔者按照教学大纲的要求，将书本的知识内容划分为模块，进行重新编排，划分为"感悟营销"、"营销调查与分析"、"营销创意"、"价格营销策划"、"营销策划文案撰写"等十个教学模块，确定每个主题的重点和难点，在每个主题下设计业务情境，营销策划公司在运营中所遇到的不同问题和所要处理的不同事情。

（2）准备情境"故事"的材料。结合学生的认知心理特点，笔者收集了学生熟悉行业的各种案例情景材料，对照各教学单元内容创设出情境问题，编写各种"故事"情节，以便能够描述出所创设的情境过程，并使整个教学内容连成体系。

（3）情境故事编排。贯穿课程中的公司虽然是一个模拟公司，但是把公司从成立到不断发展壮大的过程编排成故事放入课程情境当中，提高课程内容的连贯性和趣味性，学生在自己公司的不断成长过程中，增强理论内容的感受性，提高学生对实际问题的处理能力。

（三）课堂操作

在每个教学模块的开始，均根据教学内容的分配找好教学切入点，引导学生进入教学情境。如关于"营销策划"概念，笔者一改以往先介绍营销策划的定义再举例说明的讲解模式，首先向学生们展示了一系列著名的产品策划方案，并让他们很快列举出自己熟知的其中一个或几个，并说明选择该策划方案的理由。学生解放思维，海阔天空的回答，几位学生做出了并不完全准确但有趣的回答，在

这种轻松愉快的气氛中，笔者将营销策划的概念进行了讲解，加深学生印象。随后，笔者引导学生成立自己的营销策划公司，课堂气氛极为活跃。

（四）布置情境作业

为了锻炼学生的实际操作能力，每个知识点结束后，笔者会布置相关的课外作业。学生通过上网收集资料，既拓宽了知识面又提高了相互协作能力。

（五）课后反馈和答疑

为了及时解决学生面临的问题，老师和学生通过电话、电子邮箱、QQ 号等建立密切的联系。并且在课外举行营销策划方案大赛，请营销界人士进行点评，锻炼他们的能力。

四、成功实施情境式教学的保障

经过几个学期的实践，学生们普遍反映非常喜欢这种课堂教学方式，也表现出了积极的学习态度。任课教师要有效实施情境式教学法，必须注意以下几点：

（一）收集充足资料

只有资料准备充足，才能将课本理论知识和业务充分结合。教学参考书、案例集、网络资料搜索、到相关公司部门进行调研等，都是收集资料的有效途径。收集资料时，一定要考虑学生的年龄和专业背景，尽量选择学生感兴趣和他们熟悉的产品或行业，这样学生更易于理解和接受。

（二）教师最好有营销策划的实战经历

教师如果有策划营销的实战经历，就更能切身体会到理论知识点在具体业务中的体现，把握细节，这样情境"故事"的编排也才能更加栩栩如生，让学生不感到故事的假与空。教师可以通过自己的科研课题，加强与企业的联系或者在假期在企业实习，为课堂传授知识奠定实践基础。

（三）教师有较强的语言表达能力和课堂控制能力

讲课本身就是一门艺术，教师讲课语言风趣幽默，更能增强"故事"情节的吸引力，调动学生在课堂上充分地"动"起来。同时教师较强的语言表达能力，也会对学生的表达能力训练起到潜移默化的作用。教师也要有较强的控制能力，课堂活而不乱，才能将教学任务完成。

五、结束语

在教学中采用"情境式教学"方式，让学生身临其境，学习营销策划的理论和操作技能，真正培养学生的信息采集与分析能力、形成创意的能力和策划的表达能力，让学生走上工作岗位就能成为营销策划方面的专业技术人才。做到学有所成，学以致用。"情境式教学法"需要在实践过程中不断完善，例如每节课后教师应总结经验和不足，教师之间相互交流取长补短，每学期结束后开学生座谈会，让学生提出改进意见等等。

参考文献

［1］朱华锋. 营销策划理论与实践［M］. 合肥：中国科学技术大学出版社，2008.

［2］唐纳德·莱曼，拉塞尔·温纳. 营销策划分析［M］. 6 版. 北京：北京大学出版社，2008.

［3］巴克教育研究所. 项目学习教师指南［M］. 北京：教学科学出版社，2008.

［4］叶万春. 企业营销策划［M］. 北京：中国人民大学出版社，2004.

［5］乔辉. 营销策划案例教学方法分析［J］. 企业导报，2009（10）.

［6］吴伟伟. 浅析案例教学法在广告策划教学中的应用［J］. 江西青年职业学院学报，2010（3）.

［7］朱李明. 营销策划课程教学模式初探［J］. 山西财经大学学报，2010（4）.

浅析 ACCA 教育的双语教学模式

重庆工商大学融智学院金融系　　罗　威

摘　要： 随着经济全球化的深入发展，我国对高级财务管理人才的需求与日俱增，因此越来越多的高校纳入 ACCA 课程来培养这样的人才，在实际培养过程中，关键在于为学生提供良好的学习环境，双语教学在我国高等教育教学改革中是至关重要的一步，但具有高效高质的双语教学模式仍然没有较全面的论述。本文首先分析了 ACCA 在我国的发展现状及成因，从 ACCA 教育的角度来分析其推行途径的问题，引入了双语教学模式概念，并阐述了双语教学模式在我国的发展现状及对 ACCA 教育的现实意义，然后进一步阐述了双语教学在 ACCA 教育中的具体运用模式及实施方式。

关键词： ACCA　双语教学　模式

一、ACCA 的考试制度及内容

（一）ACCA 的考试制度

英国的特许公认会计师协会 ACCA（The Association of Chartered Certified Accountants）成立于 1904 年，作为世界上规模最大、学员发展速度最快的会计团体之一，在全球范围内组织考试。ACCA 的专业资格考试以国际会计准则、国际财务报告准则和国际审计准则作为依据设计资格考试内容，让其充分适应国际经济一体化的需要。ACCA 是培养公认会计师的摇篮，在协会注册的学生，只要学完规定课程，并达到一定要求，便可成为正式会员，获得公认会计师称号，得到人们的尊敬和社会的承认，因此近年来，ACCA 也日益被我国的从事或希望从事会计职业的青年所青睐。

ACCA 的专业资格考试每年有两次考试时间，分别为每年 6 月初和 12 月初，每次考试最多允许考 4 个科目。该考试采纳全球统一的标准，在全球考试范围内采用统一教材、统一考试、统一阅卷及统一证书。ACCA 的成绩认定是实行百分制，50 分为合格分数线，每科成绩合格后予以保留，所有 14 个科目的专业考试必须在学员报名注册后 10 年内完成。

（二）ACCA 的考试内容

ACCA 在 2007 年 12 月实施的新考试大纲中共有 16 门课程，学员需要通过 14 门，其可根据自己的知识水平与实际情况来制定考试进度，即便是以英语作为母语的学员在学习这些课程时，也是需要下很多努力和精力。在整个学习过程当中考试科目总共分为两个阶段：第一阶段为基础阶段，该阶段又分为知识课程和技能课程两个部分，知识课程有会计师与企业、管理会计、财务会计这三门课程，主要涉及企业、财务会计和管理会计方面的核心知识，也是为进行技能课程部分的学习打好基础。技能课程共有六门课程，分别有公司法与商法、业绩管理、税务、财务报告、审计与认证业务、财务管理，是作为合格会计师所应掌握的知识领域和技能；第二阶段为专业阶段，该阶段也分为核心课程和选修课程两部分，核心课程有职业会计师、公司报告、商业分析，是对第一阶段课程的延伸和发展，是作为未来的高级会计师所必需的高级技能和知识水平。选修课程是四选二，分别有高级财务管理、高级业绩管理、高级税法、高级审计与认证业务，是从事高级管理咨询或高级财务顾问的学员所必须掌握的。

二、我国 ACCA 教育的发展现状及成因分析

（一）我国 ACCA 教育的发展现状

随着全球经济的快速发展和全球经济一体化趋势的加强，会计作为世界通用的语言，扮演着越来越重要的角色，特别是进入 21 世纪以来，各企业对国际化会计专业人才的需求与日俱增，在此背景下，虽然也有很多国外会计师团体及相关组织进入中国市场来开展业务，比如有英格兰及威尔士特许会计师协会 ICAEW、澳大利亚会计师公会 CPA Australia 和美国的 AICPA 等组织，但在这些组织中，英国特许公认会计师公会 ACCA 应该是发展最好的一个。在中国市场上，ACCA 的知名度以及学员与会员的总人数都是排在第一位的，因此 ACCA 教育问题一直受到我国会计审计行业以及各高校的广泛关注，在国内已经有越来越多的高校吸纳 ACCA

课程。根据资料显示，ACCA 在中国已经拥有 17 000 多名学员和会员，在北京、上海、广州设有 3 个代表处，并在武汉、南京、深圳等其他主要城市设有考点，而且在全国部分地区有较强师资力量的高校或专业会计培训机构开设了 ACCA 专业资格考试课程的培训，这些都说明了 ACCA 教育在我国越来越受重视，而且在我国各高校也有了大量地运用，也说明了 ACCA 教育在进入 21 世纪高等教育的发展趋势和研究方向。

（二）我国 ACCA 教育快速发展的成因分析

ACCA 教育发展迅速的原因是多方面的，以下是对其能够在中国市场快速发展的原因进行了分析。

1. 课程体系完善，教学内容新颖

ACCA 资格证书的课程体系较全面、较完善、综合性强，其考试知识面较广，不局限于会计、审计，还涉及公司法与商法、业绩管理、税务、财务报告、审计与认证业务、财务管理等课程，各门课程由浅入深，也反映了经济社会对高级会计财务人员的要求，让其充分适应国际经济一体化的需要。新考纲删去旧考纲里的一些陈旧的内容，教学内容新颖，更新知识架构，更加突出对职业价值、治理的重视，使其更能适应和符合会计行业的需要。

2. 符合国际标准与我国会计环境的需要

中国的市场经济处于不断地发展和完善之中，经济的市场化程度在不断地提高。中国会计改革和会计准则的制定进程取决于中国经济的市场化进程，随着经济改革的深入和市场经济体制的日趋完善，中国会计准则体系也会自然而然地发展与完善，缩小与国际财务报告准则之间的差距，而 ACCA 专业资格考试大纲就是以国际会计准则、国际财务报告准则和国际审计准则作为依据设计资格考试内容，不断更新考试大纲，在符合国际会计标准的同时，也符合我国当前经济一体化下会计环境的需要。

3. ACCA 会员就业发展空间大

近年来，很多人之所以选择学习 ACCA 课程，其实说到底都是为了找到一份自己满意的工作，因此，为了更好地满足学员及会员们的需求，从 2007 年起，ACCA 开始在中国大力拓展其学员及会员们的就业市场，一是引入认可雇主计划，即如果企业正在支持或将会支持其员工完成 ACCA 课程，那么该企业就有机会取得 AC-CA 认可雇主资格，促进各企业对员工学习该课程的支持；二是提供就业渠道；三是开展一系列与就业相关的活动，例如 ACCA 雇主培训生计划、ACCA 职业发展日活动，使他们在参加活动的过程中培养自身的团队合作、沟通能力和责任感，加强自身的就业竞争力，为日后的工作做好充分准备。

4. 与国家审计署的合作为其发展奠定基础

与中国国家审计署合作是 ACCA 在我国快速发展起来的一个很关键的因素，因为判断一项证书在国家是否具有权威性的最重要方法就是看它是否获得了国家官方的认可。据资料显示，在 1998 年，ACCA 与中国国家审计署签订协议，在中国培养国际注册会计师，这一点充分说明了 ACCA 获得了中国官方的认可，在近十多年来为 ACCA 在我国快速发展奠定了基础。

5. 网络平台、众多考点及培训机构

先进且方便的网络平台让学员在考试的整个过程中都可以在网上完成，非常的简单、便利，可以节省很多时间。与此同时，ACCA 在北京、上海、广州、深圳等各主要城市设立了 20 多个考点，学员在每次报考时，都可以选择最适合自己的考试中心，而且随着 ACCA 在中国市场的扩大，部分地区有较强师资力量的高校或专业会计培训机构都开设了 ACCA 专业资格考试课程的培训，可以为学员提供较好的学习环境。

三、双语教学模式——ACCA 教育推行的有效途径

（一）双语教学的内涵

在开展双语教学的初期，我国各高校对双语教学的含义还存在着争议，随着近年来双语教学的发展和普及，已渐渐形成了代表性的认识。根据本文的研究目的和需要，采用了吴平教授 2007 年在《五年来的双语教学研究综述》中给出的双语教学定义：双语教学就是指在学校里采用外语进行的非语言教学，在我国，双语教学是指在专业或学科课程的教学中，采用英语原版教材，授课采用汉语和英语两种语言交叉进行，交流、考试均采用英语的一种教学方法。它提示了两个关键性特征：第一，强调在非语言类的专业学科中用外语教学，强调通过非语言类专业学科知识的学习达到外国语言学习的双重目的；第二，强调运用外语进行课堂教学的交流与互动。笔者将其归纳为在专业或学科课程教学中，采用国外原版教材，授课采用母语和英语两种语言交叉进行，提问、作业、考试均用英语的一种教学方法。

（二）我国双语教学模式的发展现状

目前，我国的会计双语教学工作已经起步，但教学效果欠佳，因为双语教学是一项投资大、成本高的教育产业，实行会计双语教学必须考虑到各高校的师资力量、学生的英语水平和接受能力，中国高校的学生英语应试能力普遍较强，但听、说较弱，只能循序渐进，所以如何推动和规范双语教学还在探索之中，要明

确实行双语教学的目的，并进行双语教学研究，应及早组织力量认真进行双语教学研究，以正确把握双语教学，进一步提高教学质量。

（三）双语教学模式对 ACCA 教育的现实意义

在双语教学模式下，随着全球经济的一体化，作为一种通用的商业语言，会计国际化日趋明显，对国际会计人才的需求也大大增加，这就需要双语教学作为一种平台来更好地实现 ACCA 教育。尤其是双语教学模式突破了传统的教学方法的诸多限制，着眼于提高会计人才的专业技能和外语沟通能力，它在一定程度上缓解了社会对国际会计化人才需求的问题，大大提高并充分利用了高校中的师资力量，对我国 ACCA 教育具有很大的现实意义，主要表现在以下几方面：

1. 有利于学生拓宽视野，学到前沿性的知识

随着越来越多的高校展开 ACCA 教育双语教学，其发展也带来了很大的机遇。从学生角度来说，推行双语教学，除了能培养学生扎实的专业知识，使学生学到最新的前沿性的知识，提高他们的专业学习兴趣，也能让其有一个较好的外语学习环境，有利于培养学生外语运用能力，促进国际交流和拓宽视野，让他们有更多的机会去了解世界，可以学习和借鉴外国会计的先进经验。

2. 有利于教师提高专业知识水平和外语水平

从教师角度来看，开展 ACCA 教育双语教学也有利于提高教师专业知识水平和外语水平。因为在双语教学模式下，要求授课教师除了具备扎实的专业知识和丰富的教学经验，还应具备较高的外语水平，所以该模式对教师队伍自身的发展起到很大的推动作用。

3. 改善国际注册会计师人才与社会需求量的不对称问题

从社会角度来看，随着国际贸易合作与交流的日趋频繁，越来越多的外资企业走进来，中国企业走出去，国际间的竞争越来越激烈。无论是在发达国家还是在发展中国家，各企业对国际化人才的需求也与日俱增，尤其是在会计、审计行业，注册会计师也将走向国际化，这就决定了现阶段迫切需要一批通晓国际准则和精通外语的双语人才，而双语教学作为 ACCA 课程的教育模式对实现这一教学目标有其积极意义，是实现该目标的重要途径。

四、双语教学的教学模式及实施方式

根据上述对 ACCA 教育的双语教学内涵的理解，要制定一个合理适当的双语教学模式，应从学生的外语水平和教师的师资力量两个主要方面来考虑，要具有针对性，因学生而异，因教师而异，做到具体的问题具体分析，以下介绍 ACCA 教育

双语教学的几种基本模式，主要包括保守型、阶梯型、浸渗型三种双语教学模式。

（一）双语教学的教学模式

1. 保守型双语教学模式

该模式是针对外语水平及接受能力较差的学生或者是师资力量不够的情况而采用的，由于学生的外语基础较弱，可先采用保守型的教学模式，教师主要以中文授课来与学生交流，适当以外语授课。

2. 阶梯型双语教学模式

阶梯型教学模式是针对还不可以熟练使用外语进行思维以及还未全面掌握专业基础知识的学生而使用的，阶梯型模式是指教师在授课当中初期先以中文授课为主，以外语授课为辅，然后等到学生能够进一步适应并融入到双语教学的环境当中，再展开以外语授课为主，以中文授课为辅的教学模式，这种模式不仅有利于学生的学习，也有利于教师自身知识水平的提高。在我国，高校学生英语应试能力普遍较强，但听、说较弱，只能采取循序渐进的方法。

3. 浸渗型双语教学模式

该教学模式则是针对已经具备较高的专业知识水平和外语水平以及较高的外语接受能力的学生采用的，浸渗型双语教学模式指的是教师用外语授课，师生互动纯用外语进行交流，作业、考试均使用英语。

（二）双语教学的实施方式

基于双语教学的教学模式的分析，根据国内近几年双语教学的情况，针对上述的保守型、阶梯型、浸渗型这三种基本教学模式，概括出混合型、半外型、全外型三种基本实施方式。

1. 中外混合型实施方式

采用中外混合型的实施方式是依据上述的保守型双语教学模式来制定的，采用外文原版教材或外文讲义，教师以汉语讲授为主，课件中的标题或主要结论用外文，由浅入深。

2. 半外语型实施方式

根据阶梯型的教学模式采取半外型的实施方式，即采用外文原版教材或外文讲义，教师根据所授内容的难易程度用英语和中文交替讲授，教学内容应循序渐进，师生互动以外语交流为主。

3. 全外语型实施方式

采用全外语型的实施方式也是根据上述的浸渗型双语教学模式合理制定的，该实施方式对教师和学生的外语水平要求最高，就是指采用外文原版教材或外文讲义，教师全部用外语讲授，学生用外语与老师进行交流、沟通，作业、考试、评卷均使用英语。

参考文献

[1] 秦戈雯. ACCA 课程师资存在的问题及其对策初探 [J]. 法制与经济, 2007 (12): 113 - 114.

[2] 张雨桐. ACCA 教育与教学实践研究 [J]. 财会教育与教学, 2008 (2): 58 - 60.

[3] 徐青. ACCA 及在中国的发展 [J]. 山东经济战略研究, 2007 (5): 53 - 54.

[4] 赵华君, 程正富, 左永艳. "阶梯式" 双语教学模式的研究与探索 [J]. 重庆文理学院学报, 2008 (2): 108 - 109.

[5] 马兰. ACCA 成建制班本科教学存在的问题及对策探讨 [J]. 中国商界, 2010 (3): 377 - 378.

[6] 严婷. 国际注册会计师 (ACCA) 考试经验 [J]. 财会通讯, 2006 (11): 95 - 96.

[7] 孙鹏云. 会计专业双语教学存在的问题及其改进 [J]. 内蒙古财经学院学报, 2010 (2): 58 - 62.

[8] 谢景芳. 浅谈如何应对会计国际化 [J]. 中国工会财会, 2006 (1): 20 - 21.

[9] 李扬. 我国 CPA 英语水平现状及改进建议 [J]. 会计之友. 2010 (5): 112 - 113.

[10] 李晗. 英国特许注册会计师证书 ACCA 与会计学专业课程设置比较分析 [J]. 经济师, 2009 (6): 105 - 106.

[11] 吴平. 五年来的双语教学研究综述 [J], 中国大学教学, 2007 (1): 37 - 45.

[12] 董泽平, 殷志平, 刘俊武. 双语教学模式探讨——以我院 《管理统计学》 双语教学为例 [J]. 现代商贸工业, 2009 (9): 192 - 193.

教学管理篇

独立学院教学质量保障体系研究①

重庆工商大学融智学院教务处　　周　雄

摘　要：随着我国高等教育的不断发展，独立学院面临的竞争日益激烈，因此，提高教学质量便成为独立学院迫切需要解决的问题。只有构建起合理的教学质量保障体系，并使之得到有效的运行，才能保证独立学院教学质量不断提高，使独立学院实现可持续发展。

关键词：独立学院　教学质量　保障体系

教学质量是独立学院生存和发展的核心问题，它反映了独立学院教学水平和效果优劣程度。由于教学具有目标的明确性、过程的可控制性与结果的可比较性等特征，因此，保障教学质量既是独立学院达到人才培养规格、类型目标的需求，也是提高自身办学水平的需要，更是独立学院应对办学竞争的必然要求，是独立学院的持续健康发展的基础，是促进教学管理的科学化和规范化的关键，是独立学院教学质量提高的保证。

一、构建独立学院教学质量保障体系的原则分析

（一）全员性原则

独立学院教学质量保障体系的构建需要所有人员的积极参与，其中包括学院领导、教师、学生和管理人员等，每个人都是教学质量保障体系中的一分子，通过制定相关政策来明确不同岗位、不同人员的责任与权限，真正做到权责明确、

---

① 本文是重庆工商大学融智学院教改研究资助项目"独立学院教学质量保障体系研究"（项目编号：082006）的最终成果。

各司其职，使他们在工作中按照既定的规范不断自我调整，这样才有利于构建有效的教学质量保障体系，并从根本上保障独立学院教学质量的提高。

（二）系统性原则

教学质量保障涉及教学活动的全过程，从横向上看，涉及影响教学质量的各个因素，包括教师、学生、教学设施、专业设置、培养目标等；从纵向上看，涉及学校管理各部门，包括学校、系（部）、教研室、班级等。横向和纵向结合起来，就构成一张多层次的、纵横交错的网络，形成一个完整的系统。对教学质量进行保障，并不是单单对教学过程的某一个分散的环节进行控制就可以完成的，而是要对这张完整的"网络"进行控制，要将保障质量活动的各部门、各环节有机地联结起来，组成一个高效、严密的整体，从而有利于保障活动顺利展开。

（三）可持续发展原则

独立学院是一个生生不息、发展不止的组织，因此针对独立学院构建的教学质量保障体系也应该是一个不断发展变化的体系。要根据学院外部变化（包括社会制度、经济发展、市场需求等的变化）以及内部变化（包括办学理念、办学目标等的变化）及时地作出调整，才能在不断变化、不断发展的环境中跟上时代前进的步伐，进而实现高等教育系统乃至整个社会的可持续发展。

（四）创新性原则

虽然独立学院经过十余年的生存发展，但一直少有学者对独立学院的教学质量保障体系进行系统全面的研究，多数研究是对教学质量保障体系中的某一环节进行了思考，对保障体系中各组成要素也局限于举办方的保障措施，对外部的保障要求及保障措施论述较少，社会的保障评价体系更少。从已有的研究成果来看，也没有形成独具独立学院特色、个性的教学质量保障体系。另外，到目前为止，除教育部制定的《关于规范并加强普通高校以新的机制和模式试办独立学院管理的若干意见》以外，相关独立学院教学质量保障的国家标准尚未出台。因此，我们可以充分发挥创新精神，在遵循教育规律的基础上，结合独立学院自身的特点，大胆地借鉴、创新和实践，这样构建出的教学质量保障体系才能促进独立学院的教学质量不断提高。

二、独立学院教学质量保障体系的构建

独立学院要实现全面、全过程、全方位的教学质量保障。学院教学质量保障工作的核心是教学决策系统，并由教学决策系统制定教学目标体系，围绕教学目标建立内、外部教学质量保障运行机制，建立科学完善的教学质量评估和诊断体系，再通过教学质量信息反馈系统准确地传递给教学决策系统，这样在独立学院内部构成一个封闭的回路系统，确保教学质量。如下图所示：

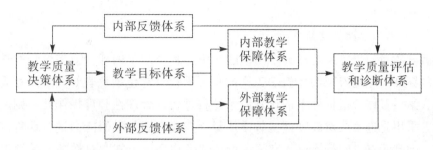

独立学院内部教学质量保障体系

（一）独立学院内部教学质量保障体系

1. 教学质量目标体系

教学质量目标体系是独立学院保障教学质量的基础。它包含人才培养目标、教学过程各环节质量目标以及教学管理质量目标等。人才培养目标包括人才培养方向的定位、人才培养模式的改进以及人才培养计划的修订。教学过程各环节的质量目标主要有教学计划和教学大纲的制定、课程的选择及实施等。教学管理质量目标则包括对教学活动过程的控制和结果的评定、对教学工作计划和教学文件的管理、教学改革的规划和实施以及对学生学习过程的管理。该目标体系能够依据环境的变化和信息的反馈进行动态调整，保持系统处于开放状态，与整个环境相互适应，协调发展。

2. 教学质量制度体系

规章制度是科学管理的规范，是管理实践的总结，也是开展教学质量保证的依据。科学合理的教学质量制度，使教学质量保障有法可依、有章可循，对规范教师和学生在教学过程中的行为，保证教学工作有序地进行，提高教学质量起着至关重要的作用。独立学院应该建设和完善适合自身条件的教学会议制度、教学制度、教务制度、教材制度、教育技术制度、教学质量信息反馈制度，规定其目的要求、组织管理、工作流程和评价标准等，并在管理制度的宣传、讨论、运行和反馈中不断收集意见，积极进行修订、补充和完善，促进教学工作的不断深入，保障各项工作能够及时落实到位。

3. 教学质量管理组织体系

独立学院的教学质量管理组织体系由董事会组成，董事会在教学方面的职责主要包括确定学院的办学宗旨和定位、制定学院发展的长期规划、协助院长开展工作并对其工作进行评估、决定教师的聘任、协调学院与社会的关系等。董事会成员由投资方、举办高校选派的院长组成。因此，董事会能通过自己的作用把外部环境与内部管理有机地结合在一起，促进学校与社会的联系和沟通，保证学校方针政策的制定符合教育教学规律，符合学生的发展水平，最终保证人才培养的方向性和科学性。

4. 教学质量评价体系

教学质量评价体系是对教学活动的实施过程及结果的评价，是检验教学工作质量的标准，也是宏观调控教学工作的重要手段，它包括评教和评学。首先，对教师教学质量评价指标体系的设置应坚持科学性、合理性和可操作性原则。在此基础上采用先进手段对教师课堂教学质量、专业知识与科研能力进行评价，通过听课、问卷调查、同行评议、专家评价、学生评估等形式，对教师的教学工作进行综合考评，这样有利于激发教师的工作热情，增进学生、教师与管理人员之间的相互了解。其次，对学生学习质量进行评价，评价学生学习质量的一个重要手段就是考试。通过考试，并且建立科学合理的考试制度，不仅能达到评价学生学习水平的目的，还能考察教师教学效果、反馈整体教学质量、提高教学质量保障，从而使得整个教学活动始终围绕着教学目标进行。

5. 教学质量信息反馈体系

教学质量信息是教学过程的真实反映，是影响教学质量各方面的因素总和，是教学质量保障活动的原始依据。通过构建教学质量信息反馈体系，及时、全面、准确的收集所有与教学活动相关的信息，并加以整理、分析，最后反馈至教学管理决策部门，教学管理决策部门对照目标体系，及时采取措施调整教学，解决教学过程中存在的问题，以实现对教学质量的监督和控制。独立学院可以建立以学生信息员、教学督导、毕业生跟踪调查的动态信息反馈网络，对保障教学质量具有积极的意义。

（二）独立学院外部教学质量保障体系

独立学院在注重构建内部教学质量保障体系的同时，不能忽视学院将人才培养目标定位为本科应用型，这就强调独立学院的教学与社会需求和就业市场有着密切的联系。因此，注重外部教学质量保障体系的构建，通过政府调控、社会保障、市场反馈来引导独立学院健康、快速的发展。

1. 政府保障

政府作为独立学院教学质量外部保障的重要主题，并不直接充当执行者的角色，而是对独立学院教学质量保障活动进行宏观的调控、管理，对独立学院的发展进行科学的规划指导，从而加大对独立学院的扶持力度，优化其发展环境，引导其提高教学质量，使独立学院的教学质量保障活动沿着正确的方向进行。

2. 市场保障

独立学院处于市场的前沿，以市场作为出发点，树立"市场导向"意识，面向市场办学，其战略规划、专业和课程设置、人才培养模式等各方面必须考虑学生今后的就业发展要符合市场的需求，将使学生及用人单位满意视为己任，并能及时根据市场变化作出相应的调整，这样独立学院才能在激烈的竞争中抢占更多的生存和发展空间，才能为社会的发展提供适销对路的人才。

3. 社会保障

独立学院作为普通本科优质办学资源与社会办学资源结合在一起的全新的办学模式，在一定程度上淡化了政府作为举办者的角色。政府要加强对独立学院的监管，但是又不能与学院投资方、举办方发生直接的矛盾与冲突，在这种形势下，建立教育评估中介机构是明智之举，这样不仅规范了学院的办学行为，同时中介机构对独立学院的教学质量作出公正的判断，并将结果公布于社会，为用人单位和学生、家长以及未来的学生及其家长选择提供较为可靠的依据，同时向独立学院反馈教学质量的优劣，可以促进独立学院改善办学条件，提高教学质量。

参考文献

[1] 彭鹏. 高等学校对其独立学院教学质量监控研究［D］. 武汉：武汉理工大学，2006.

[2] 张立全. 我国高等教育大众化阶段的教育质量保障探究［D］. 天津：天津大学，2006.

[3] 凌玲. 我国独立学院教学质量保障体系构建研究［D］. 桂林：广西师范大学，2006.

[4] 王真真. 高等学校内部教学质量监控体系的建立与实践［D］. 鞍山：鞍山科技大学，2006.

[5] 贺祖斌. 高等学校外部教学质量保障体系中中介机构的建立［J］. 理工高教研究，2006（6）.

关于高校教学秘书工作的几点思考

重庆工商大学融智学院会计系　吴青玥

摘　要： 教学秘书工作是高校教学管理工作中的一个重要环节，教学秘书在教学管理系统中发挥着不可替代的作用。本文阐述了高校教学秘书在教学管理工作中的地位及重要作用，分析了教学秘书工作在教学管理工作中的现状和存在的问题，进而提出做好教学秘书工作应该重视教学秘书工作、提高服务意识、加强整体素质教育、加强创新意识、多渠道激发教学秘书工作积极性和创造性等建议。

关键词： 高校　教学秘书　教学管理

　　高校教学秘书是指在高等院校中协助院（系）领导具体处理本院（系）中各类教学事务的管理服务人员，是高校教学管理队伍中最基本的一员和基层执行者，是教学链中不能缺少的一环，不仅起着上令下达，下情上奏，调节各部门和师生关系的作用，而且还是教务处、教师、学生三者之间的纽带和桥梁，是信息传递和反馈的重要渠道。教学秘书平时工作量大，工作事务繁琐，接触面广，时间性强，其工作性质决定了教学秘书应具有不同于教师、资料员的能力。

　　教学活动是各级各类学校工作的核心，高等学校系级人员各司其职，尽最大力量发挥自己的作用，完成上级部门布置的各项任务，提高教学质量，满足社会对人才标准的要求。教学管理有力地支撑和保证着课内外教学的有序进行，成为高校管理工作的中心内容。其在贯彻国家教育方针、稳定教学秩序、提高教学效率、保证教学质量、培养全面发展的合格人才等方面起着重要的作用。教学秘书是教务管理工作中不可缺少的角色，是教学管理的中坚力量，其素质的高低、能力的大小、作用发挥程度、工作质量的好坏，将直接影响教学管理工作水平和人才培养质量。因此，教学秘书必须从新时期教学工作的特点出发，不断提高自身综合素质和业务能力，积极创新，发挥助手参谋、组织协调、服务保障等作用，以适应高等教育事业发展的需要。

一、高校教学秘书在教学管理中的地位

高校教学秘书的基本职能是贯彻执行学院制定的教学指导思想，协助院教务处（分管全院教学事务的部门）及系主任处理日常的教学活动，做好服务、协调、监督和管理等工作。在高等教育发展的新时代环境下，高校教学秘书处于管理与教学的中间地位，是学校领导者进行教学管理的得力助手，是保证教学工作正常运转、教务师资得以完美管理的重要力量。因此，教学秘书就需要适应教务处和院系领导的双重调控，在实践中总结和提升教学管理水平，组织和协调各项教学活动，为顺利完成教学任务、实现教学目标提供必要条件。如果把教学管理作为一个系统，教学秘书在这个系统中起着承上启下的作用，居于枢纽位置。

二、高校教学秘书在教学管理中的作用

教学秘书的工作质量的好坏直接影响教学管理工作顺畅与否及教学质量的高低。教学秘书工作范围宽泛，涉及事务繁杂琐碎，因此，教学秘书在工作过程中必须认真细致；否则，稍有疏漏就可能酿成教学事故，严重影响教学秩序，造成严重后果。因此，教学秘书工作举足轻重，必须重视。

1. 服务作用

教学秘书从事的是教学行政管理工作。其工作涉及面广、事务繁杂，从另一层面来看，又是一项十分细致的综合性服务工作，始终扮演"服务于领导、服务教师、服务学生"的角色，这就要求教学秘书必须加强与任课老师、学生间的沟通交流，主动为他们着想，及时向系主任反馈教学信息，树立自觉服务的意识，真正将服务落实于教学管理工作中，为日常教学活动正常运作保驾护航，确保日常教学活动的顺利开展。

2. 协调作用

教学管理汇编中涵盖了教学管理各项工作的制度与规定，如教学管理部门制度、专业建设制度（含课程建设、师资队伍建设、实践实训教学建设等）、课程建设、实践实训建设、教材建设、考务制度、教学事故认定等。各系就是教学管理制度的执行部门，教学秘书则成了最直接的基层执行者。一方面教学秘书要将教务处下达的教学管理汇编传达给系部主任、老师和学生，另一方面又要协助系主任按教学管理汇编中所制定的制度来完成日常教学管理工作，还要通过有效地沟通手段，协调系主任与教师间、教师和学生间、系主任与学生间的关系，既要做到"上传下达"，又要做到"下情上报"。因此，教学秘书的有效协调与沟通是确保教学工作达到预期目标及教学秩序正常运转的基本手段。

3. 监督作用

为了保障教学质量和教学水平的不断提高，及时发现教学过程中存在的各种问题，教学秘书应协助系主任时刻关注教学质量，随时掌握教学活动的各种情况，并及时处理教学过程中的突发事件。为了协助系主任搞好教学管理工作，教学秘书应成为专业督导组成员之一，与系主任共同参与不定期抽查老师的授课情况，如有否迟到早退、有否临时调课而无提前办理调课手续等。

4. 管理作用

作为高校最基层的教学管理人员，教学秘书在日常的教学活动中承担着管理各种有保存价值的教学资料的任务。鉴于教学资料对稳定教学秩序和深化教学改革有重要的继承和借鉴价值，教学秘书应重视教学资料的保管，采用分类、编排目录等方法分学年归档，以免教学资料流失，同时也为迎接教育部评估做好准备。

5. 助手参谋作用

教学秘书是系部领导的得力助手。院系领导的教学工作方案的制订与实施、落实与检查、评价与改进等很多具体事务都要由教学秘书来协助完成。同时教学秘书还应该是院系领导的重要参谋，在教学管理工作中不仅要及时收集、整理各类信息，还应该积极调查并发现新情况、解决新问题、研究新方案、采取新措施，主动为上级领导提供可靠的第一手资料并在必要的情况下提出合理化建议，为领导的决策创造条件。

三、高校教学秘书工作存在的问题

目前，教学秘书辛勤的付出对完善教学管理起到了一定的积极推动作用，但因涉及工作环节多，仍普遍存在着一些问题。分析当前高校教学秘书工作中存在的问题，加强教学秘书队伍的建设，提高教学秘书的综合素质，有利于教学工作质量的全面提高。

1. 对教学秘书工作重视不够，造成教学秘书队伍的不稳定

高校最核心的工作就是教学，而教学秘书又是负责全面教学活动的最直接的管理者。长期以来，人们往往对教学秘书工作缺乏正确的认识和评价，轻视教学秘书在教学管理中所发挥的作用，认识不到优质的管理能出质量、出效益。有些

人甚至认为教务管理是一些简单的事务性工作，教学秘书是从事这些事务性工作的"勤杂工"，他们的劳动只是简单的、机械的劳动。教学秘书每天繁杂的工作平凡但是不可或缺，每件事情都会影响到教学工作的顺利进行，工作面涉及系主任、老师、学生，但目前很多高校并不是十分重视教学秘书工作，很少提供机会让教学秘书介绍自身的工作及工作中所遇到的问题，缺乏对其工作的理解与认识，认为教学秘书承担繁重的事务是理所当然。因此，在教学秘书人员的配备、业务学习、岗位培训等方面，重视程度远远不够；在干部聘任、职称评定、利益分配、评奖评优等方面都受到相对不公正的待遇；加之教学秘书平时工作任务重、责任大、难度高，付出的劳动却得不到尊重和理解，取得的成绩得不到公正的评价和认可，从而严重挫伤了教学秘书工作的积极性。教学秘书思想压力大，精神负担重，心里不平衡，很多人不安心教学秘书工作岗位，离岗、转岗人员相对较多，教学秘书队伍呈现不稳定状态。

2. 责任重、精神压力大

教学秘书的工作涉及日常教学活动的方方面面，不仅包含了常规性的日常管理工作，而且还有很多突发事件需要及时处理，繁杂且责任重大，每一件处理不好都会可能发生教学事故，造成不良后果，影响教学工作的顺利进行。然而教学秘书的工作性质又相对特殊，质的要求高、量的范围大、完成任务的时效性强，而职务与责任的承担不对等，虽然有一定的管理权限但是有责无权，这就使得教学秘书承担了相当大的心理负担，工作上有很大的精神压力。

3. 需要各方面的积极配合和协助

教学秘书的工作是为领导、教师和学生服务的，一个教学秘书需要服务于几十位教师、上百个学生，工作量之大可想而知。如果没有各方面力量的支持和协助，教学秘书的工作开展实在是难上加难。这就需要领导对教学秘书工作的支持，辅导员对教学秘书工作的协助，教师和学生们对教学秘书工作的配合，否则教学活动无法正常开展。

4. 教学秘书综合素质较低，缺少进修机会，难以适应新时期高校发展的需要

一方面，教学秘书学历层次普遍较低，所学专业适合教学秘书工作的不多。当前，从事教学秘书工作的多为本科毕业生，即使有高学历的，其专业为教育学、教育管理学的也极少，秘书专业毕业的也为数不多，其知识结构很难适应教学管理的需要。

另一方面，教学秘书的业务素质和业务能力也普遍较低。教学秘书的工作涉及教学活动的每一件事情，几乎无法离开办公室，需要随时关注着教学运行情况，随时接听电话和处理老师、学生们发现的各种问题。终日忙忙碌碌，很少有机会出去参加讲座、培训班、参观学习和参加各种教学培训活动，导致视野不宽阔，

知识匮乏，从而阻碍了创新能力和整体素质的提高，导致其知识更新严重不足，现代信息意识薄弱。长期以来，许多高校对教学秘书人员重使用、轻培养，面对知识经济时代的突飞猛进和高等教育的迅速发展，教学秘书得不到现代高等教育管理方面的系统培训，观念不能及时更新，更接触不到新的教育管理理念，大大制约了教学管理能力的提高，以致适应不了新时期高校发展的需要。

5. 教学秘书工作缺乏活力，开拓创新意识匮乏，科研工作薄弱

教学秘书是高校教学工作一线的组织者和管理者，工作千头万绪，看似平常，其实非常繁重而细致，在学校教学管理中处于纽带桥梁位置，上听命于学校教务处和院系领导，下服务于广大师生，所以常常处于各种具体事务的"纠缠"之中，工作缺乏活力，多靠经验办事，习惯于按领导指示、文件精神处理问题，主动参与和科学预见性差。不能很好地利用在工作中取得的第一手教学管理改革资料，认真总结经验、摸索规律，进行教学管理理论研究并形成科研成果，为深化教学管理改革献计献策。教学秘书缺乏开拓意识和创新精神，致使教务管理工作很难提高档次。

四、关于做好教学秘书工作的几点思考和建议

1. 重视教学秘书的工作

首先要在观念上进行更新，充分意识到教学秘书承担的责任重大，并不是随随便便就能做好的。明确教学秘书相应的职责和权利，确保工作的顺利进行。其次，在政策导向上制定相应的教学秘书职称和职务考核的评价体系，充分肯定和评价教学秘书的工作和业绩，对其教学活动中的劳动成果和业绩给予认可，给予相应的物质奖励和精神鼓励，充分调动教学秘书的工作积极性，让每一位教学秘书都能感觉到有良好的发展前途与方向，增加做好本职工作的信心。

2. 加强思想道德教育，提高教学秘书的服务意识

良好的政治思想素质和职业道德是做好教务工作的基本保障。新时期高校教学秘书应当具有高度的政治觉悟和高尚的道德情操，面对繁杂的事务性工作，还必须有高度的责任感和强烈的事业心。在教务管理工作中，要认真贯彻落实党的教育方针和相关政策，爱岗敬业，无私奉献，甘于淡泊，勤勤恳恳，任劳任怨，全心全意为党的教育事业服务。因此，高校应加强对教学秘书人员的思想道德教育，使其认清自己所从事工作的重要性，明确教学秘书工作的服务宗旨，真正担负起组织育人、管理育人、服务育人的重担，出色地完成自己的本职工作。

3. 重视教学秘书队伍整体素质的提高，加强教学秘书人员的继续教育

在教学秘书人员培训和知识更新方面，学校要加大投入，并在政策和经费上保证落实。制订切实可行的中、长期培训计划，多渠道、多形式加强教学秘书人员的培养。如定期或不定期地组织他们学习高等教育学、教育心理学、教育管理学、高等教育行政管理学、高等教育法规、社会学、人际关系学、秘书学等专业学科知识，提高其专业素质和理论水平。同时也要为教学秘书提供教学管理方面的培训，使其能系统地学习到教学管理方面的知识理论；给予教学秘书外出参观学习的机会，学习其他院校先进的教学管理经验，并与其他教学秘书互相探讨交流，接触新思想、新理念，共同提高业务水平；给教学秘书进修的机会，加强理论知识的学习和全面素质的提高，关注前沿的教育教学方面的动态，提高自身的整体水平。除此之外，还应鼓励教学秘书利用业余时间自学一些与自己的工作相关的学科知识，多学科、多角度、全方位地提高认知能力和管理水平。

4. 加强教学秘书的创新意识，建立专业的教学管理信息系统

当今社会是竞争激烈的时代，这就需要教学秘书具有创新精神和创新意识，不能因循守旧用老经验老方法办事，应不断更新教学管理知识和观念，在自己的工作岗位上有所创新和突破，使自己的工作能力和水平不断提高。随着高校办学规模的不断扩大、专业设置不断增多、师生数量不断增加等，教学管理工作也日趋走向办公无纸化。为了加强师生间的沟通、提高教学管理效率及管理水平，可以建立一个教学资源共享和交流平台，即将专业教师与各年级学生、教学秘书建成一个QQ群或设立一个公共邮箱，用于加强教学秘书与师生间、教师与教师间、教师与学生间的交流，形成安全可靠的系统平台，达成初步的教学管理无纸化办公、规范教学文件管理、提高工作效率和提高学院教学管理水平的效果。

5. 通过多种渠道解决教学秘书的后顾之忧，激发其工作积极性和主动性

教学管理工作的开展需要多个部门的关怀和支持，学校各级领导要主动关心教学秘书人员的工作、学习和生活，无论是在奖金发放、职务晋升、职称评定方面，还是在开展教学管理、科学研究等问题上，都要建立相应的激励机制，通过多种渠道解决教学秘书的后顾之忧。同时，在教学管理活动中，要充分肯定教学秘书的地位和作用。对于那些责任心强、业务水平高、管理经验丰富、工作业绩突出的教学秘书人员，学校要在适当的时候，给予一定的物质奖励和精神激励，激发教学秘书的工作热情，充分调动其工作积极性和主动性，促使其开拓进取，大胆创新，为高等教育事业的改革和发展，奉献自己的聪明才智。

高校教学秘书的工作是具体的、繁杂的，是教学管理工作的重要组成部分。了解高校教学秘书的工作职责，正确认识教学秘书在教学管理过程中的地位和重要作用，明确其应具备的素质，分析教学秘书工作中存在的问题并提出好的改进

方法，有利于提高教学秘书的工作效率，更好地发挥其在教学管理工作中的作用，保证教学活动的顺利进行。

参考文献

[1] 陈文贵，杨玉林. 教学秘书在高校教学管理工作中的作用及队伍建设［J］. 天津职业技术师范学院学报，2002（4）：41－44.

[2] 谭哲丽. 高校教务员工作的实践与思考［J］. 广东工业大学学报：社会科学版，2005（9）：294－295.

[3] 林征. 论高校院（系）教学秘书工作的定位及功能［J］. 福建商业高等专科学校学报，2006（3）：114－116.

[4] 姚美红. 高校教务管理人员心理不适的原因及解决对策［J］. 教育探索，2006（1）：103－104.

[5] 吕阳. 高校教学秘书素质之我见［J］. 浙江工商大学学报，2005（2）：86－90.

[6] 赵金艳. 浅论高校院系教学秘书的职能与素质要求［J］. 职业教育研究，2005（9）.

[7] 张晓芳，周剑，卢江，等. 高校教学秘书工作的实践与思考［J］. 河北农业大学学报：农林教育版，2009（2）.

[8] 赖剑明，张晓梅. 高校院系教学秘书的素质和能力探讨［J］. 教育与职业，2007（18）.

[9] 孙静. 浅析如何做好新时期高校教学秘书工作［J］. 太原大学教育学院学报，2009（B06）.

[10] 闻亮. 高校教学秘书工作的特点及要求［J］. 湖北成人教育学院学报，2003（5）.

浅析独立学院提升教育教学质量的途径

重庆工商大学融智学院经济系　熊　萍

摘　要：独立学院是公办学校与民办学校的结合体，要实现良好发展必须以质量取胜，着力提升教育教学质量。独立学院教学质量受到外部和内部多方面因素的影响，需要通过加强教学规范管理、抓好专业课程建设、完善实验实训基地建设、加强师资队伍建设和提高教学服务等途径实现长远和全面的发展。

关键词：独立学院　教育教学质量　途径

一、研究背景

1999 年高校扩招以来，高等教育教学质量已经成为社会各界普遍关注的问题。无论对于公立高校、民办高校还是独立学院来说，质量都是立校之本。而独立学院作为公办高校与民办高校的结合体，一方面扩大了教育消费和投资，缓解了人民群众日益增长的接受高等教育的需要和高等教育发展相对滞后的供求矛盾，加快了高等教育发展步伐，对促进经济增长起着积极的作用；另一方面又为高校充分挖掘内部的教育资源，扩大办学规模，提高办学效益提供了很好的出路，有效地解决了我国高等教育大众化初期面临的矛盾和困难。独立学院实现长期稳定的良好发展，必须首先通过完善教育教学管理体系、稳步提升教育教学质量来树立自身的地位。

二、影响独立学院教育教学质量的因素

由于办学机制有所不同，独立学院办学质量受到多方面的因素影响。宏观来看可分为外部因素和内部因素。

（一）外部因素

1. 财政补贴不足，硬件设施差

国家或者政府部门对独立学院在资金方面几乎是零投入，使得独立学院的图书馆资料、校园网网络建设、多媒体教室、实验室等与教学质量密切相关的教学设施严重不达标，部分学院在教育部的评估中被黄牌或者红牌警告甚至停止招生。通过教育部 2005 年度对普通高校、独立学院基本办学条件和独立学院资产权属核查发现，部分独立学院办学条件不达标，资产未过户，个别独立学院至今仍靠租赁土地和教学行政用房办学。

2. 生源质量不高

这是独立学院办学的先天不足。独立学院招收的学生一般是本科三批的生源，无论文史类还是理工类，在录取分数上与一批和二批的分数一般相差在 80～160 分之间。就这一点来说，生源质量与公办高校是无法相比的。当然招收高考分数较低的学生问题也不大，若能按照国外那种宽进严出、注重质量的培养方式来培养，同样可以出优秀人才，但遗憾的是独立学院在教学过程中很少考虑到这一点，仍然是按公办高校的模式在培养学生。

（二）内部因素

1. 独立学院师资队伍结构不合理

师资队伍是高校教学质量的重要保证，教师是一所学校的脊梁，是制约提高教育质量的关键因素。独立学院的师资一般是由专任教师、母体高校委派教师、社会外聘教师三部分组成。这就造成教师的学历、职称、年龄、来源结构不合理，对学校的归属感不强，流动性大，师生比过高等一系列不利于教学质量提高的负面影响。这无疑会对独立学院产生致命性的打击。

2. 教学管理体系问题

由于独立学院与母体学院之间的依附关系，使得母体学院在教学管理方面对独立学院的影响很大。一般在教师聘用、教学大纲、教材选用、教学方法等方面与母体院校几乎雷同，没有考虑到独立学院自身生源的特点，没有因材施教，从而也导致教学质量的不理想。许多独立学院都把人才培养目标定位为应用性本科人才，但是在培养过程中却按照母体院校的理论性人才的模式进行。

三、提升独立学院教育教学质量的途径

（一）加强教学规范管理

首先，应该围绕人才培养目标，建立健全组织机构，为教育教学质量提供组织保障。为规范教学管理，保证教学质量，加强教学监控，独立学院应该成立教学指导委员会和教学督导组。教学指导委员会应合理制定独立学院的教学发展规划、专业建设规划、人才培养方案、师资队伍建设规划、实验实训基地建设规划等内容。教学督导组应开展教学调研工作，收集教学信息，进行教学检查和停课，对院内各项教学活动进行监督，并且做好相关记录备案。

其次，需制定科学规范的管理制度，为提高教育教学质量提供制度保障。①制定教学管理工作条例，包括教学计划管理、教学过程管理、教学内容管理、课程考核管理、教学质量管理、教学评价、教学资源管理以及学科、专业、课程、教材、实验室、实践教学基地、教学队伍、教学基本建设管理等，对教学工作进行系统规划，建立稳定的教学秩序，保证教学工作正常运行，保证教育目标的实现和人才培养的质量。②落实教学工作例会制度：每月召开一次教学工作例会，可以采取座谈会、报告、研讨、考察学习等多种形式，便于及时了解、沟通、汇总交流和通报教学情况、问题、经验等，落实教学有关工作，通报部署教学安排，学习交流国内外高等教育改革最新动态等，每次开过教学工作例会应该"一题一议"，及时备案做好记录。③完善教师教学工作条例：任课教师授课前，应根据学生水平、培养方案拟订教学大纲和授课计划，认真钻研课程的全部内容、体系结构、重点和难点，阅读相关参考书和参考资料，撰写教案和讲义；授课过程中应根据学生掌握情况，合理调整教学内容和进度，组织清晰、逻辑性强，教学方法多样；由于独立学院学生的水平参差不齐，课后可以对学生进行辅导答疑，帮助学生掌握科学的学习方法。在教学过程中，教师应以身作则，严格遵守课堂纪律，认真检查学生的上课情况，督促学生课前预习、课堂学习、课后复习，使学生能够牢固掌握所学知识。对以上教学环节，需提出明确具体的要求和规定，规范教学行为，确保教学过程基本环节任务明确、责任到人。④鼓励教学改革研究：对高等学校教育思想、各专业人才培养模式、课程体系改革、教学内容和教学方法，以及教学管理改革等，都应大力支持，促进独立学院不断探索发展的新思路。

此外，为确保教学工作及时到位、质量过硬，独立学院还可以采用各种行之有效的教学评价、检查和信息反馈的措施，如建立"期中教学检查制度"、"教学信息员制度"和"教学听课制度"等。通过上述措施和制度的实施，既能有效地解决教学运行中存在的问题和实际困难，保证教学工作的有效运行，又能加强教职工之间、师生之间的交流，逐步提高教学质量。

（二）抓好专业课程建设

独立学院的教学资源与公办大学相比而言，资源更加有限，不可能在几个学科上齐头并进，因此必须统筹考虑各个学科的先后发展次序，循序渐进，集中有限的人力、物力和财力，突出特色，选好突破口。要在各个系部制定的学科建设规划基础上，精选重点项目，突出特色发展，确保提高教学质量水平。同时，各个系部也要结合自己的实际，"统筹规划、突出特点、集中力量、重点突破"，确立正确的学科发展和学科建设方向，明确未来5年的工作思路，制定切实可行的学科建设措施。各系部要把学科建设作为系部发展的主线，综合考虑师资队伍建设、科学研究方向、人才培养模式、专业设置、实验室建设等。独立学院的学科发展不够全面，有影响力的学科带头人数量不足，学术氛围有待进一步强化，科研总体实力不强，缺乏稳定的科研方向，这些都不利于专业学科建设。独立学院应加强对专业学科建设重要性的认识，积极培育目前已有学科的学科形态，构建学校—二级学院学科点的学科建设体系，逐步达到建立以学科为基本单位的学科建设组织架构。

例如重庆工商大学融智学院办学虽然只有十年，但是它以服务经济社会发展需求为导向，逐步确立了培养"信念执着、品德优良、专业基础扎实、实践能力强、综合素质高的应用型专门人才"的目标，形成了"依托行业企业优势，培养财经应用型专门人才"的办学特色。在专业建设方面，在开设金融学专业的基础上，依托母校资源加强自身建设，逐步增设了经济、贸易、会计等专业，涵盖了金融、保险、房地产、贸易、财务、会计等行业，凸显了财经类院校的特色，其中国际商务、信用管理和资产评估三个专业的开设，填补了相关行业领域人才培养的空白。该校现有会计、经济、管理、金融四个大系，各系都确立了重点学科建设方向，并制定了有计划、有步骤的发展规划。根据时代发展的要求，每年还会调整人才培养方案和专业教学计划。

独立学院不仅应该建设体现供求双方需求的个性化课程，还应该注重理论教学与实训教学相结合，引导学生理论结合实践的思维。比如可以建立专业实验室、开展"第二课堂"、组织实践活动，使学生们在实践动手的过程中学会将理论运用于实践。还可以邀请相关领域的名师和企业管理者办讲座，扩大学生的知识面和视野，让学生从中吸收前辈的经验。此外，独立学院还应加大课程建设经费的投入，投入大量的人力物力，争取申报实验室或者校级、省级、国家级精品课程，打造具有院校特色的课程体系。

（三）完善实验实训基地建设

目前大多数独立学院主要培养的是应用型人才，因此须制定适宜的实验实训基地建设规划，强化学生的实践技能，培养既有宽厚的专业理论知识，又能适应生产和运作第一线的应用型、实用型人才。根据专业设置和教学计划的要求，根据不同专业和学科性质特点，在广泛调研和反复论证的基础上，完善校内实验室、校外实习（实训）基地建设，配备相应的实验教学设施、实验指导教师，制定详细的实验实训指导书、任务书，对学生进行系统的职业技能训练。实验实训结束后，应对每个学生进行考核评价，要求学生提交实验实训报告，对实验实训的各个环节进行质量监控。比如系部可以联系外贸企业，签订实习基地协议，为国际贸易专业的学生提供实习机会，使学生讲课堂所学的理论知识，实验室中学到的报关流程即申报、查验、纳税、放行各个环节能够运用到实践中去。实习报告可以使学生结合实践操作完善理论知识。

（四）加强师资队伍建设

为解决独立学院师资队伍年龄、学历、职称、来源结构不合理，流动性大，师生比例过高等问题，可以从引进人才、培养人才、留住人才三方面入手。①合理引进人才，解决结构不合理问题。在引进人才时，要考虑到独立学院本身的师资结构特点。现阶段独立学院的教师普遍比较年轻，具有硕士学历，多数来自国内，职称大部分是助教或讲师，具有副高或正高水平的教师偏少。因此，引进人才时应重点引进综合素质高、专业技术能力强、具有较高职称或学历的中老年教师，还要引进海外留学人才，使学生在英语、国际贸易、国际商务等领域接触国际前沿。独立学院的师资不足，还可充分利用学院内的人才资源，允许行政及教辅人员兼职授课，或外聘优秀教师承担部分教学任务。②着重培养人才。新进教师由于教学经验不足，在讲授课程、课堂管理等方面应多向优秀教师学习。独立学院可以建立"助课制度"，不断完善新进教师的培养工作，调高教师的整体教学水平和教学质量，促使新进教师尽快成长，培养更多的学科带头人和教学骨干。指导助课教师负责给新进教师讲解授课技巧、课程要点及难点，新进教师认真记录每一节课的内容摘要，教学要点等活动内容，协助导师对学生批改作业、答疑、指导学生实验、实习等，试讲课程内容部分章节。为提升本校教师的教学、科研水平，还可鼓励教师攻读硕士、博士学位研究生、博士后，分批报销一定费用。③重视留住人才。教师流动性较高，主要是薪酬问题。如果薪酬分配不当，不仅会导致教师满意度下降、工作情绪低落、工作效率低下，而且还会导致人才流失，使学院的工作效率和整体效益下降，甚至可能威胁到部分专业的生存和发展。因此，要留住人才，建立公正、公平、合理的薪酬制度显得尤为重要。独立学院应该提高教师薪酬水平，使教师收入处于国民收入的中上水平；完善考核评价体系，健全以岗位和绩效为基础的薪酬制度；掌控好收入差距程度，建立公平的分配制度。

（五）提高教学服务

硬件设施条件需不断改善，比如实验室、图书馆、学生活动室、体育场、食堂、学生宿舍等，完善教学办公条件，为扩大招生规模打下坚实的基础。在软环境方面，独立学院全体教职工要以学生为中心，不仅后勤中心要高度重视，专职教师、辅导员也要密切关注，时时刻刻为学生着想，通过督促学生早晚自习，培养他们勤奋学习的精神，在日常生活中，关心学生上课、就寝、饮食等情况，为他们努力学习创造良好的氛围。长此以往，学生和家长对老师评价日益提高，既利于学生个人发展，也利于学员的长久发展。

总之，在高等教育大众化过程中出现的独立学院这一新的办学模式已经成为当前我国高等教育布局结构中的一个重要组成部分。它的发展既面临着难得的机遇，又面临着严峻的挑战。尽管独立学院的发展和成熟可能是一个较长的历史过程，但是，通过政府、社会的关心支持以及独立学院自身的不懈努力，那些孜孜不倦地追求教学质量、注重办学特色的独立学院，将会成为我国高等教育的骄傲。

参考文献

［1］孙冬梅，张芹. 独立学院提高教学质量的对策与建议［J］. 民办高等教育研究，2007，4（3）:18-21.

［2］叶凌. 独立学院可持续发展的对策探索［J］. 民办高等教育研究，2007，4（4）: 21-23.

［3］周洋，卢军. 加强专业内涵建设强化教学规范管理——对提高经管类应用型人才培养质量的探讨［J］. 管理学刊，2010，23（1）: 82-84.

［4］徐志斌，马尚权. 提高学科建设认识，做好学科建设规划［J］. 华北科技学院学报，2004（3）:7-10.

［5］张航. 完善薪酬系统，留住高校人才［J］. 人力资源管理，2010（7）: 108-109.

独立学院教材建设问题思考

重庆工商大学融智学院教务处　　杨　欣

摘　要： 独立学院作为一种新的高等教育模式，具有与公办院校不同的自身特点。根据独立学院的学生特点和培养人的要求，针对高校现阶段教材的普遍弱点，编写适用于独立学院的教材，对提高独立学院的教学质量有积极作用。

关键词： 独立学院　教材建设　质量工程

一、独立学院与公办大学的区别

独立学院是指实施本科以上学历教育的普通高等学校与国家机构以外的社会组织或者个人合作，利用非国家财政性经费举办的实施本科学历教育的高等学校。独立学院是民办高等教育的重要组成部分，属于公益性事业。独立学院与大学内部学院的重要区别在于其独立性。独立学院有独立的校园和基本办学设施，实施相对独立的教学组织和管理，独立进行招生，独立颁发学历证书，独立进行财务核算，并具有独立法人资格，能独立承担民事责任。独立学院还按国家有关教育事业统计工作的规定，独立填报《高等教育基层统计报表》。在性质上是一所完全独立的院校，与所属的大学关系并不大。

独立学院与大学内部学院的重要区别还在于其完全的民办性，独立学院由于其独立性，其经费来源不是来自国家拨款而是由学院的举办方通过各种方式筹集得到，在经费、学费和其他一些相关的管理上也都是按照民办大学的方式进行管理。

二、独立学院学生的总体情况与教材建设的滞后

独立学院的学生是当代大学生群体中比较特殊的一部分。他们既有当代高校大学生所具有的共同特点，又有其比较鲜明的特殊性。作为高等教育改革、新教育模式的尝试者，他们与普通全日制高校第二批录取的本科学生相比，表现出以下群体特征：综合素质较高，但文化基础相对较差；社会活动能力强，但自信心不足；家庭条件优越，但勤奋不够；学习进取心不强，行为上缺少自我约束力，生活上自理能力不足等。独立学院是介于普通本科与高职高专之间的新生群体，目前其教材建设进度远远滞后于独立学院应用型人才培养的步伐，难以充分体现独立学院培养的特点。这就要求我们根据独立学院自身的特有性质，为新生的独立学院编写适合其发展的教材。

三、独立学院教材使用中出现的问题

（一）教材管理不规范

目前，独立学院所开设的大多是一些市场针对性较强、应用特色明确的本科专业。但独立学院所用教材大多直接选自普通高校教材，难以充分体现独立学院的人才培养特点，无法直接有效地满足独立学院本身的实际教学需求。正因为独立学院教材的使用沿袭了普通高校教材，这就使得独立学院教材的管理同样受普通高校的制约，一般是由普通高校的教材科管理。也有些规模不太大的独立学院的教材是由普通高校图书馆来管理，从而使得独立学院在拥有人事财政管理权的同时，却无法对教材进行直接管理，从而影响了教材建设。

（二）教材定位不明确

选用母体高校的本科教材，显得太高深，选用高职高专教材，又显得太浅薄。这是大部分独立学院教师在选用教材时所遇到的问题。独立学院定位于培养应用型的本科人才，但要培养应用型的本科人才，独立学院当前普遍面临缺乏符合办学定位的优质教材。普通本科院校是"宽基础，强能力"，高职高专是"理论够用，实践为重"，独立学院在人才培养上则应是"小理论，大应用"。

（三）师资力量限制了自编教材的发展

我国独立学院的教师队伍主要有两部分组成：一是自有专任教师，这是独立学院独立聘任的，且双方签订有劳动合同、建立有相对稳定的劳动关系。而独立

学院的专任教师又主要有两部分组成，一部分是近年刚毕业的硕士生、博士生；一部分是其他高校已经退休的、高职称的老教师。二是兼职教师，这多是其他高校的在职教师，这部分虽然也是聘任，但聘期相对较短且不固定。

现在大部分的独立学院一般都采用母体学校本科生所使用的教材，其原因主要有两个方面：

第一，适用于独立学院母体高校的系列本科教材，目前已经十分成熟，不仅种类较多、选择余地大，而且能够及时地进行修订，可以跟上时代不断发展的步伐。我国的独立学院发展至今只有十多年的时间，而教材的编写却是一项十分繁杂的工作，编写一部教材不仅需要花费大量的时间与精力，且对编写者的要求较高。而独立学院发展初期，教师队伍十分薄弱，甚至还不具备教材编写的能力。在这种情况下，一方面整个教材市场上没有可供独立学院选择的专门针对独立学院培养特点的系列教材；另一方面由于时间等方面因素的制约，在独立学院发展初期也很难编写出适合独立学院的高质量的优质教材。

第二，独立学院选用使用于母体高校的系列教材，不仅能够让那些来自母体高校的教师、其他高校的兼职教师、独立学院自聘的退休的老教师使用起来得心应手，也有利于培养独立学院的学生达到专业所要求的理论水平。

但是由于独立学院与母体高校办学定位的差异，独立学院选用适合于母体高校的系列教材，其弊端也是显而易见的，即不利用培养具有较强动手能力的应用型人才。

（四）学院管理层重视不够

教材是学校管理中历来不太受重视的部分，其重要性不及办学定位的确定，不及培养方案的撰写，不及招生。这导致了部分独立学院的领导在教材建设的问题上一拖再拖，很多独立学院甚至都没有专门的教材建设经费。学院的重视程度不够，没有资金的保证，没有完善的规章制度的管理，使独立学院中一些有能力编写教材的教师在教材编写方面的积极性也得不到有效地调动。

四、独立学院自编教材展望

编撰适合独立学院培养目标的高质量教材对于正在迅速发展中的独立学院来说，关键是抓住教材建设这一重要环节。加强各科教材特别是适应独立学院专业特点和教学要求的应用型教材的建设，是其实现长期稳步发展的基本保障，也是体现其办学特色的基本要求。

（一）明确办学目标，自主编写

独立学院教材的管理与使用要由独立学院来承担。由于独立学院办学特色鲜明，因而所使用的教材也必须围绕培养应用型人才这一办学特色。由其母体普通高校为独立学院编写和配备教材，将不利于发挥独立学院的优势和办学特色。因为只有独立学院的教职员工和学生才最了解学生需要什么样的教材。在自主编写的过程中，要注意围绕独立学院培养应用型人才的办学目标，尽量采用院校联合编写的模式。这有利于兼顾人才培养共性，可以充分发挥参编院校优秀教师在教材建设中的地位和作用。

（二）保证自编教材的质量是关键

保证独立学院自编教材的质量，是独立学院可持续发展的关键。但由于办学时间相对较短，在教材建设上还处于起步阶段，独立学院出版的自编教材的数量和质量，将是其师资和学院社会认可度的重要标志之一。衡量独立学院教材质量的优劣，应看其是否具有"先进性、科学性和实用性"。

在主编教师的选择上，应该是具有副高以上职称，对本专业有深入研究，独立教授该课程达到一定学时的资深优秀教师担任。参编教师也应是在该领域有一定研究的教师。由于独立学院本身专有教师师资的缺陷，可以采用主编为母体高校教师，参编由本院专有教师尤其是双师型教师担任，这样能比较好的兼顾理论与实践的结合及适用性。

（三）注重学生特点，调动学生学习积极性

由于独立学院学生的特殊性，大部分学生的自学能力比不上二本和一本的学生。在学习上，独立学院的学生相对比较散漫。自学能力的培养是高等教育应该教授给学生的一项基本能力。独立学院教材编写的一项基本原则就是要有利于调动学生学习的积极性，要通过教材引导学生学会自主学习。面对知识的日新月异，自主学习能力是21世纪的高素质劳动者必须具备的一项能力，只有具备了自主学习能力，才能最终建立起终身学习体系，而这也是独立学院现状的客观要求。客观地讲，独立学院的学生中除一部分是高考发挥失误的学生外，有相当一部分学生的在学习习惯、基础知识等方面存在一定的欠缺，这要求独立学院教材编写要能调动这部分学生的学习积极性，理论方面尽量通俗易懂，实践方面尽量采用案例式教学。此外，在教学手段现代化的今天，独立学院教材编写既要有利于教师采用多媒体教学，也要有利于学生课后自主学习。

结语

尽管当前独立学院掀起了一股教材编写热，但独立学院的教材建设不可能一蹴而就，不可能说短时间就有了适用于独立学院各专业、各课程的系列优质教材。

可以肯定的是，这种现状对独立学院的教学提出了要求，必须在提高教学质量的前提条件下，编写适合于独立学院学生使用的教材，加大教材建设力度，加强教材建设重视程度，完善教材管理机制这才能使学院长足健康的发展。

参考文献

[1] 朱杨王. 独立学院教材应符合办学定位 [J]. 科学时报，2008（6）.

[2] 朱建华. 提高独立学院教材编写质量培养本科应用型人才 [J]. 民办高等教育研究，2008（11）.

[3] 胡小善，范小云. 对独立学院体育教材建设的探讨 [J]. 体育网刊，2008（12）.

[4] 王发社. 独立学院教材资源建设问题研究 [J]. 全国新书目，2007（11）.

对多媒体计算机辅助教学的
优缺点及对策思考

重庆工商大学融智学院教务处　　李　丹

摘　要：随着信息技术的飞速发展，在教育教学领域利用多媒体计算机辅助教学，已经成为解决当前教育过程中所遇难题的重要的方法，已被越来越多的人认可，而唯物辩证法告诉我们：事物是一分为二的，多媒体计算机辅助教学也存在着诸多的缺点。本文首先分析了多媒体计算机辅助教学的优点，然后讨论了计算机多媒体辅助教学存在的缺点，并在此基础上提出了相应的对策。

关键词：多媒体计算机　多媒体辅助教学　信息技术　教学效率

随着个人计算机的迅速普及和网络技术的发展，计算机辅助教学（Computer Assisted Instruction，CAI）已经改变了传统的教学观念和教学方式，它克服了传统教学中的许多缺陷和不足，尤其在调动学生积极性，提高教学效率方面起到了显著的效果。但是计算机辅助教学在实际的教学中还存着许多的缺点，如果使用不当，会使这一先进的教学手段不能充分发挥其应有的效能。这就要求教师在教学中运用多媒体手段要扬长避短，以便在课堂教学中发挥其应有的作用。

一、多媒体计算机辅助教学的优点

（一）增大信息量，有效地扩大课时容量，拓宽学生的知识面，教学效果反馈及时，提高教学效率

大学计算机基础教学中，会出现很多菜单选项和窗口图形界面，使用多媒

教学可以有效地节约描画这些菜单选项和窗口图形界面的时间，学生也能直观地看到这些窗口界面，加快了课堂教学节奏，也能使学生对这些菜单选项内容和窗口图形界面有一个形象和完整的认识，从而提高了教学效率。

（二）有利于解决重点和难点问题

在汇编语言程序设计中，使用多媒体教学可以在一定程度上突破时间和空间的限制，使学生随时都能够直观地看到各个寄存中所存储数值的变化，以及程序在编译运行过程中所执行的操作，从而减少信息在大脑中从形象到抽象，再由抽象到形象的加工转换过程，充分传达教学意图，使得抽象的问题直观化，突破了教学难点。

（三）增强交互性

交互性是多媒体技术最具特色和优势的根本特性，也是多媒体教学的核心，它把教、学、练三者有效融为一体。使用多媒体教学能使教学在学生与计算机之间的系列交互活动中展开，学生可以根据自身水平自行控制学习速度、难度并及时发现问题，及时练习，教师在课堂上及时根据学生的信息反馈，进行现场分析和答疑，以人机对话方式灵活方便地进行启发式教学。这样既保证了教学的规范性、系统性、条理性，又具有一定的自主性、多样性和灵活性。

（四）创设新颖优美的学习情景，激发学习兴趣，调动主动学习的积极性

在信息技术课堂教学中，当学生操作劳累甚至厌倦时，教师可在教学过程中安排一小段时间来欣赏 Flash 的 Animation（动画）作品、Multimedia（多媒体）作品等来调节学生的情绪状态，把学生引入到一个充满美感的情境中。当观赏这些作品时，学生赏心悦目，精神状态瞬间得以调整，疲劳感随之顿消，同时又惊叹于计算机神奇的信息处理能力，并使自己的审美情感得以体验和发展，对信息技术的求知求会欲望进一步高涨，这样一来学生学习的主动性也随之增强。

二、多媒体计算机辅助教学存在的缺点

（一）忽视了传统教育手段，无板书、无重点

多媒体辅助学科课堂教学的确具有传统教学手段不可比拟的优势，但这并不意味着它对传统教学手段的排斥，更不能完全替代传统教学手段。但在教学实践中，有些教师过分夸大多媒体的效果，把多媒体辅助学科教学上成技术操作演示课，从一个极端走向另一个极端。传统的教具如实物、模型、挂图等有很好的教学效果。传统的教学中的板书，有时能很好地突出重点，突破难点，如数学课中的演算步骤，物理化学课中的概念及公式等。但许多教师认为板书可能比较浪费

时间，于是在课前把应该板书的内容，全部输入电脑里，课堂上随着讲述内容而显示过去，不给学生留出思考和笔记的时间。这样做看似节省时间，却不利于学生消化、吸收。事实上，黑板加粉笔可以随写随看，重现力强，有利于较好地控制课堂节奏，有利于控制学生的注意力；也可以做出灵活地删减，有利于发挥教师教学过程中突然而至的"灵感"，这些效果都是多媒体课件无法达到的。所以，板书是学科教学不应缺少的重要环节。具体教学实践过程中，必须做到现代教育技术与传统教学方法的有机结合。

（二）课堂信息超量，抑制学生思维

多媒体辅助学科教学，信息储存量大，是一大优势。但有的教师在制作课件时，唯恐内容单薄，将与教学有关的所有内容，全部纳入课件，而授课时受时间限制，只得加快传递速度，本应板书的重要内容，都由电脑显示。有的教师一堂课教学容量相当于传统教学两三节课的容量，课件翻页频率又如此之快，使学生眼花缭乱、头晕目眩，怎能不抑制思维？我校一名数学教师在利用多媒体上公开课时，上课时边讲边演示课件，速度之快，不要说是学生，就是听课的有些教师也未必能听懂。究其原因就是课件容量太大，若让学生充分参与讨论，就完不成这节课的教学内容。这与当前的新课程改革是背道而驰的。使用多媒体辅助教学要从学科特点、学生的实际出发，因地制宜，因人而异。

（三）课件设计重形式轻内容

多媒体课件集声音、图像、文字等多种信息于一体，极大地满足了学生的视听等感官需求，激发了学生对多媒体课的兴趣，于是很多教师便在这一方面大做文章，在课件中集中了大量声音图像信息，并在课堂上充分运用。但这样一来，学生的思维反而受到了限制，不利于学生想象力的发挥。我们曾见到这样一个课件，界面设计很漂亮，交互功能也很强，但屏幕上菜单或提示信息太多，且在不断地以不同方式闪烁着，就像有些网站的主页一样，让人眼花缭乱、目不暇接。殊不知，这些不断闪烁的菜单或提示信息会分散学生的注意力，甚至会干扰学生的思考，它的使用是不会取得好的教学效果的。

（四）不易很好地处理教师、学生、多媒体之间的关系

根据建构主义学习理论：教师——教学过程的组织者、指导者、知识意义建构的帮助者、促进者，而不是主动施教的知识灌输者；学生——知识意义的主动建构者，而不是外界刺激的被动接受者、知识的灌输对象；多媒体——是创设学习情境，是学生主动学习、协作、探索、完成知识意义建构的认知工具，而不是教师向学生灌输所使用的手段、方法。可见多媒体辅助课堂教学仍然要充分体现出教师的主导作用和学生的主体作用，还要突出多媒体的辅助功能，决不能让多媒体来简单地代替教师的授课。本人曾看到有老师把多媒体资料生吞活剥地用到

自己的课堂中来，利用大屏幕投影，播放一个多媒体课件和一个多媒体教学光盘，四周的窗帘拉下，教师站在讲台上，学生静悄悄地看，就像在电影院看电影，声光流动，有趣，但华而不实。不但没有取得相应的教学效果，反倒促成了学生思维的惰性。突出多媒体教学的辅助功能是对传统课堂教学模式的一种补充和发展。只有处理好几者之间的关系才能正确体现多媒体课堂教学在教学的地位和作用。

三、解决多媒体计算机辅助教学存在问题的对策

（一）想学生之所想，因材施教，突出重点和难点

多媒体教学改进了传统的教学模式，但在实际的教学中，许多老师所讲述的内容往往还是课本知识的照抄。而据我们的调查，学生在学习时渴望知道知识的作用以及这些知识能够运用到哪里，而不是书本知识的照搬、枯燥理论的讲述。因此，在我们上课之前，应该去了解"学生学这门课想知道什么，不想知道什么"，择重而讲，在课件制作时应把重点、难点、关键点用较特别的色彩和字体突显出来，以做区别，强化视觉效果上的冲击力，以加深在学生心目中的印象。

（二）将多媒体教学模式与传统教育模式有机结合，充分发挥多媒体教学的特长

根据教学的目的，依据课程特性精心设计课件。具体地说就是要根据教学任务、教学目标，备好内容、形式、时间、顺序、板书、进度、提问、小结讲解的方式，要根据学科特点，依课堂来定，依内容来定，依当时课堂情景来定目标。

（三）重视学生动手和创新思维的培养

教学的目的是把知识传授给学生，知识不仅指理论知识，更重要的是要培养学生的实践动手能力。从实际的情况来看，大多数毕业生在进入工作岗位时，对所学专业的东西感到非常生疏，动手做自身专业课题非常棘手。究其原因何在？主要在于学生在学习理论知识的同时，缺少相关专业的实践动手能力。这就需要具体的教学过程中，老师要引导学生动手能力的培养。仅有动手能力培养是不够的，还要在创新思维方面进行培养。在多媒体的教学环境中学生学习的过程是学生通过与计算机、网络交互进行的，老师要对学生进行启发、提示，解决学生反映的问题，做到人人和人机双重的交互，注重培养学生的发散性思维，充分发挥学生的首创精神，将知识外化和实现自我反馈。

（四）实行集体备课，创立公共课多媒体素材库，充分利用资源

对于多媒体课件，很多采用两种方法获取，一是购买，一是自己制作。前者费用巨大，而且不一定适合于教材、大纲和学生的实际情况。而对后者而言，费

时费力，无论从技术还是从财力上讲，仅凭教师个人力量是不够的。那么最好的办法就是利用假期或者每周的教研活动时间，集中所有公共课教师备课，集体讨论，分工撰写，建立多媒体素材库。其优点是节约了资金，提高了教师制作水平，集中了群体智慧，实现了资源共享。

教学手段是由教学内容决定的，应用多媒体辅助学科教学的意义在于充分提高课堂教学质量和效益，从而全面提高学生的素质。所以使用多媒体辅助教学时，要力求做到时间上有宽度、内容上有深度、活动上有广度、效果上有信度。切忌该用而不用，不该用而滥用。在教学中，必须深入研究和实践，合理设计和开发，使之与其他手段有机结合，才能优化教学，提高教学效率。

参考文献

［1］田红. 多媒体辅助教学的优越性及应注意的问题［J］. 中国电化教育，2002（5）.

［2］赵洁. 论计算机辅助教学存在的问题及解决思路［J］. 大众科技，2006（1）.

［3］李文静. 关于多媒体计算机辅助教学利与弊的再思考［J］. 重庆职业技术学院学报，2008（5）.

［4］雷畅云. 多媒体教学的探讨［J］. 湖南财经高等专科学校学报，2005（6）.

［5］吉沛霞. 对多媒体教学的认识与看法［J］. 国土资源高等职业教育研究，2004（10）.

加强独立学院教育教学改革项目
过程管理提高研究质量

重庆工商大学融智学院教务处　刘宏毅

摘　要： 教育教学改革项目管理是高校教育教学管理的重要组成部分，特别是对于在教改路上不断前进的独立学院而言，研究独立学院的教学改革，不能将重心只停留在研究改革的内容，也要研究改革的实施过程。因此，如何将独立学院教育教学改革研究项目立项到研究成果的推广都做到有序进行，这就离不开过程管理。本文试图从加强独立学院教学改革研究项目过程管理的角度，对如何提高教学改革项目研究质量做一初步探讨。

关键词： 独立学院　教育教学改革研究项目　过程管理　质量

随着独立学院的崛起，高等教育的办学模式从单一形式向多样化发展，走向了百花齐放百家争鸣的新局面。独立学院自诞生以来，发展迅速。为提高独立学院的可持续发展能力，应不断进行教学改革，确保教学质量，这是独立学院生存与发展的迫切任务。

近些年来，独立学院以立项研究为主要手段的教学改革工作在整体推进，并不断深化。但长期的实践经验表明，研究独立学院教育教学改革，不仅要研究改革的内容，还要研究改革的实施管理过程。教学改革研究项目（以下简称教改项目）质量需要科学有效的管理制度把关，这种制度的确立是对独立学院教学行政管理部门和教改项目负责人双方的约束和监督，这其中应该包括项目管理部门对项目的总体建设原则、申报、立项、审批、中期检查、结题、项目研究成果在教学中的推广和运用等所有环节的具体程序以及经费使用等，使项目不是为了立项而立项，最终需要一种成果体现。因此，如何组织教改项目建设并进行科学有效地管理则成为确保教改项目质量的重要保障。教改立项研究成果的推广应用与教改项目质量关系也极大。这些都进一步表明加强立项项目的过程管理对提高质量和水平，是非常必要且必需的。

自独立学院开展教改项目立项工作以来，极大地调动了广大教师的参与积极性，涌现出了一批教改（研究）成果，其推广应用促进了独立学院的发展。然而，毋庸讳言，也出现部分项目没有真正发挥教改立项项目为教学实践服务的现象。因此可见，过程管理在独立学院教改项目从立项开展研究到研究成果的推广中具有重要作用。

一、教改项目的组织规划

每所独立学院都有自己的办学特色，在此基础上形成的特定办学理念、办学定位和发展目标是教改研究的重要内容，其改革研究项目选题范围的设计以及选择对学院的人才培养模式、课程设置、专业建设、教学方法与手段改革等方面具有引导作用。在独立学院教改项目立项数量有限而申报者众多的情况下，为保证项目的研究质量并推进研究能够有序进行，教改项目管理部门的组织和规划就显得尤为重要。

1. 建立项目申报遴选制度

当前，在高校职称热、评奖热以及年度考核需要科研立项项目风气的带动下，一些教师是为了完成这些硬性任务或者为了某些功利性的目的而申报项目，从选题到申报没有经过系统性的思考和规划，可想而知，这样的教改研究的质量怎能得到保证。因此，在独立学院的项目申报过程中，首先项目负责人所在部门应对申报项目进行初选，其次项目的管理部门再在提交院级评审会前对所有申报的项目做一一筛选，最后再由评审专家做专业评审。经过这样层层筛选，对设计不合理、与教育教学现实问题相脱离、在论证上有明显缺陷、论证不够充分的申报项目进行淘汰。

2. 积极扶持优势特色项目

从独立学院以往教改项目实施经验上来看，有些教改项目表面上看似理论性强，逻辑思维严密，其实这种项目往往带有很强的思辨性，实用性不强，很难出有价值的应用成果，实际上是坐而论道。因此，我们应该鼓励和扶持学院中有较强教学和研究能力的教师进行特色项目的申报。这样的项目才真正适应教育需求，教改项目成果才能得到更好地转化。换言之，只有在教学实践中发现教学规律，总结教学经验，才能不断孕育和积累出有价值的研究项目。特别是在具有一定鲜明特点的独立学院，反映学院特色的教改项目得出的成果推广才更有助于学院的发展。教改项目的管理部门在项目的申报上应该着眼于学院整体的发展战略思想，打破平均主义，对那些真正具有研究价值和对教学实践有推广价值的特色优势项目进行重点扶持。

二、教改项目的中期检查

对教改项目进行监督检查是独立学院项目过程管理重要组成部分。建立教改项目的中期检查制度才能确保项目研究质量。教改项目的负责人应积极配合上级相关职能部门和项目管理部门进行项目中期检查，内容主要包括项目的研究是否按照申报书的实施计划和步骤如期进行，是否合理地分解任务和安排进度，是否达到了项目申报书中的预期阶段性目标，进而取得了实质性的进展，是否合理使用研究经费，以及当前还存在哪些问题，还需要做出哪些进一步努力等。

在独立学院进行项目中期检查的实际工作中，我们发现了一些突出问题，如有些项目虽然做了大量的工作，但缺乏对研究项目特色和经验的认真提炼、总结；有些项目在进行研究时迷失了方向，没能形成鲜明的成果；有些项目不认真对待中期检查工作，中期报告过于敷衍了事，材料不够齐全；还有些项目进度迟缓，与申报立项时的实施计划存在一定的差距。发现这些问题时，如果项目负责人不认真地反思并进行整改，对于该项目的进一步深入研究和今后的应用推广是非常不利的。因此，通过中期检查，项目管理部门应该督促发现问题的项目及时地进行整改，从而进一步推动各项目研究的顺利实施，最终保证研究成果。

三、教改项目成果的鉴定及推广

教改项目申请结题时，科学有效的成果鉴定方法是保证研究成果质量和水平的重要管理关口，也是保证研究成果具有应用价值的有效措施。对教改立项项目成果的鉴定，应摒弃成果鉴定的表面化，不应该单纯地以项目成果最终形成的论文发表在什么级别的刊物上作为鉴定成果优劣的唯一标准，还应该鉴定这些成果是否为教学实践所用，能否在实际中推动教学改革，产生实际效益。因此，在鉴定过程中，项目管理部门应做到严格鉴定程序，规范鉴定方法；坚持以成果的创新性、科学性、应用性为重要评价标准；杜绝鉴定中重关系、看头衔，而不看成果水平和实际应用的现象。

保证教学改革项目研究成果推广渠道的畅通是教改项目管理部门的重要职责。

教改项目管理部门应该鼓励项目负责人站在学院教育教学实际需要的角度思考问题，及时地将教学的研究成果直接转化到教学活动中去。因此，在成果价值的衡量上，应把在教育教学实践中的实际应用大小作为主要评判标准。另外，还应该实行奖励机制，对在实践中实用性好的成果和推广应用有贡献的项目研究人员予以奖励。

总之，独立学院教改项目从立项到成果的推广，都离不开过程管理这一重要因素的制约。对独立学院教改项目的过程管理重在监督检查。只有在项目审批、成果鉴定到成果转化的过程中对其进行有效、科学地管理，才能增强项目负责人的主观能动性，保证项目研究的质量，进而为独立学院的教学改革实践以及整个高等教育事业的发展提供更好的服务。

参考文献

［1］何小平. 高校教研教改项目管理功能论［J］. 当代教育论坛，2006（12）.

［2］周茂平. 加强教改立项课题研究过程管理提高课题成果应用价值［J］. 江西理工大学学报，2006（4）.

［3］于中涛，肖德富. 社会科学成果的推广应用与转化［M］. 北京：中国农业出版社，2003.

［4］张和仕. 教改立项课题成果推广应用中的问题与对策［J］. 江西理工大学学报，2006（4）.

学生管理篇

论市场经济条件下的大学生道德观教育

重庆工商大学融智学院思政部　陈龙国

摘　要： 时下，有观点认为市场经济的推行是导致大学生道德水平滑坡的重要原因之一，本文通过分析对该观点进行了批驳，并进一步论证市场经济本身具有一定的道德内涵。这种市场经济道德与大学生的社会主义道德观在内容上具有密切的联系，同时指出将大学生道德观教育与市场经济相联系，能为高校道德观教育提供一种新的路径。

关键词： 市场经济　大学　道德观教育　市场经济道德

时下，一种较为流行的观点认为，市场经济是建立在"经济人假设"基础上的，市场主体参与市场运行的唯一目的是追求个人经济利益的最大化，在这种机制下很难产生集体主义、互利主义的道德规范，反而会导致诚信缺失、损人利己等一系列的道德滑坡情形的出现。于是，在这类认知基础上，部分教育工作者基于对日常教学工作中所观察到的现象的总结得出了如下一些结论：市场经济的发展使得大学生的道德观发生了一些显著变化，一些在过去被奉为金科玉律的道德信条已在不断被否定；同时，一些人的道德退化，隐患由此滋生；市场经济的负面效应通过各种途径传到学校，传到学生的心灵中。如部分学生拖欠学费；个别学生对工作、学习缺乏热情，对同学缺乏关爱，对集体漠不关心。在计划经济体制向市场经济体制转轨的过程中，大学生的道德观念也发生了很大的转变。如个人名利思想严重，自私自利、不关心集体和他人，崇尚实用主义，功利思想严重，缺乏正义感，是非观念模糊。

一、市场经济导致大学生道德滑坡？

我们必须承认在当下环境下，大学生的道德观确实存在着不完善的情形，大学生作为一个特殊的社会群体，其诸多具有共同性的行为背后反映出的是该群体道德标准的模糊化和薄弱化，对此笔者也深感忧虑并对之做过长期思考。从以上引述的部分观点来看，不少教育工作者将这种大学生道德滑坡的原因归咎于市场经济所带来的冲击。然而这种结论明显有过于武断之嫌。因为这里有一个问题为上述教育工作者所忽略，那就是大学生道德观的不稳定状态究竟在多大程度上是由于市场经济体制本身所直接造成的？而对于这个问题应作更进一步的深入分析。具体而言，造成当今大学生道德滑坡的局面可能源于以下几方面因素的共同作用：

其一，社会体制变革所带来的影响。在我国由计划经济体制向市场经济体制变革的过程中，旧有的道德规范被逐一打破，而新的规范又尚未完全确立，在这种情况下，人们的"野性"或"自然"欲望的一面便会增加①。例如，当我们的社会转向市场经济，金钱和享受在人们心目中获得了很高的地位，原有的各种对金钱、享受的限制规范在被打破，而新的规范很难在人们心中形成并扎根，这就很容易出现不择手段追求金钱和享受的不道德行为。而大学校园也不是封闭的"净地"，这些社会"情绪"很容易就传入校园，感染在校大学生。

其二，传统文化遗留因子的影响。部分教育工作者认为，是市场经济体制本身的特质导致了大学生道德观产生了重经济利益、轻道德的观念。其实，这是一种曲解。对中国传统文化稍加检视就会发现，其实早在我们的古圣人那里就已经有了"先经济，后道德"的相关论述，例如管子的"仓廪实，则知礼节；衣食足，则知荣辱"；孔子的"足食，足兵，民信之矣"；孟子的"有恒产者有恒心，无恒产者无恒心"等。这些传统文化中的只言片语虽不能被认为对大学生的道德观具有决定性影响，但却可能被部分人用作为其过分追求物质利益而忽视道德的行为提供正当化理由的工具。特别对于正处于知识扩充期，但对各种知识吸收又缺乏一定的甄别能力的大学生而言，这种影响可能更大。

其三，现阶段高校德育教育自身存在一定问题。高校是培养和树立大学生正确道德观的重要场所，这一目标的达成，离不开科学的德育教育内容和方法。然而就目前高校的德育教育现状来看，确实存在诸多缺陷，主要表现为：一方面高

---

① 应予注意的是，从社会发展史的角度看，这种"道德失范"乃是任何社会在体制变革过程中的必然产物，却非是市场经济体制自身的必然产物。

校道德观教育的内容从新中国成立以来基本上保持不变，而对于一些与时代紧密相关的科技道德、环境道德、学术道德及职业道德等内容都很少论及，因而显得教材陈旧、内容脱离实践；另一方面，由于受各种因素的影响，部分"两课"教师自身理论修养就较薄弱，对于伦理学、哲学、政治经济学等学科知识研究不够或不深入，而这些学科知识又是在进行德育教育时必须具备的知识底蕴，于是便可能导致教师教授相关内容时呆板、教条，对学生非常关心而困惑的热点、疑点、难点问题讲不到、讲不深、讲不透，学生失去学习兴趣和动力，并最终致使道德教育与社会发展、社会变革相分离，与大学生的自我实践相分离。另外，在德育教育的方式方法上也缺乏创新，教学中以照本宣科、被动灌输为主，而欠缺调动学生主动思考的必要办法。这些缺陷都可能使大学生产生德育教育空洞、无用、虚空的错觉，并生发抵触情绪，从而导致高校丧失塑造大学生正确道德观的积极功能。

可见，当今社会大学生道德滑坡现象是由多方面原因共同造成的，但是很难说其中哪一方面的原因是由于市场经济体制本身所导致的，因此，认为市场经济体制是导致大学生道德观下滑的观点是值得商榷的。不仅如此，通过下文的分析，我们将论证市场经济本身就蕴涵有一定的道德基础，这种道德内涵与大学生道德观教育存在着密切的联系，因而强调大学生道德观教育的市场经济环境是有重要的现实意义的。

二、市场经济道德与大学生道德观的联系

美国伦理学家诺兰指出："每一种经济体制都有自己的道德基础，或至少有自己的道德含义。"与任何其他社会经济形态一样，市场经济的运行过程中，同样存在着一整套与其相适应的道德准则，市场经济与道德并不矛盾。而大学生道德观教育的主要目标就是要培养大学生树立社会主义道德观。市场经济道德与社会主义道德之间有着紧密的联系，具体表现在：

首先，它们具有相互联系的社会经济基础。市场经济道德和社会主义道德是我国现阶段的经济制度和政治制度在道德上的反映，它们之所以能够存在发展并相互联系在一起，其根本原因在于市场经济是社会主义制度下的市场经济，是建立在以公有制为主体的经济基础之上的，是与社会主义基本制度联系在一起的，因而，由社会主义的本质和原则所形成的社会主义道德与市场经济道德之间，必然要互相联系、互相渗透、密切结合在一起，共同发挥作用。

其次，市场经济道德和社会主义道德可以兼容一致。全心全意为人民服务和

集体主义是社会主义道德建设的核心和基本原则，它充分体现了社会主义道德的思想性和先进性，是社会主义市场经济条件下道德发展的方向。市场经济经过不同制度国家几百年的实践，它所形成的一些共同的、一般的思想道德观念，已经成为市场经济的内在要求，这在社会主义市场经济中也是如此。市场经济道德和社会主义道德之间的兼容性表现在：市场经济道德中的诚信无欺、公平竞争、平等互利、克勤克俭、顾客至上、创业进取、敬业守职、遵纪守法以及团结向上的企业精神和团队精神，虽然没有全心全意为人民服务和必要时牺牲个人利益的集体主义道德要求那么崇高和先进，但它们与社会主义道德的要求并不是对立，而是社会主义市场经济条件下一般层次的起码的道德要求，是内含于社会主义道德当中的，是社会主义道德在经济领域以及与经济密切相关领域的客观要求。

最后，市场经济道德可以提升为社会主义道德。在我国现阶段的道德体系中，市场经济道德作为一种一般性、基础性的道德规范，是社会主义道德的起点和基础，在一定条件下可以上升为社会主义道德。例如市场经济道德中的诚信无欺、公平竞争、创业进取、敬业尽责、克勤克俭、用户至上、对顾客要主动热情、耐心周到等，就是全心全意为人民服务和必要时牺牲个人利益的集体主义的道德要求的前提和基础。当这些市场经济道德成为广大社会成员都能够自觉遵行的道德规范时，就可以被提升升为人民服务和集体主义的道德风尚，促进社会主义道德的形成与发展。

三、强调市场经济环境对大学生道德观 教育的现实意义

所谓大学生道德观教育的市场经济环境，即要求将大学生道德观教育作为一种研究对象放置于与其互相关联的市场经济背景当中，在这种互相关联中来认识理解大学生道德观教育，从市场经济的特定背景出发来探寻大学生道德观教育的新的意义。顺着这条思路出发，或许能发现一些为我们所忽视的观察和把握当下大学生道德观教育的新的视域。具体言之：

第一，对于大学生极端个人主义、利己主义思想的纠偏。目前，部分大学生思想和行为呈现出个人主义和利己主义严重的倾向，表现为"在大学生中主张以我为中心，心目中只有自我，一切离不开自我"以及"对同学缺乏关爱，对集体漠不关心"等。有教育工作者认为这些现象是由于市场经济对个人主体性的无限推崇所导致的，然而如果我们对市场经济文化稍作深入研究便能发现，市场经济不仅不会推崇这些思想，而且对这些思想还具有一定修正作用。这种作用表现在：

市场作为交换价值的裁判，需要市场主体尊重市场交换的两个基本原则，即等价交换和自愿交换原则。每个市场主体都具有一定的自利性，这就要求交换的一方要实现自己的利益必须承认对方的利益。也就是说，人的自利动机只能在尊重他方利益的前提下发挥作用。特别是在市场经济由卖方市场转变为买方市场后，谁要想通过市场为自身谋取更大的利益，谁就必须在更好满足社会和他人的需要上做出更大的努力，若非如此，则终将导致自己的市场人际交易网络崩裂，自身的愿望和利益也将无法得以实现。可见，市场经济文化并不如人们想象那样是崇尚极端个人主义和利己主义的，它推行并实际运作的是一种"互利主义"。将这种"互利主义"融合进大学生道德观教育中，不仅可以对现今流行的个人主义和利己主义倾向进行纠正，而且由于其本身蕴涵有"利他主义"元素，对其稍加正确引导和提升，便能形成符合社会主义市场经济和社会需求的高尚集体主义道德观。从大学生道德观教育的角度看，较之于空泛的谈论集体主义理想而言，这种思路无疑更符合现实需求并更具可操作性。

第二，对于大学生信用缺失的补正。部分大学生信用缺失是社会较为关注的一个问题，不仅表现在大学生日常行为中承诺不兑现和有诺不守上，更表现在一些大学生恶意拖欠学费以及恶意不归还助学贷款等方面。有人认为这是市场经济倡导人们"唯利性"从而使大学生产生只要有利可图便可不顾忌个人信誉、信用思想的结果。其实不然，市场经济不是不讲道德，不讲信用的经济，恰恰相反，信用是市场经济与生俱来的准则，是市场经济不可或缺的道德要求。市场经济是一种由有各种利益需求的人为主体，等价交换为特征的契约经济。根据马克思的经济学观点，市场商品交换关系中的各个市场主体，受商品生产一般特性的制约，都具有为他性、服务性和为己性、牟利性相并存的伦理二重性。因此，信用便成为市场经济顺利运作的"纽带"，如果在市场交易中失去信用、推翻承诺、不按期还贷、不履行合同，势必造成个人信用评价的降低，最终可能因失去信用而被其他市场主体所拒绝与之交易。绝大多数大学生在毕业后都将成为市场交易主体中的一员，即使其不直接从事与市场经济相关工作，其日常生活也无法脱离市场经济的影响，因而通过强调信用在市场经济中的重要意义和作用，来帮助大学生树立正确的信用道德观念，较之于空洞说教，可能更具现实说服力，也更容易为大学生所接受。

第三，促进大学生道德观的全面发展和现代化。这种促进作用表现在：一方面，在市场经济中大学生的主体意识逐渐觉醒并不断强化，平等观念、竞争观念、效率观念、改革观念、民主法治观念日益增强；随着全国性统一大市场的形成，大学生逐渐打破狭隘的地域观念，视野日益开阔；随着市场不断对外扩展，大学生可以从人类文明宝库中吸取更多、更新的"营养"。而这些都将有利于大学生道德观的全面发展。另一方面，市场经济的竞争机制和利益机制可以帮助大学生破除因循守旧、墨守成规、安于现状的惰性心理，增强"逆水行舟，不进则退"的紧迫感，弘扬和培育以解放思想、实事求是、与时俱进、不断超越、永不懈怠的现代精神，从而促进大学生道德观的整体现代化。

四、结语

大学生是社会主义建设的栋梁，是民族强盛的希望。大学生道德观状况的好坏为全社会所共同关注。对于一名高校教育工作者而言，对大学生道德观教育进行长久思考和深刻反思可以说是责无旁贷。将大学生道德观教育引入市场经济环境，并非是要以市场经济道德观替代社会主义道德观，更无意将其视作大学生道德观的全部内容，因为毕竟市场经济道德观只是一般性的、基础性的道德观，它与社会主义道德观存在着客观上的层次性差别。更何况，市场经济道德还存在着无法直接导源出爱国主义等重要道德观内容的缺陷。本文的论述，旨在提醒广大教育工作者，大学生道德观教育应该也可以与其现实社会经济背景更紧密地联系在一起。相较于传统的高调说教，这种从市场经济背景出发并展开的大学生道德观教育，未尝不是一种新的可能性路径，而且可能是一种更深刻意义上的"实事求是"。

在此，谨引用邓小平同志的一句话作为本文结语：革命精神是非常可贵的，没有革命精神就没有革命行动。但是，革命是在物质利益基础上产生的，如果只讲牺牲，不讲物质利益，那就是唯心主义。

参考文献

[1] 陈功最. 当代大学生道德观的现状、成因及对策 [J]. 湖南省政法干部管理学院学报，2001（10）.

[2] 刘波. 浅谈当代大学生思想政治工作存在的问题和对策 [J]. 社科纵横，2005（4）.

[3] 韩俊彦. 新时期大学生道德观教育的若干思考 [J]. 学术探索，2003（专辑）.

[4] 彭升. 论高校对大学生道德观的影响 [J]. 株洲师范高等专科学校学报，2003（2）.

[5] 诺兰. 伦理学与现实生活 [M]. 北京：华夏出版社，1988.

[6] 简宪安. 浅谈市场经济道德与社会主义道德的关系 [J]. 思想政治教育研究，2005（4）.

[7] 宋虹. 当代大学生道德观现状探讨 [J]. 北京科技大学学报：人文社会科学版，1997（4）.

[8] 黄晓天. 互利主义：市场经济的道德基础 [J]. 市场经济研究，2004（1）.

[9] 曹晓鲜. 信用：市场经济的道德基石 [J]. 北京大学学报：哲学社会科学版，2003（6）.

[10] 邓小平. 邓小平文选（第三卷）[M]. 北京：人民出版社，1983：136.

新形势下民办高校党建工作的几点思考
——以重庆市民办高校为例

重庆工商大学融智学院学生处　　叶远帆

摘　要：伴随我国教育体制改革的逐步推进，民办高校在国家政策的促进下快速发展起来。不断发展、壮大的广大民办高校在育人、育才方面的作用正逐步加强。在当今的国际、国内形势下，人才的培养不仅有文化知识方面的要求，更重要的是要具备社会主义所要求的思想道德方面的素质。民办高校与广大的公立高校相比，在基层党组织建设方面差距较大，基础薄弱，非常不利于新形势下合格人才的培养。因此，深入研究新形势下民办高校党建工作，非常必要和紧迫。

关键词：民办高校　党建　思考

《中华人民共和国民办教育促进法》实施以来，民办高校快速发展，取得了很大成绩，成为社会主义高等教育事业的重要组成部分。加强民办高校党建工作，对于全面贯彻党的教育方针、坚持社会主义办学方向、促进民办高校健康发展，对于加强和改进大学生思想政治教育、不断提高人才培养质量、为全面建设小康社会提供强有力的人才和人力资源保证，对于巩固党的阶级基础、扩大党的群众基础、加强党的执政能力建设和先进性建设，具有重要而深远的意义。

为获得关于民办高校党建工作方面的真实资料，我们向重庆市的 17 所民办高校（包含独立学院）发放了调查问卷，从回收到有效的 14 份问卷中，反映出的信息是：

一是学校党组织的隶属关系的差别。独立学院党组织隶属母体学校的有六所，占 44%；隶属重庆市教委的有一所，占 6%。党组织均隶属重庆市教委，共七所，占 50%。二是学校党组织负责人职数的差别。一正一副占 79%，正职一人占 7%，一正两副占7%，一正三副占7%。三是学校党组织机构不健全。独立设置党办的占35%，设组织部占29%，设宣传部占36%，设统战部占7%，设纪委21%。四是专职党务人员少，兼职党务人员多。在学校党组织机构这个层面，基本上是专职人员，而学校二级党组织的书记等党务工作者以兼职居多，占80%左右。五是党的基层党组织工作经费投入少。80%以上学校基层党组织工作经费不足，活动开展受到制约。

针对新形势、新情况、新任务，中国共产党十七届四中全会，对党的建设若干重大问题做出了具体的规定，总结了党建的基本经验，提出了党建的具体措施，这为民办高校党的建设树立起了前进的旗帜，提供了新的理论支持，注入了新的动力，实际上也突出了工作的重点。民办高校党组织应以此为契机，以积极姿态抓好基层党建工作，紧密服从和服务于全国和学校的中心工作，加强党在民办高校的领导，真正使民办高校能够成为中国共产党领导的社会主义国家的人才宝库。

根据党中央十七届四中全会通过的《中共中央关于加强和改进新形势下党的建设若干重大问题的决定》规定，我认为，民办高校在基层党组织建设方面应该着重抓好以下几个方面的工作。

一、完善基层党组织的机构设置

在大部分的民办高校，像党的组织部、宣传部、统战部、纪委等职能机构不健全，大都由党政办一个部门承担其工作职责，一人多职责、一人多岗位现象突出。制约党内民主的有效发挥和相互监督，制约党建工作的开展。作为民办高校，按照党章规定建立健全党的组织，党组织应本着精干、高效和有利于加强党的建设的原则，设立办公室、组织部、宣传部和纪律检查等工作部门，配备必要的工作人员。院系及以下单位党组织的设置形式，按照有关规定和各院系实际确定。党组织负责人应按照有关规定选举产生，并报上级党组织批准。党组织负责人工作变动时，必须征求上级党组织的意见。

二、完善基层党组织的各种制度，并以制度 为基础，狠抓制度的贯彻落实

我们党的活动，是在党章的约束下的民主活动。要保证党组织、党员活动的制度化、规范化，基层党组织就一定要按照党章的要求，完备党活动的各项制度

和规程，把党的活动完全置于制度和规程的管理之下。在强调自律的同时，要建立和完善各项规章制度，对领导干部要严格要求、严格管理、严格监督，警钟长鸣，防微杜渐。各级党组织和职能部门，要敢于监督，做到监督经常化，使规章制度得到落实。党员和领导干部要自觉接受组织监督和群众监督，把接受监督作为一面镜子。要健全领导班子民主生活会制度，民主生活会是解决党内和领导班子自身矛盾和问题的重要形式。确定民主生活会的主题，通过批评与自我批评，互相帮助，交流思想，交换意见，化解矛盾，消除分歧，克服缺点，增进团结。主要领导既要带好头，还要积极引导，创造一种氛围让人敢于讲话，敢于讲真话，敢于提出批评意见。用党的基本理论、基本路线分析问题、分清是非，在方针政策和重大原则问题上要态度明朗。克服好人主义、自由主义，坚持党性原则，使民主生活会收到实效，避免流于形式，走过场。落实党委主要领导抓党风廉政建设责任制，对一个部门的党风廉政建设负总责，列入履职考核内容，一级抓一级、一级带一级，层层抓落实，不断推进党风廉政建设，把民办高校党的建设提高到一个新水平。

三、完善党员学习制度，把党组织建设成为学习型党组织

从中国共产党成立以来的发展历程我们可以看到，我党非常注重理论学习与提高，不断以与时俱进的马克思主义理论来武装自己的头脑，时时刻刻敏锐把握先进文化的前进方向。特别在党的事业处于重要的转折时期，党的学习和教育就抓的更紧。实践证明，只有不断地学习进步，不断地以马克思主义中国化的最新成果武装自己的头脑，才能使我们在各种危机时刻能从容应对。当今社会发展日新月异，国际、国内变化不断加剧，国际竞争更趋剧烈，面对的各级、各类问题更加棘手。而且，随着改革开放的纵深发展及市场经济的逐步确立，公民的价值观、个体意识等有很大的变化，一些人甚至一些高级知识分子也存在一些思想认识上的迷茫，更有甚者，出现了对社会主义发展前途思想上的动摇。我们应该结合民办高校的知识分子优势，经常性地进行马克思主义理论的学习和讨论，使党建理论和中央指示及时为广大党员和高校大学生所了解和遵照执行，切实提高党员和大学生思想素质，更应充分发挥高校知识分子科研、攻关优势，不断推进理论创新，从而促进观念更新，始终使党站在时代发展的前列。

四、提高基层党组织建设认识，
加大人力、财力的投入

从调研所获得的信息看，广大的民办高校在党组织建设方面的另一个突出问题就是专职党组织负责人少，兼职居多，且经费投入少。在这样的环境下，党组织的各种活动开展受到严重制约。特别是随着学校教职工和学生数量的逐步增多，思想政治教育方面的压力逐步增大，但教育和宣传所需要的经费和人员却严重脱节。存在这种局面的因素，一是民办高校办学成本最低化的认识偏见，二是学校对基层党建工作的认识不到位。作为民办高校，特别是民办高校的领导班子，一定要以中共中央和教育部的方针、政策为指导，认真贯彻、落实党的方针、政策，切实提高思想认识，把基层党组织建设作为一件大事来抓，要抓好、抓实，抓出实效；再一个就是要完善党建经费投入和增加专职党建人员。各民办高校要根据学院发展规模和速度，确立党建经费的增长比重和专职人员的比例，使基层党的建设和活动有制度、经费和人力的紧密配合，使基层党组织在各方面条件的配合下，能充分发挥出战斗核心和堡垒作用。

五、及时吸纳优秀学生入党，
不断为党补充新鲜血液

广大民办高校学生在快速的扩充，但党员的数量在学校总人数中所占的比例普遍偏低。为不断充实党的力量，为党的发展充实新鲜、流动的血液，作为民办高校的基层党组织，要注意在青年大学生中发展优秀学生党员。坚持和完善发展党员工作的标准和程序，成熟一个、发展一个，实行发展党员公示制和发展党员票决制，确保民办高校新党员的质量。坚持把培养教育贯穿于发展党员工作的全过程，切实加强入党前、入党时、入党后教育，实现党员组织入党和思想入党的统一。抓好学习培训，通过培训班、党课、报告会和研讨会等形式，有计划地组织好党员的学习教育。加强实践锻炼，深入开展"创先争优"活动和主题实践活动，组织党员立足本职岗位发挥先锋模范作用。严格组织生活，认真执行"三会一课"制度，定期开展民主评议党员、党员党性分析评议。加强流动党员管理，在民办高校从事专职工作半年以上的党员，应转入组织关系。设立党校，充分发挥党校在党员教育中的重要作用。按照有关规定，妥善处置不合格党员。

六、切实贯彻、落实党内活动民主集中原则

广大的民办高校在党的组织机制不健全的情况下，存在的一个突出问题是职责不清、党政不分，甚至以政带党。党内民主集中制活动原则受到制约或流于形式。民主集中制是党最根本的组织原则。邓小平同志指出"不实行民主集中制，不但脱离人民群众，脱离党员群众，而且上级脱离下级，甚至在同级里也势必造成少数人或个人脱离多数，少数人或个人专断的局面。"只有加强民主集中制，增强领导班子的团结，形成统一意志，才能更好地贯彻党的基本路线。在强调党员和领导干部增强组织观念、纪律观念的同时，要发扬民主，特别是党内民主，切实保障各级党组织和党员的民主权利。发挥集体领导的作用，真正做到集思广益，优势互补，互相支持，形成合力，不把集体领导当陪衬。凡属政策性的大事，凡属全局性的问题，凡属干部任免、奖惩，要经集体讨论。坚持从群众中来，再到群众中去的方针，使学校重大工作决策更加客观、科学，减少不必要的失误。

七、充分发挥高校多载体优势，扩大宣传、教育，占领思想宣传主阵地

现在的高等院校大多数都拥有丰富的传播媒体，在校园文化建设中发挥着重要作用。在基层党组织的建设和党的宣传教育方面，就一定要充分发挥民办高校多载体教育合力效果。第一，发挥广播、电话、电视的作用。高校都有校园广播，电话、电视进学生宿舍也已是一种新的趋势，学校可充分利用校园广播、直线电话、闭路电视，重点进行正面宣传和教育。第二，随着高新技术和信息网络化的迅猛发展，网络已渗透到大学校园的各个角落和学生生活的方方面面。高校要特别重视校园网络的建设，通过网站和博客等交流平台，提供理论学习资源，扩大师生的研究视野，并通过增强网络宣传的趣味性和生活气息增加吸引力，从而形成主流意识形态在网络上的话语权。第三，发挥校报、校刊的作用。通过各种校园报刊，及时报道相关的研究成果，促进交流和讨论。第四，发挥墙报、板报、橱窗和语录牌等媒体的作用，使工会、共青团和马克思主义学社等学生团体的活动信息得到及时交流，使得党的方针、政策和基层党组织的活动宣传展板遍布校园。通过发挥以上各种媒体的综合优势，推动高校思想理论建设，巩固基层党组织的战斗堡垒和核心作用。

民办高校党组织建设必要而紧迫，但只要坚持以十七届四中全会精神为指导，在实践中与本单位实际紧密结合，创新基层党组织的设置和活动方式，逐步加大人力和财力的投入，完善各种规制建设，不断推进思维和工作创新，广大民办高校就一定会焕发出"以事业聚人、以情感留人、以学科优势吸引人"的独特优势，更好地完成培养社会主义合格人才的重要使命。

参考文献

[1] 中共中央关于加强和改进新形势下党的建设若干重大问题的决定 [EB/OL]. (2009 - 09 - 18). http://news.xinhuanet.com/politics/2009 - 09/27/content_12118429.htm.

[2] 胡锦涛. 努力开创新形势下党的建设新局面 [J]. 求是，2009 (9).

[3] 杨建平. 试谈加强和改进新形势下党的建设 [J]. 党的建设，2009 (6).

[4] 罗军怀. 新形势下加强和改进高校党的建设的几点思考 [J]. 中国高教研究，2003 (6).

独立学院思想政治教育的挑战与创新

重庆工商大学融智学院思政部　王成荣

摘　要： 独立学院是我国高等教育办学机制和办学模式改革而产生的新模式。这种新型办学模式的出现，对我国经济社会发展、教育振兴和学生的全面发展具有重要意义。本文侧重于考察国际化背景下独立学院思想政治教育的突出特点、面临的种种挑战和旨在增强独立学院思想政治教育实效性与科学性的理念创新、机制创新和路径创新。

关键词： 独立学院　思想政治教育　理念　机制　途径

独立学院是上世纪末普通本科高校依据教育部《关于规范并加强普通高校以新的机制和模式试办独立学院管理的若干意见》的规定，由普通高校优质办学资源与优质社会资本相结合形成的本科层次的高等教育机构。这是一种新型的办学模式，是教育改革的产物，是适应高等教育大众化趋势应运而生的新事物。思想政治教育是独立学院全部工作的重要内容之一，是促进学生德、智、体、美全面发展最重要的教育环节之一。为了发挥思想政治教育的育人功能，必须结合独立学院的性质与特点，研究独立学院学生的心理特点、个性要求和行为特征，寻求加强和改进独立学院思想政治教育的科学方法和最佳途径。

一、独立学院思想政治教育的突出特点

目前独立学院的思想政治教育基本沿袭了母体高校的思想政治教育模式，主要通过三种方式展开：其一，设置专门的思想政治理论课程，通过教师的授课来提高学生思想政治水平；其二，通过专职辅导员的工作在日常的学习和生活中教

育学生，以提高学生思想政治水平；其三，通过学生党组织、团组织建设，加强学生思想政治自我建设能力。这三种方式从不同层面为培养和提高学生思想政治素质发挥了积极作用。

但是，独立学院有其自身的办学特点。主要有：贴近市场需求，以就业市场为办学导向，但缺乏政府强有力的财政支持，具有企业盈利的性质；办学自主灵活，较少受计划体制的束缚，特别适合于职业教育；生源质量不能保障，学生成绩参差不齐，但力求毕业生高质量，以保证学校生存和发展。因此，独立学院的思想政治教育又必然具有自身特色。

1. 针对性

目前独立学院的办学是以职业教育为主，未来学生也将走向市场。因此，应以马克思主义理论教育和思想政治教育为主，结合爱国主义、集体主义、职业道德为核心内容的政治思想、道德素质等方面的教育，通过理论教学、专业技能培训、社会实践、校园文化、党团工作、日常管理等途径，坚持以学生为主体，调动学生的积极性和能动性，增强思想政治教育的实际功效。

2. 层次性

独立学院学生生源质量参差不齐，在不同的学习阶段，思想也会有波动。如果注意教育对象的层次性、教育阶段的层次性，正确选择教育方式和手段，将会取得很好的效果。

3. 持续性

大学生的思想政治教育是一个长期的过程，不可能期望学生经过一两次教育就会发生质的飞跃。当学生入校的新鲜感过后，尤其是与公立院校对比后产生失落感时，往往会导致前期的思想工作效果弱化。因此，独立学院的教育者要克服浮躁情绪，只有通过不断地、反复地组织不同内容和形式的耐心细致的教育活动，经常性地对学生进行灌输、诱导、说服才能收到预期的教育效果。

4. 综合性

随着改革开放的深入，学生的社会接触范围日益广泛，影响学生成长的社会因素更为复杂，这就要求独立学院的思想政治教育一定要全盘考虑，重视与社会、家庭教育的配合，引入社会、家庭教育机制，为独立学院思想政治教育的优化整合构建良好的外围环境。

二、独立学院思想政治教育的严峻挑战

独立学院由于办学时间短，发展速度快，目前正处于粗放型向内涵式发展的转型时期。因此，它自身的发展在很多方面存在着较大的问题，特别是思想政治教育工作面临着各种挑战。

1. 经济国际化对指导思想一元化的冲击

国际化的时代背景不可避免地对大学生产生重要影响，会使一些人淡忘国家意识，削弱民族意识，失去对传统的认同感。同时，西方资本主义腐朽思想观念也随着国际化趋势不可避免地侵入我国，在社会、政治、思想文化等领域产生消极影响。因为经济发展必然使人们思想观念发生转变，容易产生追逐物质利益，弱化、淡化人格精神需要的倾向。国际化必然带来价值取向的多样化，在意识形态领域存在着极端个人主义、利己主义、拜金主义、享乐主义等思想，直接冲击我们所坚持的价值导向的一元化，即坚持马克思主义作为我们的指导思想。因此，在意识形态领域，坚持马克思主义的一元化指导，将长期是思想政治教育的内容之一。

2. 信息多元化对思想政治教育方法的冲击

我国正迈入信息化社会，信息的来源、传播渠道和内容日益多样化。既有大量进步、健康、有益的信息，也有不少迷信、黄色、有害的内容。一个以互联网为代表的开放的、信息发达的社会，给传统的思想政治教育带来了极大的挑战，首先表现在对教育方法的冲击方面。互联网、远程教育、多媒体打破了传统的师生共处一个空间的唯一模式，并打破了单纯的学校教育模式，使受教育者获取知识和信息的空间和方式得以极大的拓宽。这显然对传统的思想政治教育带来了新的挑战。

3. 文化多元化对思想政治教育内容的冲击

我国正处社会转型期，思想文化领域面临着种种复杂的情况。经济成分、就业方式、利益关系和分配方式日益多样化，人们思想行动的独立性、选择性、多变性和差异性也日益增强，社会思想空前活跃，各种思想观念相互交织，各种文化互相激荡，各种思想不断涌现，各种矛盾错综复杂，社会意识出现多样化趋势，这对独立学院的思想政治教育提出了新的课题和新的要求。

三、独立学院思想政治教育的创新思路

随着国际国内形势的深刻变化，特别是我国高等教育改革的不断深入，大学生思想政治状况出现新的变化并呈现新的特点，独立学院思想政治教育面临着诸多新情况、新问题，如何应对种种挑战，如何解决各种新问题，如何增强思想政治教育的针对性、实效性和科学性，已经成为独立学院改革和发展中的重大课题。

因此，独立学院必须进一步解放思想，更新观念，大胆探索，在创新中加强和改进思想政治教育，积极服务于大学生全面成长成才的教育目标。

1. 以学生为本，实现教育理念创新

坚持以学生为本，确立和强调学生的主体地位。这既是现代教育理论与实践创新的重要成果，也是加强和改进思想政治教育的本质要求。

第一，把促进大学生全面成长成才作为根本价值目标。思想政治教育是社会要求，也是大学生自我发展的要求。必须把服务和促进大学生的全面发展作为整个工作的出发点和落脚点。要在教育内容和方法上进行改革和创新，善于将社会要求转化为学生的自我发展要求，促进大学生思想政治素质、科学文化素质和身心健康素质全面协调发展，并尽可能地以多种途径满足不同层次学生的不同需求。

第二，把学生作为教育的动力主体，激发其自我教育的主动性和积极性。思想政治教育作为教育主体（即学生）的一种实践活动过程，其实质就是教育主体在教师帮助下，消化、吸收、实践教育内容的过程。因而要实现教育理念的创新，必须变革传统"以师为本"的教育体系下把学生作为灌输和管理的客体的做法，重视学生的主观能动性，尊重学生的思想道德需要和选择，激励学生的主动参与，使思想道德真正成为大学生内在自律的行为规范。

第三，把贴近实际、贴近生活、贴近学生作为教育的基本原则。贴近实际，就要贴近大学生关心的社会实际和热点问题，真正在充分说理和解决实际问题上下工夫、出高招；就要贴近大学生的学习实际，引导大学生把学习与成才结合起来、把自己的前途同祖国的前途命运紧密联系起来。贴近生活，就要使思想政治教育充满生活色彩、富于生活气息，关注大学生现实生活的重大问题，帮助和引导他们自主自觉地驾驭生活，形成文明健康的现代生活方式。贴近学生，就要把握学生脉搏，了解学生愿望，深入学生的心灵，围绕学生遇到的现实问题，把学生的所思所想、所需所盼，作为工作的切入点，提高工作的针对性、实效性，增强吸引力、感染力。

2. 整合资源，实现教育机制创新

任何成功的教育都是综合各种因素形成的，任何一个因素的缺失都有可能造成教育链条的断裂，导致教育的失败。因此，必须实现学校、社会与家庭教育的协同，教育队伍、制度、基地建设的协调，建立健全党委统一领导、党政群齐抓共管、有关部门各负其责、社会各界大力支持的领导体制和工作机制。

独立学院目前急需改变的是教书、管理、服务三支队伍与育人相脱节的问题，整合各种资源，形成全员育人、全方位育人、全过程育人的"三位一体"的育人格局。全员育人就是全院每位教职员工，上至书记、院长，下到普通管理干部、老师和服务人员，都要承担育人的责任。"全方位育人"就是使思想政治教育渗透到学校工作的各个方面，课堂教学、党团生活、课外活动、生活管理、制度约束、社会实践等环节均体现德育的要求和内容，即教书育人、管理育人、服务育人。"全过程育人"就是保证学生从入学到离开学校的各个阶段都能接受思想政治教育。

3. 与时俱进，拓展教育途径

教育途径是落实教育内容、实现教育目标的渠道和方式。创新独立学院思想政治教育，必须在发挥思想政治理论课教学主渠道作用的同时，进一步拓宽教育途径，搭建综合育人新平台。

第一，抢占网络平台，重视网络教育。依据网络规律和特点，积极开展生动活泼的网络思想政治教育活动，使网络成为弘扬主旋律和开展思想政治教育的重要手段，形成网上网下思想政治教育的合力。通过校园网络系统，开设红色主题教育网站、学生工作在线网站、共青团网站等一批受学生欢迎的校园网站，牢牢掌握网络主动权，使校园网络成为弘扬先进文化的重要阵地，成为了解学生思想动态、关注热点问题、解决难点问题的新渠道。

第二，打造校园文化特色，开发思想政治教育新的增长点。校园文化是学校办学理念、学校精神和传统的集中体现，是思想政治教育的有效途径。校园文化建设要以实施科学文化素质教育为基础，以健康向上、丰富多彩的师生文化活动为载体，以建设优良校风、教风、学风为核心，以优化校园文化环境为重点，以树立正确的世界观、人生观、价值观为导向，弘扬主旋律，突出高品位，发挥教化人、塑造人、熏陶人的作用，使学生在良好的文化氛围中陶冶情操、优化素质、完善人格、提升境界。

第三，积极开展心理健康教育，塑造学生健全人格。要成立大学生心理健康教育和咨询的专门机构，建立一支专兼结合的教育工作队伍，认真研究大学生的身心发展特点和教育规律，通过开展心理咨询、专家讲座、心理健康知识宣传活动和完善危机干预机制，培养大学生良好的心理品质和自尊、自爱、自律、自强的优良品格，增强大学生克服困难、接受考验、承受挫折的能力，引导大学生健康成长。

第四，树立实践育人的思想，大力开展社会实践活动。以了解社会、服务社会为主要内容，以形式多样的活动为载体，以稳定的实践基地为依托，引导大学生走出校门，深入基层、深入群众、深入实际，开展教学实习实训、社会调查、生产劳动、志愿服务、公益活动和勤工助学等，使大学生在实践中受教育、长才干、做贡献。

思想政治教育是独立学院必要和永恒的办学主题，必须坚持思想政治理论课为教学的主渠道，配合课内实践和课外教育的多种途径，围绕提高学生思想道德素质和德、智、体、美、劳全面发展的培养目标，在教育方法和途径方面大胆探索，以期真正收到实效。

参考文献

[1] 肖毅，钱建平. 开拓创新办出独立学院的特色 [J]. 中国建设教育，2007（6）.

[2] 丁德源. 民办高校思想政治教育机制初探 [J]. 武汉生物工程学院学报，2006（12）.

[3] 金鑫鑫. 对民办高校思想政治教育的探索 [J]. 浙江树人大学学报，2004（5）.

[4] 周祥龙，万卫华. 民办高校学思想政治教育创新初探 [J]. 江苏高教，2006（4）.

[5] 李学军，陶佳，廖莎. 独立学院学生思想政治教育工作的探讨 [J]. 企业家天地，2009（2）.

[6] 唐建明. 独立学院思想政治教育工作创新研究 [J]. 民办高等教育研究，2009（3）.

评估体系下独立学院校园文化建设

重庆工商大学融智学院金融系　杨　帆

摘　要： 独立学院是我国高等教育创新的产物，发展至今时间不长，校园文化建设也尚属起步阶段。在本科教育评估、学士学位授予权单位评估的大环境下，校园文化建设更应借此东风大力发展。以评促建，以评促改，要让校园文化成为学生成长的摇篮。本文通过分析校园文化建设中存在的问题，探讨在评估体系下校园文化建设的途径，促进校园文化建设的发展。

关键词： 评估　独立学院　校园文化

高校校园文化是一个学校的灵魂，更是一个学校的精神之所在，是学校在长期办学实践中形成的培养目标、校风、教风、学风、校园文化活动风格、师生行为方式及其背后的价值观念。独立学院作为我国高等教育发展中的新生事物，发展历史短，经验不足，加强校园文化建设已是独立学院可持续发展中不可缺少的重要组成部分。近年来，本科教育评估、学士学位授予权单位评估使各独立学院感受到了前所未有的机遇和挑战，变压力为动力、化挑战为机遇，进一步解放思想、更新观念，注重校园文化建设，加快发展步伐，这是摆在独立学院面前的共同任务。

一、校园文化的概念及内涵

校园文化是一个学校在长期发展过程中逐步形成的物质和精神成果的总和，是学校价值取向、行为规范、人文环境、物质设施等的综合反映。校园文化重在建设，它包括物质文化建设、精神文化建设和制度文化建设，这三个方面将为学校树立起完整的文化形象。

（一）校园物质文化建设

在校园文化建设中，精神文化是目的，物质文化是实现精神文化的重要途径和载体，是推进学校文化建设的必要前提。主要包括学校的自然和人文环境以及广大师生员工活动的设施和场所等。

（二）校园精神文化建设

校园精神文化建设是校园文化建设的核心内容，也是校园文化的最高层次。它主要包括校园历史传统和被全体师生员工认同的共同文化观念、价值观念、生活观念等意识形态，是一个学校本质、个性、精神面貌的集中反映。

（三）校园制度文化建设

"没有规矩，不成方圆"，只有建立起完整的规章制度，规范师生的行为，才有可能建立起良好的校风。校园制度文化是学校在制度管理中形成的精神成果，是学校制度意识和行为规范的综合反映。

二、独立学院校园文化建设的必要性

独立学院现面临着前所未有的机遇和挑战，应该抓住这样的契机大力发展独立学院的品牌和教育。一方面，独立学院要挖掘深厚的文化底蕴，因为办学时间不长，要想缩短与公办院校的差距，就必须加强物质文明和精神文明的建设；另一方面，要树立科学的、个性化的办学理念，既要遵循普通本科院校办学的普遍规律，又要从独立学院的实际现状出发，形成具有鲜明个性的办学理念。

（一）校园文化是社会文化的发源地

校园是继承、传播中国悠久历史和民族文化的重要场所，是交流、借鉴世界先进文化的窗口，是新知识、新文化、新思想、新理论的摇篮。良好和谐的校园文化对社会文化和社会进步起着引领、影响、辐射和渗透的重要作用，可以说是社会文化的发源地。

（二）独立学院丰富了我国高等教育发展模式

长久以来，我国高等教育的发展模式相对单一，近些年来高职高专、职业技术学校的办模式才有新的起色。独立学院的办学模式也随之成长起来，它也将成为今后我国高等教育发展模式的重点之一。独立学院办出特色、办出个性，办出成绩，对于完善与推进我国高等教育的发展也具有重大意义，这种不同领域、不同角度的教育模式下的校园文化，也为培养创新型的人才创造了新的环境。

（三）推动了独立学院内涵的发展

校园文化是学校竞争力的集中体现。在当今这个时代，每个学校都面临着优胜劣汰的考验，随着教育产业化、大众化时代的到来，学校之间的竞争越发激烈。优胜劣汰的竞争法则虽然非常的残酷，但这也意味着校园文化作为学校在长期发展中逐步形成的物质和精神成果的总和，是学校品牌、综合实力和竞争力的集中体现。因此，校园文化的优劣具有重要的意义，它是学校能否在激烈的竞争中求得生存和发展的重要砝码。

（四）校园文化是学生成长的摇篮

校园中，学生是主体，校园文化具有导向、凝聚、审美、教育等多重功能，它可以通过营造正确的政治氛围和良好的教育环境影响学生对事物的判断和理解，从而培养他们良好的道德品质、行为规范和文明习惯。丰富多彩的校园文化活动往往是学生最愿参与、最愿倾注热情的活动，它对学生素质的形成更是有着潜移默化的影响，对提高学生的综合素质起着举足轻重的作用。

三、独立学院校园文化建设中存在的问题

（一）教师缺乏对独立学院文化体系的认同感

独立学院因成立时间不长，教师队伍主要由三部分组成：学院外聘教师、学院自聘的年轻教师以及来自社会企事业单位的教师，其中以母体院校的外聘教师和学院自聘的年轻教师为骨干力量。很多的外聘教师因工作年限较长，有着自己所认同的校园文化，学院的自聘年轻教师也因到校工作时间较短继续认同着自己原来所在母校的校园文化，来自社会企事业单位的教师对于校园文化的概念比较模糊，导致在短期内他们都较难融入到独立学院的校园文化体系中。因此，独立学院的教师们需要较长的时间去磨合，最后形成有独立学院特色的校园文化。

（二）重视物质环境，缺少文化底蕴

很多高校长期以来非常注意校园文化物质环境的建设，比如扩大校区、铺设新路、新修塑胶运动场、兴建新楼、绿化草坪、增加小品建筑等，旨为师生营造一个良好的学习工作生活环境，独立学院同样如此，并为之花费了较多的人力、物力、财力。但是，这些景观只停留在赏心悦目的视觉效果上，缺少人文精神的塑造。文化底蕴是大学之所以成为大学的重要标志，它是前人在认识和实践中逐步积累的精神财富，反映了大学的精髓，深厚浓重的文化基础有利于大学校园的良性发展。但是，独立学院在我国还是新生事物，办学底子薄，很多学院是由基础较为薄弱的学区改建的，有的学院甚至是完全新建的，由于缺乏厚重的文化底蕴，独立学院就更需要在办学实践中加强校园文化建设。

（三）办学理念不够清晰

办学理念，从某种意义上说，就是学校生存理由、生存动力、生存期望的有

机构成。从内容来说，包括学校理念、教育目的理念、教师理念、治校理念等；从结构来说，包括办学目标、工作思路、办学特色等要素。办学理念是学校的指导思想，体现着学校的价值观念和精神追求，是校园文化的核心和灵魂。独立学院作为一种新的高等教育模式，其办学的历史大多不长，要么在母体院校的基础上提炼自己的办学理论，要么虽然提出了自己的办学理念，但往往只是停留在口头上或写入文件中，并没有落实贯彻到工作中去。

（四）学习氛围不浓，学风建设有待加强

校风是指学校的风气，它包含了学生的学风、教师的教风、学校干部的作风、各班级的班风上，还存在于学校的各种事物和环境之中。学风是学校的治学精神、治学态度、治学原则，是学生的行为规范和思想道德的集体表现，是学生在学习过程中所表现出来的精神风貌。但是，由于主客观条件的限制，相比公办高校而言，绝大部分独立学院整体的学习氛围一直都有待加强。一是因为进入独立学院的学生高考分数较之公办高校要略低一些；二是因为独立学院学生的学习习惯不太规范，导致了学风建设的欠缺。

（五）学生活动质量不高

学生在学校除了学习课内知识外，更多的时间是依托校园活动丰富第二课堂。由于物质投入乏力以及对校园文化活动重要性的认识不足，导致独立学院校园文化活动普遍比较单薄。校园文化活动相对较少且形式单调，活动层次不高，主要以体育活动、娱乐活动为主，缺乏思想政治教育活动、道德实践活动、学术交流活动和科技竞赛活动等。由于独立学院办学机制的制约，把有限的资源大部分用于教学上，因而在校园内开展学术活动及科研活动的支持力度远远不够。另外，社团是校园文化活动的生力军，但这支生力军因为缺乏指导、经费不足等原因导致活动氛围不够活跃。

（六）校园制度建设滞后

校园制度建设是校园文化建设和长效发展的根本，它是为决定学校与师生员工之间以及师生员工之间的责权利关系而设定的一系列制约，制度是学校健康发展的基本保障。首先，独立学院由于尚处于创业之初，要严格按照国家的法律法规来办学，依法办学，规范办学，依法治校，民主治校。其次，要完善学校各项规章制度，包括校务管理、教学管理、学生管理等，而且要严格执行既定的规章制度。要严格规范教职工的工作职责，实行分工合作制，保证各项工作的顺利开展。制度建设在校园文化建设中具有非凡的意义，独立学院应合理制定出适合独立学院特色的有效制度，以促进学校的发展。

四、独立学院开展评估的重要性

在独立学院中开展本科教育评估、学士学位授予权单位评估是为了准确地了解独立学院在教育活动中的实际情况，进行科学分析，对独立学院的办学水平和教育质量作出评价，为加强建设、改进工作、深化改革提供依据，为独立学院的进一步发展提供良好的服务。

作为发展不久的独立学院，要想做好这项重要工作，学校领导一定要高度重视，要把评估工作作为提升教学质量的重要举措。要通过召开全校教职工大会、中层干部会议、教学工作会议以及各种类型的评建工作会议，进行广泛宣传和动员，并对照评审指标体系要求，认真研究部署评建工作的各个环节。要让全校师生员工学习了解评估知识，提高对评估重要性的认识。另外还要利用评建网站、校报、广播台、宣传栏、宣传横幅等多种形式进行广泛宣传，营造评建工作氛围，树立人人关心评建，个个参与评建的主人翁意识，激发全体师生"校兴我荣、校衰我耻"的使命感和责任感。要做到以评促建，以评促改，加大独立学院发展的步伐。

五、加强评估体系下独立学院的校园文化建设

（一）制定发展规划，明确办学理念，彰显办学特色

作为学校的基本指导思想，办学理念反映着学校的办学宗旨，决定着学校的办学风格。从独立学院的实际出发，独立学院应当确立以人为本、以教学为本和以制度为本的办学理念。本科教学评估和教育部 26 号令为独立学院规范办学、健康发展指明了道路，独立学院应抓住规范建设与管理五年转型过渡期，结合自身现有基础、根据所处区域和地方经济社会发展的需要，科学制定中长期发展战略规划。从办学理念、办学定位、办学特色、校园文化等方面综合考虑、统筹兼顾、培育大学精神和文化特质，提升办学水平和实力，以期为民办高等教育发展探出一条新路径。

（二）加强组织和制度文化建设，提高治校理校水平

面对本科教育评估、学士学位授予权单位评估，独立学院要充分发挥合作办学方和投资方企业的资源优势，特别是要把现代企业制度的积极层面因素引入高校管理，实现企业文化和大学文化的有机结合。要按照教育部发布的《关于规范

并加强普通高等学校以新的机制和模式试办独立学院管理的若干意见》的要求，完善独立学院的结构，充分发挥董事会在独立学院中的作用。借本科教育评估、学士学位授予权单位评估东风，重新梳理现有规章制度，出台适应独立学院未来发展的新的规章制度，依法办学、民主办学、科学决策、科学管理，形成自我约束、自我发展的体制机制，从组织和制度层面加强文化积淀。

（三）加强师资队伍建设，打造独立学院高素质教师队伍

教师的价值观、人生观以及言谈举止都对学生都有重要的影响，言传身教，他们是学生最直接的传授者。因此，加强独立学院师资队伍的建设，让学生成为校园文化中最大的受益群体，一定要充分利用好教师这个校园文化的执行者和重要传播者。但是，现在各大独立学院都面临着教师素质参差不齐的现状，教师来源多样化，差异化，甚至出现了一些不和谐的现象。要解决这一问题，就必须加强独立学院自身教师的培养，针对专业特色，引进双师型教师，从而有力地推动优秀校园文化传播。

（四）深化教育教学改革，构建具有独立学院鲜明特色的人才培养体系

教育教学是任何一所高等学校的灵魂，当然也是独立学院全部工作的核心，校园文化建设必须围绕教育教学和人才培养这个中心展开。依托本科教育评估、学士学位授予权单位评估，分析评估体系中对教育教学的指标，具有针对性地制定出适合本院校发展的人才培养体系，以评促教。特别要针对学生职业技能和创业能力培养的要求，不断改革和完善实践教学体系和实验、实习、实训基地的建设，构建具有独立学院鲜明特色的人才培养体系。

（五）繁荣校园精神文化，凝心聚力，共建和谐校园

校园文化建设的永恒主题依然是和谐校园的建设。面对本科教育评估、学士学位授予权单位评估，需要独立学院全校师生上下齐心、团结奋斗，以主人翁的意识迎接评估。特别要加强校园精神文明建设和物质文明建设，精心打造和创建承载文化信息、反映科学精神、民主精神和人文精神的人文艺术景观，充实文化标志，建设人文校园。

（六）打造适合学校发展的主流文化

独立学院在建设校园文化的过程中，应根据独立学院学生特点和社会实际需求，多开展集教育和娱乐为一体的校园文化活动，鼓励、引导广大学生积极参与到这些富有教育意义的校园文化活动中。充分利用好学生组织、学生社团的平台，多开展丰富多彩的学生活动，在活动中培养学生实践和创新能力，在活动中增强学生对校园文化的认同感。

参考文献

［1］陶亦伟．独立学院校园文化建设的思考［J］．南昌高专学报，2009（2）．

［2］田胜，狄奥．独立学院校园文化建设的现状调查与分析［J］．科技文汇，2010（9）．

［3］衡付广，李志宏．试论教学评估对我国高等教育改革和发展的重要意义［J］．中国高教研究，2008（1）．

［4］石邦宏．开放的思想．审慎的原则——解读教育部第26号令［J］．中国高教研究，2008(4)．

［5］彭振兴，陈瑞平．关于新时期独立学院校园文化建设的探讨［J］．科教导刊，2011（5）．

浅谈高校学生的道德教育

重庆工商大学融智学院教务处　　邓　栩

摘　要：学生道德教育应从基本的道德素质抓起，注重可操作性，引导和鼓励学生积极参与道德实践活动，注意道德自由的培养，实现道德自由与道德约束的统一。这就需要学校、家庭和社会的共同努力，在内容、形式、方法、手段、机制等方面努力改进和创新，把青年学生道德教育提高到一个新的水平，以适应社会主义市场经济发展和参与国际化竞争的需求。

关键词：高校学生　道德教育

一、高校学生进行德育教育的重要意义

（一）加强道德教育是贯彻党的教育方针的需要

中国共产党在领导人民治理国家的过程中，历来重视道德的地位和作用。在党的教育方针上也是如此的。早在 1989 年，江泽民同志就提出了"各级各类学校不仅要建立完备的文化知识体系，而且要把德育放在首位"的论断。胡锦涛同志在全国加强和改进大学生思想政治教育工作会议上指出，培养什么人、如何培养人，是我国社会主义教育事业发展中必须解决好的根本问题。教育必须为贯彻党的基本路线服务，培养社会主义的建设者和接班人，以取得国际竞争中的人才优势。这种竞争型的人才，不仅要掌握先进的文化科学技术，而且要具有正确的政治方向，才能确保党和国家的事业代代相传，才能实现党和国家的长治久安。

（二）加强高校学生道德教育，是提高全民族素质的基础工程

大学时期是人生道德意识形成、发展和成熟的一个重要阶段。大学生又是十

分宝贵的人才资源，是民族的希望、祖国的未来。加强高校学生道德教育已经成为全民族素质提高的基石。提高他们的道德觉悟，培养他们的优良道德风尚和品质，不仅可以保证学校教育的社会主义方向，而且对改变社会风气也会产生积极的影响。尤其对21世纪提高中华民族的整体素质，树立良好的道德风尚产生深远影响。

（三）开展道德教育有利于培养学生优秀的道德品质

现阶段我院学生的主流思想是积极、健康、向上的，他们中大部分身上均具有良好品德，是大学生中优秀的代表。但是，由于受社会上一些不良风气的影响，大学生中仍存在一些有失文明的现象，这些现象表明，大学生的思想道德素质与国家对人才的培养目标还有一定的差距。在高校开展道德教育是贯彻党的教育方针的充分体现，有利于继承和弘扬中华民族优良道德传统，培养优秀的道德品质。

（四）道德教育为高校学生的全面发展教育指明方向

道德教育在高校学生的全面发展教育中起着定向的作用。它保证人的各方面发展沿着一定的政治方向前进。它就是要充分发挥道德的育人功能，把大学生的强烈的报国之志，转化为实实在在的行为。也就是说要使受教育者朝着社会主义方向发展，能够坚定为社会主义建设服务的正确方向。道德教育在青年学生的成长中起着灵魂的作用，它是青年学生全面发展的动力。

二、道德教育中存在的问题

（一）重视道德知识的传授与掌握，忽视道德品质的培养与锻炼

长期以来，我们的道德教育普遍都是教书与育人分离，采用的基本方式是在教学过程中，只注重知识的传授，告诉学生应当怎样做，要求他们掌握社会所倡导的行为规范。至于学生们是否按照这些规范去做，那就不一定管了。既然做与不做没有什么区别，学生也认为不重要，敷衍了事，没有从主观上认识道德品质培养与锻炼的重要性。现在我们应当看清这个极易被忽视的问题，从传授道德知识推进为刻意培养青年学生的道德品质，使之在生活与学习中被普遍运用，达到重教重育的目的。

（二）诚信意识淡薄，传统道德丢失

两千多年前的孔子就十分重视对人的德育培养，孔子认为"德"是统领其他一切方面的要旨，"仁"是最完美的理论道德。"诚信"是中华民族的优良传统，是党在革命和建设中最宝贵的经验和哲学理念。这些传统的美德，正被当代青年学生逐步丢失。近几年来，由于受市场经济的负面影响，社会上制假活动的猖獗，

学生的诚信意识也受到严重影响。一些学生认为，老实人吃亏，讲信用无用。在行为上的表现是考试作弊甚至集体作弊，说假话等，甚至在特困生贷款问题上出现很多银行不愿为其贷款，因为有太多的人不按时还款。这种优良传统的丢失与我们教育上的失误有很大关系。为此，我们需要加强这方面的教育工作。

（三）青年学生心理承受能力普遍较弱

大学生正向独立生活迈进，出现的许多问题难以解决，积压后易形成不健康心理和不稳定情绪，其所受教育也深受影响。比如说，一些学生遇到小挫折就心灰意懒、感觉生活没意义，从而出现不愿遵守社会道德规范的严重偏差行为，有的甚至自杀和伤害他人的身体及财产；有些学生刚入校时不能适应周围环境，难以调整好自己的情绪和心理，会寻找不恰当的发泄方式，其中有向道德发起挑战的，严重影响道德教育的成效；一些人容易淡化全局观念、集体主义观念、纪律观念，往往从个人或小团体的利益出发，自作主张、各行其是，这些现象在一定程度上导致大学生在是非面前不能真正把握自己的道德认知及意志，以致出现了不良的道德行为。

（四）个人中心主义一定程度上表现更为明显

高校学生强调个性、独立，具有批判精神，但常常有点"自我中心主义"。原因在于当代大学生中独生子女比例较高，他们自我意识强烈，强调以个人为中心，希望一切如其所愿发展下去。他们评判事物的标准往往只站在自己的立场上，很少考虑别人的感受；有的学生在接受别人帮助后，没有丝毫的感恩思想；常常在家庭、学校和社会交往中过分强调个人的得失，过多地关心个人的价值实现；怕苦怕累思想较重，合作意识不强，集体意识淡漠缺乏良好的偶像崇拜；有些家庭教育忽视了团结合作精神及互相尊重方面的教育；市场经济的竞争意识激励大学生不断丰富自己的知识，提高层次，而学习的压力使得有些大学生完全陷入困境，无暇顾及学习之外的任何事情，个人中心主义进一步扩散。

三、进一步加强和完善高校学生道德教育的理性思考

公民道德建设要靠教育，也要靠法律、政策和规章制度，必须综合运用各种手段，把提倡与反对、引导与约束结合起来，通过严格的科学管理，培养文明行为，抵制消极现象，促进扶正祛邪，扬善惩恶社会风气的形成、巩固和发展。道德教育是思想政治教育的重要内容之一，道德素质是全体青年应该具备的基本素质之一。青年道德教育的效果与高校思想政治教育的效果及人才培养的质量息息相关。

（一）创设优良的校园道德教育环境

就人的一生而言，在学校受到的影响最大、最长远的不是学习的某一门知识，而是校园文化，一种经过几年校园生活逐渐形成的学习态度、思想品质和行为习惯。大学校园文化，对大学生德行的规范与德性的养成具有一般文化不可替代的教化功能。校园物质环境就是一个积淀着学校历史、传统与文化的特殊之本，学生通过对它的解读与领悟，学会与他人、社会、历史、文化的交流与对话。

校园环境对学生道德塑造的影响作用非常大。优美的校园环境会使学生感受到怡然自得、健康向上的积极心态；学校的墙壁、橱窗张贴的道德规范规劝语，名言警句等要体现出校园文化气氛的教化功能；还要注意确立积极向上的校风、班风，提倡优良的学风、教风，从而在学校内部形成良好的道德教育气氛。

（二）优化道德教育的内容、形式和方法

1. 优化学校德育教育的内容，逐步突出"人的发展"的观点，体现以人为本的精神。我们在推进道德教育的过程中，要将法治与德治很好地融合，充分体现道德功能，一切以人为本，建立健全的具有人性关怀和人性温暖的管理体系。重视青年学生道德教育，也就是重视青年学生自身的综合素质的提高，能最大限度地发挥他们的创造潜能。"学会做人"、"学会关心"、"学会生活"成为社会主义制度下青年学生道德教育的主题和核心思想。如对学生进行行政处理时学生要有知情权与申诉权等。并且要充分发挥道德在协调人际关系与凝聚人心方面的作用。

2. 学校道德教育要做到方法多样、形式活泼。在教育形式上，把个别教育形式与集体教育形式结合，教育手段上注重现代高科技手段的运用，对学生进行正面教育。青年学生的年龄特点决定了他们不喜欢空洞的说教，要达到比较好的教育效果，就要以灵活多样的方法、丰富多彩的形式作为载体，如评选"文明大学生"，"感动校园人物"，举办有关内容的演讲比赛等等，使学生在具有趣味性、吸引力的活动中潜移默化地受到教育，自觉地培养优秀的道德品质。

（三）道德教育的深层次需要

道德需要不是从社会中去获得、索取、占有、使用享受某种物质的或精神的产品来满足自己，而是通过对社会或他人的给予、奉献、牺牲来满足自己。道德需要是建筑在高度自觉、完全自律的、依靠自己内心信念来满足的一种需要。目前，我们的道德教育只是使学生不同程度地感受到掌握与遵循某种道德规范对自己来说是一种约束，在他们内心尚不能构成道德需要。我们的学生不是没有这种道德需要，他们的政治思想觉悟程度、理论认识能力乃至道德水平和道德境界是不同层次的，更多的只是停留在表层，缺少深层次的、自我完善的高级的道德需要。当然，要求他们都达到同样的程度、水平和境界，显然是脱离实际的。这就强调青年学生道德教育要把先进性要求和广泛性要求结合起来，根据不同的对象和要求，形成一定的目标递进层次。

（四）在思想道德建设中加强心理健康教育

大学生心理健康教育是思想道德教育的重要内容，思想道德教育离不开心理健康教育，两者相辅相成，相互促进。

1. 突出心理健康教育的基础作用

人才不仅要有良好的素质，也需健康的心理。大学生应具备良好的个性心理品质，优良品格及较强的心理调节能力。大学生的思想道德品质，必须以他们心理品质的健康发展为基础和前提，这样才能真正获得有效的提升。既然要突出心理健康教育的基础作用，就要求我们不能把大学生的所有问题简单地看成是思想观念和政治觉悟问题，在新形势下，我们既要防止心理问题德育化的倾向，同时也要紧扣二者之间的密切联系，在大学生思想道德建设中开辟新领域，在思想道德教育中加强心理健康教育，促进大学生的思想道德建设的加速发展。

2. 心理健康教育是大学生思想道德教育的重要内容

心理健康教育一直是大学生思想道德教育的重要内容之一。只有健康的心理才能产生健康的思想，形成科学的人生观和世界观。学校心理健康教育，是以心理学的理论和技术为主要依托，并结合学校日常教育、教学工作，根据学生生理、心理发展特点，有目的、有计划地培养学生良好的心理素质，开发心理潜能，进而促进学生身心和谐发展和素质全面提高的教育活动。

总之，道德教育是一个渐进的过程，不是一朝一夕就能成功的，学生的道德素养、行为方式也要有个培养过程。应从基本的道德素质抓起，注重可操作性，引导和鼓励学生积极参与道德实践活动，注意道德自由的培养，实现道德自由与道德约束的统一。只有经过长期努力才能形成特有的良好的道德风尚及人文特征。大学生道德教育是一个系统、复杂、具有长期性和艰巨性的工程，它需要学校、家庭和社会的共同努力，在内容、形式、方法、手段、机制等方面努力改进和创新，把青年学生道德教育提高到一个新的水平，以适应社会主义市场经济发展和参与国际化竞争的需求。

参考文献

[1] 班华. 心育论 [M]. 安徽：安徽教育出版社，1994.

[2] 田建国. 当代大学生思想道德状况分析与对策 [J]. 中国高教研究，1999（1）.

[3] 余仰涛. 思想政治工作学研究方法论 [M]. 武汉：武汉大学出版社，2006.

[4] 陈万柏. 论思想政治教育管理载体的特征和功能 [J]. 中南民族大学学报：人文社会科学版，2005（4）.

[5] 牟红红，丁慧民，张敬师. 论大学生思想政治教育与有效沟通 [J]. 现代企业教育，2007（1）.

[6] 梁建军. 当前大学生思想政治工作中存在的问题与思考 [J]. 教育理论与实践，2007（1）.

浅谈当前高校大学生
作弊现象的原因及对策

重庆工商大学融智学院教务处　　李　军

摘　要：考试作弊问题是当前高校面临的最棘手的问题之一，并且屡禁不止，呈上升趋势。加强考试管理，抓好教风、考风建设是提高考试管理水平、教育教学质量的重要保证。本文着重对作弊现象的原因、心理及对策进行了分析和探讨。

关键词：高校　考试作弊　考试管理

考试是检验教学效果和保证教学质量的重要手段，其目的在于指导和督促学生系统地复习、巩固所学知识和技能，调动学生学习的主动性和积极性，培养学生的创新精神和创新思维，检验学生的学习成效。然而，近年来由于高校办学规模扩大，在校人数骤增，为学校管理提出了更高的要求。当前，高校考试管理中存在的主要问题是大学生中不同程度地存在着考试作弊的现象，而且屡禁不止。因此，研究考试作弊的原因，寻找遏制考试作弊的对策，加强考试管理，抓好考风建设是我们教育工作者尤其是考务管理工作人员的重要课题。

高校考试作弊现象及特点

在考试管理中，我们不难发现，学生考试作弊现象不仅普遍存在，而且方法手段越来越多样化，并趋向于现代化。常见的有：抄袭教材、参考书和笔记本；夹带和传递预先写好的复习题答案或公式；照抄他人试卷，调换试卷；低声交头接耳或有意将试卷给后排人看；将复习题或公式事先写在手上、胳膊上、腿上或桌子上，伺机偷看；严重的甚至代考和替考。除此之外，随着现代化通讯、计算工具的发展，一些学生利用高级计算器的储存功能，手表的存储功能，外观类似橡皮擦等文具的存储工具等来进行作弊。一些学生不是把精力用在复习考试上，而是投机取巧，全凭临场发挥，考前采取各种手段向老师套题，以获得试题范围，考后一旦成绩不好就通过多种途径找主考教师说情，要求改分提分，为达目的多次骚扰任课教师，完全破坏了大学生形象，致使考风日下。

高校考试作弊的原因分析

一、部分学生基础较差，底子薄，学习态度过于放松

高校扩招让更多学生有了接受高等教育的机会，但也造成了学生知识基础参差不齐的问题。一部分基础较差的学生对教学内容的理解力、接受力不强，久而久之易产生厌学情绪，平时不认真听课，考试又担心不能过关，于是就在考试中投机取巧，以不正当手段获取成绩。此外，部分学生进入大学校门后错误理解了大学生活的宽松和自由，一入学就经高年级的同学介绍加入各种协会，经常参加各种活动甚至为此旷课逃课，忽视了自己的学习，到了期末考试时便利用作弊来蒙蔽老师和家长。

二、缺乏是非观念和诚信观念

由于从小家庭和学校包办过多过细，当代大学生对人生观、价值观缺乏思考。是与非，对与错，不加分析，不以考试作弊为耻。在一次关于"考试作弊问题"的随机问卷调查中显示：64.2%的学生认为考试作弊和诚信"没多大关系"，6.7%的人甚至认为两者"毫无关系"，只有29.1%的人认为两者"有密切关系"。

三、教学方法及考试制度存在弊端

首先，不少高校教师的教学方法不能激发学生学习的兴趣，照本宣科，课本上的例题在黑板上拷贝一遍，忽视了因材施教的和对学生个性的关注，由此加剧了学生的旷课行为。其次，考试制度存在不足。目前现有的考试制度规定的考试方式，在两个小时之内想要测试出学生的真实水平和能力是比较难的，每学期只有一次期末考试，平时学习没有压力，为了升留级考试的过关，不少学生就依靠作弊来达到目的。最后，部分监考老师监考不严也助长了学生的作弊之风。

防范考试作弊的对策

一、端正学生学习态度，明确学习目的，提高大学生的自身素质

加强新生的入学教育。向新生们介绍大学里有别于中学的学习方法，让学生尽快融入到大学学习生活的角色，同时有效地激发新生学习的兴趣。大学里学习目标的明确是至关重要的。明确的学习目标有利于学习动力的提高和学习热情的激发。大学的学习不是简单的知识灌输和积累，而是学会学习、掌握自学的技巧。考试只是检查我们对知识的掌握情况。大学生更重要的是要学会学习，只有学会学习，遵循学习的规律，做到循序渐进、厚积薄发，才能使自己树立自信，笑对考场，而不用依赖作弊。

二、加强政治思想教育工作，营造诚信考试氛围

通过诚信教育引导学生学会做人，明白诚实和信用是做人的根本，是未来社会的通行证。加强诚信考试教育，学校、家庭和社会各界都要紧密配合，广泛、深入地开展诚信考试的宣传与教育，防微杜渐，有针对性地对考生进行心理疏导，使广大学生能够保持健康的考试心理和健全的人格，将诚信承诺落到实处，从而减少乃至杜绝考试失范行为的发生。此外，引导学生积极开展创建优良学风班风等有益于考风建设的活动，如"免监考、促诚信"等提高学生自我约束、自我管理的意识和能力。

三、完善考试制度、严格执行规章制度

国家教育部对考试工作非常重视，近年来下发了不少关于抓好考试管理、加强考风建设的文件和通知，这说明加强考风建设、抓好考试管理已经成为高等学校教学工作要认真解决的一个重要问题。首先，对违反考试纪律的学生要进行教育和处分，以维护考试的严肃性。对于作弊的学生，一经查实认定视情节严重程度，按照《××××学校学生考试工作管理规定》或者《××××学校学生违纪处分条例》进行处理，并及时公布处理结果。对考试作弊的学生以教育为主，但也绝不姑息对他们的纪律处分，不管是谁违反了考纪，都应该同样受到处分，拒绝说情。其次，加强监考力度，一方面可以挽救企图作弊的学生，另一方面可以提高考试的信度和效度。因此，要设立一级监考、二级巡视的管理办法（二级即校级领导或督导组）。一级监考教师严格按照考试管理规定，确保考试质量。学生考试作弊的行为在很大程度上与监考人员放松要求有关，因此提高监考人员对监考重要性的认识，增强监考人员的责任感和认真负责的精神，是考试管理中一项至关重要的环节；二级巡视人员则对全校考场进行评估，并及时对评估结果向全

校通报，这样就可以端正监考人员的工作态度，同时还调动各系抓好考试工作的积极性和主动性。

四、深化教学改革、提高学生学习的主动性

在教学中，教师应该根据学科特点尽可能采取多种教学方法，以调动学生的学习的积极性。例如，在教师的启发下，让学生在课程上作专题发言，运用所学原理、方法解答实际问题；或者由教师组织学生在课堂上开展有准备的或即兴的辩论；或者由教师组织学生对实践性非常强的课程在校园范围内开展实践活动，既能激发学生的学习兴趣，又能增强学生的实际动手能力。教师多和学生沟通，加强思想交流，帮助学生解决实际难题，提高学习信心。

五、建立诚信档案

除将成绩单装入学生档案外，还应将学生的平时表现、奖惩情况、贷款归还情况等一同作为诚信档案的内容装入学生档案，将其与人才市场链接，与就业、继续深造等挂钩。防范考试作弊是综合性的工程，应从思想上高度重视，同时在心理上予以正确疏导，各方共同努力，建立良好的考试监督机制，建立合理、严密的考试处罚制度，真正的从根本上消除作弊现象。

总之，考试管理工作是一项复杂的系统工程，是教学管理的重要内容，加强考风考级建设，建立起公平、公正的考试机制，采用灵活多样的考试方法，才能使学校的考风好转，从而提高教学质量。

参考文献

[1] 刘国远. 浅谈当前高校如何加强考试管理 [J]. 惠州学院学报，2004（1）.

[2] 苏艳红，王仁永. 高校考试作弊原因分析及对策思考 [J]. 教书育人·高教论坛，2010(47).

[3] 陈瑶. 完善高校考试管理制度，预防考试作弊现象 [J]. 四川农业大学学报，2008（3）.

[4] 武剑，徐彬，冯秋菊. 高校大学生作弊原因分析及对策 [J]. 新西部—教育—学术理论刊，2010.

当代大学生核心价值教育的探析
——从红色时尚剧热播的视角

重庆工商大学融智学院思政部　　朱育芬

摘　要：加强当代大学生社会主义核心价值教育是高校德育工作的重要任务之一。从《恰同学少年》到《建国大业》，再到如今的《建党伟业》和《开天辟地》的热播，在高校刮起了一股红色时尚的潮流。本文从红色时尚剧的热播的视角对当代大学生核心价值教育的途径进行探索。

关键词：红色时尚剧　社会主义核心价值教育

胡锦涛总书记在全国加强和改进大学生思想政治教育工作会议上深刻指出："培养什么人，如何培养人，是我国社会主义教育事业发展中必须解决好的根本问题，大学生是国家宝贵的人才资源，是民族的希望，祖国的未来。要使大学生成长为中国特色社会主义事业的合格建设者和可靠接班人，不仅要大力提高他们的科学文化素质，更要大力提高他们的思想政治素质。只有真正把这项工作做好了，才能确保党和人民的事业代代相传、长治久安。""社会主义核心价值体系是社会主义意识形态的本质体现。"加强对当代大学生社会主义核心价值教育成为为高校思想政治教育工作的重要任务之一。

一、红色时尚剧的热播

近几年，我们惊喜地发现一些弘扬主旋律作品开始转变风向标，不再单纯为应景献礼而作，而是带着更多的观赏性，一系列红色题材影视剧开始普遍年轻化、偶像化、生活化。从《恰同学少年》到《建国大业》，再到如今的《建党伟业》和《开天辟地》，将伟人领袖还原成普通人的趋势越来越明显。对故事情节的展开更是能从受众的心理和需求角度出发，为这些红色影视作品赚足了眼球，与此同时带来了传播社会主义核心价值的客观效果。在这一趋势上，2009年票房高达4亿《建国大业》堪称是一枚闪亮的坐标，刮起了一股红色时尚的潮流。这股红色时尚的潮流在对社会主义核心价值传播中用"平民话语"替代"英雄话语"传统程式化话语方式，用一些大众文化作品暗藏社会主义核心价值理念，潜移默化地对受众起到宣传教育效果。《建国大业》通过明星脸谱，吸引了众多受众的眼球，通过知识性和故事性统一的模式，让受众重温历史巨幕，并为之振奋，我们承认其有商业炒作的成分，但更应看到其带来的客观效果，依托商业性的平台，以受众喜欢的方式，实现了社会主义核心价值理念从精英意识向社会意识的转化，向受众传播承载核心价值理念的文化产品，使大众完成认识核心价值理念的基本内容。

从《恰同学少年》到《建国大业》，再到如今的《建党伟业》和《开天辟地》之所以能刮起一股红色时尚的潮流，除了让受众在娱乐中认识社会主义核心价值观，更为重要的是满足了受众的某种精神和心理需求。在这个以大众传媒为纽带所联结的社会里，无论我们传播的文化价值多么先进，离开现代传播，传播的效果将大打折扣。传播学认为受众是整个传播过程的关键，任何传播活动只有被受众所接受，才能产生效果，而受众心理又是决定传播效果的关键所在。它决定了受众对不同传播媒介的态度、接触媒介的习惯，也支配着受众对各类信息的好恶，这要求在文化和价值传播中，要以受众为本，关注他们在多元文化影响下的文化价值的需求，洞悉他们的心理需求和期待。在良莠不齐的快餐文化面前，受众希望拥有轻松安逸的生活状态和充实愉悦的精神生活，渴望获得一种积极向上的精神和信念，但又极度排斥传统的呆板的说教方式，希望用一种轻松愉悦的方式来获取。如看一部弘扬民族精神的通俗剧，听一首讴歌美好生活的歌曲，玩一场包涵爱国情操的网游等等，上述红色时尚剧就是从受众心理需求出发，借助知识性和故事性的统一，通过一波三折的剧情的展开，吸引受众的注意力，这种故事性传输能使得社会主义核心价值观更有效地走进受众的内心，为受众所接受、认同，与此同时取得社会主义核心价值的传播效果。这些无疑都能触动我们的思考——如何对当代大学生有效地进行核心价值教育。

二、对当代大学生核心价值教育的思考

（一）要洞悉大学生的心理

社会主义核心价值要内化为大学生的思想，外化为大学生的行动，这存在一个社会主义核心价值大众化的过程。传播学认为受众是整个传播过程的关键，任何传播活动只有被受众所接受，才能产生效果，而受众心理又是决定传播效果的关键所在。这些问题是大众传播过程中不得不注意的问题，也是在进一步加强大学生核心价值教育必须要研究的问题。要提高大学生核心价值教育实效性，必须研究大学生的心理特征，不断地改进我们的传播方式、传播内容，才能取得良好的传播和教育效果。

传播学认为，在信息传播的过程中，受众对于侵入性的、强目的性的信息传播有着很大的反感，容易产生逆反心理。我们对大学生进行社会主义核心价值教育过程中应该尽力避免上述情况的发生，否则社会主义核心价值的传播和教育效果将大打折扣。在对大学生进行社会主义核心价值的教育过程中，一方面，我们要充分发挥发挥隐性教育作用，通过通俗易懂、喜闻乐见的形式，把富有教育意义的道理悄悄地传入受教育者的心田，使受教育者在不知不觉中受到熏陶，实现"润物细无声"的效果。另一方面，在活动的内容上和形式上，要选择那些与大学生所喜欢的内容与形式。针对"90后"的大学生这一特定人群，笔者认为，在坚持教育内容与社会主义核心价值一致的基础下，应融入一些时尚的元素，如将摇滚、说唱、游戏的因素加入到红色作品中去。在条件允许的情况下，让大学生们自己创作一些流行的红色作品，在他们中间刮起一股红色时尚的潮流。

（二）拓展核心价值的教育媒介

随着信息技术的进一步发展，20世纪90年代出现的新兴媒体互联网，已成为人们生活不可缺少的部分了。尽管互联网在中国的应用和普及是在上个世纪末的事，但丝毫没有影响其普及的速度和范围。据2011年1月中国互联网信息中心（CNNIC）发布的第27次《中国互联网发展状况统计报告》显示，截至2010年12月，中国网民规模达到4.57亿，较2009年底增加7 330万人。从网民年龄结构来看，20~29岁的人群占的比例最高，达到29.8%。从网民职业结构来看，学生的比例最高，达到30.6%，从网民学历机构来看，大专及以上的学历占23.3%。[①]从上述数据中，可以清晰地看出，高等学校成为信息化程度最高的场所之一，越

---

① 中国互联网信息中心（CNNIC）：《中国互联网发展状况统计报告》（2011年1月）

来越多的大学生走进网络世界，上网已经成为大学生必过的生活。对大学生进行社会主义核心价值的教育要充分应用发挥新媒体的优势资源，拓展传播的媒介载体，打破传播时间和空间的限制，做到精准投放，及时分析反馈信息，改进传播方式手段，改良传播效果，为大学生提供更多更好的精神文化产品。

一方面，利用互联网等新媒体向大学生提供展示的平台，如开展"红歌我来秀"、"故事乐翻天"、"经典每一天"、"箴言对对碰"等唱网上评选活动，糅进了时尚元素，采用网上选秀形式，借以发掘红色资源、承载红色精神、唤起红色记忆、点燃红色激情；另一方面，利用 G 媒体（Game Media）（它被认为是继短信后的又一颇有活力的媒体形式）开发能够吸引当代年轻人红色网游、红色动漫等等。在高度娱乐性基础上融入爱国主题与价值理念，使青少年在红色网游中所取得的身份认同与现实世界中的身份认同趋于一致，游戏潜移默化的教育功能将是不言而喻的。如团中央在抗战胜利 60 周年时提倡开发的网游《抗战英雄传》，2007 年上线以来 APA（活跃付费账户）一直呈上升趋势，故事从卢沟桥事变开始，直至抗战胜利，贯穿多个抗战重大事件，让玩家参与战场战斗，保家卫国，消灭入侵之敌。在游戏过程中，玩家不仅能了解到抗日战争的基本史实，还能强化大学生作为中国人的主体意识。

（三）营造核心价值教育的校园文化

校园文化作为学校教育的软环境，是对大学生进行核心教育的主要阵地之一，它为大学生理想信念提供生存的土壤和升华的优良环境。对大学生的成长、成才起着重要的作用。建设一种积极、健康向上的校园文化氛围，把教育意图隐藏在各种形式的教育载体之中，把富有教育意义的道埋以受众能接受的方式的形式，悄悄地传入受教育者的心田，使受教育者在不知不觉中受到熏陶。校园网络文化作为校园文化的组成部分之一，网络使大学生获得的信息更加丰富，视野更加开阔，同时也充实了高校大学生理想信念教育的内容，为大学生理想信念教育提供了丰富的教育知识和鲜活的事实素材。但同时也是各种反马克思主义和非马克思主义争夺青年的主要阵地。尽管大学生的思想观念逐渐成熟，但其可塑性依旧很大。尽管其接受新事物的能力增强，但鉴别力依旧很欠缺。针对这一情况，加强网络阵地建设，抢占网上理想信念教育的制高点是对增强理想信念教育的实效性使十分必要的。增强大学生理想信念教育实效性要求不断改革和创新思想政治教育教学改革。

核心价值教育不是口号，只有使正确的思想被认同，使其内化入心，落实到其行为，才能说这种教育取得了真正的成效。著名教育家第多斯曾说"教育不是让人消极无为、无所不为，而是要激发主动性，使人自我塑造，高扬主体性。"要增强大学生理想信念教育的实效性，也不能是简单的"灌输"的被动式教育，而应强化学生的主体意识。只有通过各种有效的方式充分调动其主动性，把核心价值教育转化成他们的自我教育，才能真正地实现理想信念教育的实效。此外，应加强同学们之间的相互教育，大学生是具有较高知识水平的青年群体，有相似的思想、话题、兴趣、爱好，并通过网络进行交流，经常有一些事件通过网络成为了大学生的"议题"，如日本扣押中国船长事件，一时间在校园网论坛上引起了广泛的讨论，激起了学生的爱国情操。但由于网络传播的有时产生"放大效应"，网络有时候会像放大镜一样把一些事情扩大化，甚至扭曲事实，部分大学生不能理性地分析问题，产生出了一些过激的情绪，这就需要我们加强校园网络文化建设。

三、结语

随着对外开放的不断扩大和经济全球化进程的日益深入，大学生越来越直接面对一个全球化的世界，各种西方文化思潮和价值观念的冲击，信仰危机、生存危机和多元化价值观等问题都影响着他们的价值。拜金主义、利己主义、享乐主义对部分大学生腐蚀很大。加强大学生社会主义核心价值教育，既是强化大学生精神支柱的一个重要且紧迫课题，也是一项长期、复杂、系统的工程。要有效地开展大学生核心价值教育，不能仅仅停留在空洞说教。作为高校思想政治教育者要善于抓住大学生的心理，搭准其思想脉搏，充分利用各种教育教学环境与媒介，不断探索新的教学方式，才能使教育切入学生思想深处，才能有的放矢。

参考文献

[1] 胡锦涛. 在中国共产党第十七次全国代表大会上的报告 [R]. 北京：人民出版社，2007.

[2] 王小锡，王建华. 高校思想政治工作概论 [M]. 南京：南京大学出版社，1997.

[3] 郭庆光. 传播学教程 [M]. 北京：中国人民大学出版社，1999.

[4] 杨兴林. 关于社会主义核心价值观的研究现状与思考 [J]. 理论探索，2010 (1)：17 - 18.

独立学院开展发展性心理健康教育探析

重庆工商大学融智学院基础部　牟炳楠

摘　要： 大学生作为高校的重要组成部分，存在着缺乏卫生常识、自控性差、情感丰富、成长环境不同等特点，有必要接受心理健康、性生理健康、饮食与环境卫生等专题性教育。本文根据独立学院大学生的现状及独立学院特点论述了开展发展性心理健康教育的必然性。

关键词： 独立学院　发展性　心理健康

近年来，独立学院作为我国高等院校的一个组成部分，为更多人接受高等教育提供了机会，在我国高等教育多样化和大众化进程中发挥了一定的作用。然而由于独立学院所收生源良莠不齐，发生的由心理性创伤所引发的事故比例远高于重点及本科院校。如何减少独立学院大学生心理疾病的发生，就是发展性心理健康教育的意义所在。高校发展性心理健康教育是指根据大学生身心发展特点，为帮助大学生圆满完成各自的心理发展任务，妥善地解决大学生各阶段的心理矛盾，使大学生更好地认识自我和适应社会，促进大学生人格完善和潜能开发而进行的教育活动。它与调适性心理健康教育（又称矫正性心理健康教育）相比，发展性心理健康教育的教育对象是全体学生，而不是少数有心理障碍的学生，其目标是开发个人潜能，提高心理素质，塑造健全的人格，培养良好习惯，避免心理疾病的发生，其手段为多元化的引导措施和校园文化的熏陶。调适性心理健康教育通过心理咨询和心理治疗等方法能够帮助少数学生消除心理障碍，渡过心理困难时期，但它忽略了大多数学生的心理健康教育需求。高校心理健康教育应当从调适性教育为主转为发展性教育为主，关注所有学生的心理健康，预防心理疾病的发生，促进全体学生的健康成长和全面发展。

一、独立学院开展发展性心理健康教育的必要性

20 世纪 90 年代，我国高校开始关注学生的心理健康问题，各高校纷纷设立心理咨询中心，聘请心理学教师和专家，着手心理健康教育的队伍建设，帮助学生消除心理障碍，解决心理困惑。但这种心理健康教育还处在治病救人的调适性教育阶段，素质教育、心理健康教育的功能、心理健康教育在高校各项工作中的地位以及当前大学生的心理健康状况要求高校必须以发展性教育为主，以调适性教育为辅。

（一）从素质教育的要求来看，心理健康教育应当面对全体学生

大学教育的根本目标是提高学生的整体素质，促进人的全面发展，培养对社会有用的人才。学生的素质不仅包括生理素质、科学文化素质和思想道德素质，还包括心理素质，心理素质是学生整体素质的重要组成部分。高校教育不仅要提高全体学生的文化素质、身体素质和思想道德素质，还要着力提高他们的心理素质，促进全体学生的全面健康发展。因此，高校心理健康教育必须面对全体学生，开发他们的潜能，提高他们的心理素质，塑造他们健全的人格，即开展发展性心理健康教育，而不应当仅仅面对少数有心理障碍的学生，停留在调适性教育阶段。

（二）从心理健康教育的功能上来看，高校心理健康教育应当充分发挥其发展作用

心理健康教育一方面对学生存在的心理障碍和心理困惑具有调适作用，帮助学生走出心理误区，消除心理疾病，另一方面它还可以提高心理亚健康和健康的学生的心理素质，使他们身心长期保持健康发展，减小心理疾病发生的可能性。心理学家马斯洛认为："实际上每一个人都具有一种对健康的积极向往，一种希望发展，或希望人的各种潜力都得到实现的冲动。"马斯洛设想心理工作者要是把更多的精力用于帮助健康人，而不是帮助严重患者，那么少量的时间就会有更大的收获。马斯洛的观点告诉我们，心理健康教育应重在发展和预防，而不是矫正和治疗。从长远来看，发展性教育比调适性教育的意义更重大，它能够满足绝大部分学生的心理需求，促进学生形成健全的人格，使学生终生受益。发展性心理健康教育的开展有利于减轻调适性心理健康教育的负担。发展性心理健康教育搞不好，必然会使调适性教育的任务更加艰巨，也不利于整个心理健康教育的长期顺利开展。

（三）独立学院应重视心理健康教育，尤其是发展性心理健康教育

心理健康教育是思想政治工作顺利开展的前提和基础，能促进高校思想政治

工作的深入开展。开展心理健康教育能提高学生自我意识水平，引导学生正确地认识自我，改造自我，促进学生心理素质的提高，改善大学生的人生态度和思想道德状况，而这恰恰是做好高校思想政治教育工作的前提条件。当高校思想政治教育以心理健康教育为前提和基础时，思想政治教育将会取得更显著的效果，这是因为：与社会意识形态相比，心理健康教育更能直接地作用与大学生的认识、情感和意志；心理健康教育有助于学生正确地认识社会和自我，克服消极心理，建立良好的人际关系这是思想政治教育的目标之一；心理健康教育有助于塑造学生良好的个性和和优秀的道德品格，形成积极向上的心理品质，提高学生的道德素质和思想觉悟，这也是思想政治教育的目标之一。

而思想政治工作是高校各项工作的思想保证，是教育教学工作顺利开展的重要条件，心理健康教育的这一地位决定了高校必须重视心理健康教育的发展，全面提高全体学生的心理素质，促进发展性教育和调适性教育的协调发展，片面地发展任何一个方面都将不利于学校各项工作的长期顺利开展。

（四）当前大学生的心理健康状况要求心理健康教育要以发展性教育为主

大学生因为正处于幼稚走向成熟期的转型阶段，他们的心理很容易受到社会上各种不良思潮的影响产生诸多心理问题，这些心理问题也引发了不少事故，这不但给学生的自身成长，而且给学生的家庭、学院，乃至给社会带来了巨大影响。当前大学生的心理健康状况不容乐观，很多人普遍存在以下心理问题：不能准确进行自我定位、缺乏对自我情绪的控制能力、情绪极易发生波动、思想不稳定极易受挫折而困惑苦恼、难以客观的自我定位、内心敏感、人际交往不和谐等等这些心理问题如果不及时地予以调节和引导，就会危及学生的心理健康，严重的还可能发展为心理障碍和精神疾病，不利于学生健全人格的发展，影响学习效率和生活热情，甚至对大学生正确的世界观、人生观、价值观的形成带来负面影响。大学生心理健康现状要求学校心理健康教育要面向全体学生，发现他们潜在的心理问题，向他们普及心理健康知识，引导他们消除心理困惑。调适性教育主要面对的是已经出现心理问题的学生，对消除大多数学生的轻微心理困惑效果较差。改善大学生心理健康的现状必须开展发展性心理健康教育，提高全体学生的心理素质。

二、独立学院发展性心理健康教育的
目标及实施途径

（一）独立学院发展性心理健康教育的目标

实施发展性心理健康教育必须首先明确发展性心理健康教育的目标。与调适性心理健康教育相区别，发展性心理健康教育有其独特的目标，具体地说，包括开发个人潜能，提高心理素质，塑造健全的人格，培养良好习惯，避免心理疾病的发生。布洛克尔指出："发展性心理辅导关心的是正常个体在不同发展阶段的任务和应对策略，尤其重视智力、潜能的开发和各种经验的运用，以及各种心理冲突和危机的早期预防和干预，以便帮助个体顺利完成不同发展阶段的任务。"

（二）独立学院开展发展性心理健康教育的途径

1. 开展心理状况调查，发现普遍存在的学生心理困惑

大学生心理健康教育实际上是一个获取信息——实施教育——再获取信息——再实施教育的循环交互的过程。获取大学生心理健康状况信息是开展大学生心理健康教育的前提和基础。因此，要有效开展心理健康教育，必须广泛开展心理状况调查，及时、准确、全面地了解大学生心理健康方面的信息。大学生心理健康问题具有复杂性、多样性的特点，不同年级、不同群体具有不同的心理特点，发展性心理健康教育必须从学生的心理需求及其特点出发，遵循心理教育规律，有针对性地开展工作，通过广泛的心理状况调查，发现普遍存在的学生的心理困惑，为心理健康教育活动的设计和组织提供参考，因势利导解决学生心理困惑，发掘学生潜力，提高学生心理素质。

2. 转变学生观念，引导学生关注心理健康

由于高校心理健康教育普遍采取心理咨询的方式，侧重治病救人，大学生除非存在严重的心理障碍，一般不愿意接受心理健康教育。据调查，有近20%的毕业班大学生"曾有不同程度的焦虑、自卑、失落与无助的感觉"，但仅有3%的同学"借助心理咨询机构进行心理调节"。他们对心理咨询存在严重的偏见，认为接受心理咨询的人都是心理或精神不正常的人。这种对心理教育的排斥和冷落态度将影响心理健康教育的实效性，因此，必须转变学生观念，加强他们对心理健康教育存在意义的认识，克服偏见，从思想上真正接受心理健康教育，引导他们关注心理健康，学会自我调节和寻求心理咨询机构的帮助。

3. 创新教育方式，全方位、多渠道地进行心理辅导

心理辅导应面向全体学生，改变传统的心理咨询方式，拓宽教育渠道。一是通过开设心理学课程、心理健康专题讲座、案例分析、心灵电影、心理科普宣传活动等形式，转变学生对心理健康教育的冷漠态度，增加学生心理知识，引导学生关注心理健康；二是利用心理关怀信箱、校园广播、学校刊物、论坛和网站，及时解答普遍存在的学生心理困惑，将正确的调适方法传给学生，促进他们健康成长；三是与心理咨询相结合，吸取调适性教育的经验，帮助学生发现自身的心理问题，引导他们正确对待已存在的心理问题，主动进行自我调节或寻求帮助，避免心理问题恶化。通过采取多元化的辅导措施，为学生提供一些必要的成长经

验，以达到消除学生心理困惑、培养学生良好的心理品质的目的。

4. 将心理健康教育融入校园文化建设，促进心理健康工作的开展

校园文化既具有动态性，又具有长期稳定性，它能够潜移默化地影响学生的行为乃至思维方式。将心理健康教育融入校园文化建设，营造一个关注心理健康，促进心理素质提升的校园文化氛围，能够促进学生整体的健康成长，同时这种影响会持续相当长的时间。以学生活动、社团活动、心理讲座、社会实践等为载体，形成运转良好的工作机制将心理健康教育融入到校园文化建设中，并长期坚持，使心理健康教育成为校园文化的有机组成部分。

三、开展发展性心理健康教育应当注意的原则及问题

（一）坚持以发展性教育为主，以调适性教育为辅的原则

高校心理健康教育的工作重心应当定位在发展性教育上，根据大学生身心发展的特点，发现学生普遍存在的心理困惑和心理矛盾，帮助他们正确地认识自我，认识社会，形成正确的世界观、人生观、价值观，促进大学生人格完善和潜能开发。同时要辅之以调适性教育，解决发展性教育解决不了的心理障碍和心理疾病。发展性教育不能代替调适性教育，调适性教育能更有效地解决学生已经产生的心理问题。

（二）坚持以大多数学生为教育对象，解决普遍存在的心理困惑

发展性教育必须面对大多数学生乃至全体学生，进行广泛的调查研究，发现学生普遍存在的心理矛盾和潜在的心理问题，通过各种途径引导学生走出心理误区，促使他们形成稳定而良好的心理品质，自觉地疏导自己的心理压力，减小心理疾病发生的可能性。心理教育只有面对大多数学生，才能够提高学生的整体心理素质，这也是发展性教育与调适性教育相区别的重要标志。

（三）坚持以观念教育和方法教育为重点，着眼心理健康教育的长期性

心理健康状况影响到个人未来的发展，因而，教育者要着眼心理健康教育影响的长期性，引导学生重视心理健康状况，教会学生正确认识自我和调节心理不适的方法，使他们能够自觉地进行自我调节，避免陷入心理误区，从而形成良好的心态，在未来的生活中保持健康的心理品质。

（四）坚持以人为本，满足大学生的多种心理需求

当代大学生处在全方位的改革开放和社会主义市场经济的形成时期，同时他们自身又处在世界观、人生观和价值观的形成时期，因而，他们具有多种心理需

求，包括独立生活的需求、认识自我和社会的需求以及人际交往的需求等。同时，各种弱势学生群体又具有其独特的心理需求。发展性心理健康教育要坚持以人为本的原则，满足学生不同的心理需求，促进学生身心健康发展。

参考文献

[1] 陶梅. 毕业班大学生心理社会化问题的调查与分析 [J]. 经济与社会发展，2006，4（1）：28 - 30.

[2] 弗兰克·戈布尔. 马斯洛心理学 [M]. 上海：上海译文出版社，1987.

[3] 陈林刚. 试论高校思想政治工作与心理健康教育的有机结合 [J]. 绍兴文理学院学报，2005，25（12）：5.

[4] 吴先超，杨怀中. 当代大学生心理健康状况调查分析 [J]. 高教发展与评估，2005（4）：37 - 39.

[5] 华杰. 新时期大学生心理健康教育研究 [D]. 重庆：西南师范大学，2002.

[6] 邱伟彬. 大学生心理问题对高校思想政治教育的挑战及对策 [J]. 闽西职业技术学院学报，2006（1）.

[7] 黄希庭，郑涌，等. 当代中国大学生心理特点与教育 [M]. 上海：上海教育出版社，1999.